高职高专旅游类专业规划教材

饭店公共关系

（第2版）

主　编　姜　华　钱丽娟
副主编　刘必兰　张　莹

武汉理工大学出版社
·武汉·

内 容 提 要

公共关系不仅是一门管理课程，也是一门素质课程，不仅能提高人们的智商，也能提高人们的情商。饭店的公关活动是最早向职业化和国际化方向发展的。在现代饭店管理中，如果没有较强的公关意识就不可能赢得顾客的信赖，没有掌握一定公关知识和技巧的人也不可能成为好的经营者和管理者。本书在兼顾公共关系作为一个完整学科体系的同时，突出了其作为应用性学科的特点，着力从实际、实用、实践的角度出发，强调了公共关系职业能力的培养与开发。在内容上，力求体现学科的重点知识和最新的研究成果，选用了一批实战性或启发性较强的案例；在体例上也有所创新，前有“学习目标”，后有“思考与练习”、“案例分析”和“实践活动”，可提高学生学习前的兴趣，强化学习后的效果。

本书可作为高职高专旅游管理专业、酒店管理专业相关课程的专业教材，也可作为饭店公关人员及营销人员自学、培训和提高业务水平的参考书。

图书在版编目(CIP)数据

饭店公共关系/姜华，钱丽娟主编. —2 版. —武汉：武汉理工大学出版社，2016. 4(2018. 1 重印)
(高职高专旅游类专业规划教材)
ISBN 978-7-5629-5119-3

Ⅰ. ①饭… Ⅱ. ①姜… ②钱… Ⅲ. ①饭店-公共关系学-教材 Ⅳ. ①F719. 2

中国版本图书馆 CIP 数据核字(2016)第 048384 号

项目负责人：崔庆喜(027-87523138)
责 任 编 辑：雷 蕾
责 任 校 对：楼燕芳
装 帧 设 计：芳华时代
出 版 发 行：武汉理工大学出版社
社 址：武汉市洪山区珞狮路 122 号
邮 编：430070
网 址：http：//www. wutp. com. cn
经 销：各地新华书店
印 刷：武汉兴和彩色印务有限公司
开 本：787×1092 1/16
印 张：14. 5
字 数：371 千字
版 次：2016 年 4 月第 2 版
印 次：2018 年 1 月第 2 次印刷
印 数：2000 册
定 价：30. 00 元

凡使用本教材的教师，可通过 E-mail **索取教学参考资料。**
E-mail：wutpcqx@163. com
凡购本书，如有缺页、倒页、脱页等印装质量问题，请向出版社发行部调换。
本社购书热线电话：027-87785758 87515778 87515848 87165708(传真)

第 2 版前言

自公共关系的创始人艾维·李在 1903 年开办第一家宣传顾问事务所,创立公共关系这一新职业以来,公共关系已走过了 100 多年的历程。在这 100 多年间,公共关系从最初的一种职业发展成为现代组织的经营管理哲学。古代哲人孟子早就提出“和为贵”,即要创造和谐的环境。那么,如何创造呢?公共关系的产生便很好地解决了这一问题。公共关系能帮助组织塑造良好的公共形象,协调与各方人员的关系,增强个人的竞争力和影响力。因而,公共关系不仅是一门管理课程,也是一门素质课程,不仅能提高人们的智商,也能提高人们的情商。

在我国,公共关系首先是在旅游行业特别是在宾馆饭店发展起来的,公关部也首先是在宾馆饭店建立起来的,饭店的公关活动是最早向职业化和国际化方向发展的。在现代饭店管理中,如果没有较强的公关意识就不可能赢得顾客的信赖,没有掌握一定公关知识和技巧的人也不可能成为好的经营者和管理者。为此,本书在兼顾公共关系作为一个完整学科体系的同时,突出了其作为应用性学科的特点,着力从实际、实用、实践的角度出发,强调了公共关系职业能力的培养与开发。在内容上,力求体现学科的重点知识和最新的研究成果,较第一版增加了饭店新媒体公关的相关内容、增加了有关知识点的拓展阅读材料,选用了一批实战性和启发性较强的案例;在体例上较第一版也有所创新,每章前增加了“案例导入”,并将“学习目标”进一步细化为知识目标和能力目标,每章后有“思考与练习”、“案例分析”,同时对每章最后的“实践活动”进行了重新设计,明确了实训内容、目标、组织、成果以及评价方案的具体要求,使其更具操作性,从而提高学生的学习兴趣和学习效果。

本书是集体智慧的结晶,由南京旅游职业学院的姜华和郑州旅游职业学院的钱丽娟共同主编,应天职业技术学院的刘必兰和郑州旅游职业学院的张莹担任副主编。具体编写分工为:姜华(第七、八、九章)、钱丽娟(第一、二章)、刘必兰(第三、四章)、张莹(第五、六章),最终由姜华老师统稿,江苏海事职业技术学院的姜锐副教授审稿。在编写过程中,编者参考了国内外同行们的有关著作文献和网站资料,也得到了南京玄武饭店副总经理杨中华、南京城市名人酒店总经理助理盛赤农、南京金鹰皇冠假日酒店人力资源部总监崔静等职业经理人所提供的专业资料,在此谨向各位专家表示衷心的感谢。

本书可作为高职高专旅游管理专业、酒店管理专业相关课程的专业教材,也可作为饭店公关人员及营销人员自学、培训和提高业务水平的参考书。本书的出版得到了有关院校领导的大力支持和多位同行的专业意见,也得到了武汉理工大学出版社崔庆喜和雷蕾两位编辑的指导关心,在此深表感谢。由于时间和编者水平有限,书中难免存有错漏,敬请有关专家和广大读者不吝赐教!

编　者

2016 年 2 月

目　录

第一章　饭店公共关系概述

学习目标

知识目标

1. 掌握饭店公共关系的概念；
2. 熟悉公共关系与宣传、广告、市场营销、人际关系、庸俗关系的不同；
3. 掌握饭店公共关系的要素组成；
4. 熟悉饭店公共关系的发展历史。

能力目标

1. 能够对饭店公共关系工作的实质内容进行正确认知；
2. 能够运用饭店公共关系各要素来达到塑造饭店企业形象的目的。

案例导入

四季酒店如何利用社交媒体进行营销

社会化营销正在改变着很多行业的营销策略和手段，尤其对于旅游酒店等服务行业而言。

用户对于服务有了更多的发言权，服务的有形化可以通过社交媒体的传播和点评来实现。SAS公司和宾夕法尼亚大学的研究报告指出：用户点评对酒店消费者的购买决策影响最大，UGC(用户原创内容)的存在显然让我们从一个价格透明的环境转移到一个价值透明的环境，如果酒店要保持竞争优势，那酒店经营者就必须将内容整合到其策略和战略决策过程当中。因此，旅游酒店服务行业如何利用大数据，了解消费者在意什么，并借以思考如何提供给他们独特的价值就成为酒店服务行业品牌塑造极具挑战的一件事情。

四季酒店从事社交媒体营销的 Felicia Yukich 这样说道："我们相信在大数据时代能胜出的品牌一定是和他的消费者一同创造的。四季酒店一直以消费者为中心的企业文化能让公司迅速适应到以消费者为主导的交流体系中去。"

四季酒店作为一家世界性的豪华连锁酒店集团，通过在数字渠道讲故事和利用一体化的内容策略来与用户进行交流，以使其沉浸在品牌体验当中。笔者通过四季酒店如何利用社会化媒体进行营销的案例，探讨如何在酒店旅游服务性行业中发挥社交媒体的力量，如何采取策略树立品牌。

一、社会化营销在品牌战略中的地位

NetAffinity 预测 2014 年酒店营销的趋势中，社交媒体增加流量是一大趋势，酒店营销

应将更多的资源转移到线上和移动端，让旅客在行前、行中和行后都参与到社交网络中，而且基于位置的服务、多屏化、视频互动等也成为几个明显趋势。

四季酒店在社交媒体平台上也进行了很多尝试和营销努力，比如，在Twitter上的虚拟品酒会；在Facebook上及时与粉丝互动对话，充满活力；积极参与Foursquare和Gowalla基于位置服务的App应用；在Youtube发布信息让四季酒店成为重要的搜索关键词。这些都是四季酒店在社交媒体上的尝试，均基于酒店营销在社交媒体上的重视。

数字媒体平台占到了四季酒店品牌推广努力的50%，以用来方便与消费者进行互动，培养消费者忠诚。四季酒店集团总裁兼CEO泰勒说："我们在数字营销上的投入超过了营销总支出的50%。每家酒店都有一名社交媒体经理。有些酒店不止一名。社交媒体经理的职责不光是解答客人的投诉，还要与客户交流他们感兴趣的东西。有时在社交媒体上与我们交流的可能就是楼上房间里入住的客人。他们过去直接给前台打电话，现在他们发推特信息(Tweeter)或写博客。"

二、专业团队运营管理社交平台

自2009年起，四季酒店就已经开始在社交媒体平台打造其品牌度。也正是在2009年，消费者开始期待品牌能在一天24小时内的任何时间与其进行互动。因此，四季酒店设有一个专门的部门来运营社交平台，管理内容，将内容传达到所有数字传播渠道。目前四季酒店在主流的社交平台(如Facebook、Youtube、Twitter、LBS、Tumblr、Blogs&Microsites、Google+和Four Seasons Magazine)都开设了自己的账户，并投入足够的资源与消费者互动。这些社交平台可以让四季酒店与消费者随时互动和了解。

四季酒店抓住社交媒体平台成功的核心："真实性""参与度"。

正如四季酒店的数字营销高级副总裁Elizabeth Pizzinato所说："这不是简单地创建Twitter账号或者Facebook页面的问题：社交媒体渠道所依靠的是即时性、参与度和真实回应。所以企业要准备好面对配置社交渠道关键资源时带来的额外管理压力。"有专业的部门进行平台运营，管理用户的评分和点评，通过数据分析提高在线声誉和盈利能力，对于豪华酒店尤为重要。

三、具有效果的内容策略

四季酒店能提供高度定制化服务与它的内容策略是相辅相成的。

专业化的运作部门通过用户原创内容倾听消费者的心声，将其付诸行动，为消费者提供更好的体验。四季酒店社交平台的内容策略分为两个部分：一是用户生成内容，二是在线上和线下渠道提供引人入胜的体验，消费者会在不同的活动中与品牌进行互动。比如四季酒店进行的婚礼筹划专题策划，开设专门的Twitter和Pinterest账号向消费者提供来自酒店员工的专业建议和在四季酒店举行婚礼的新娘所分享的故事，以互动的方式来为消费者提供一体化和专业的体验。

再比如2013年四季酒店的Maxine畅游曼哈顿竞猜活动，这是一个针对订单来源是商旅群体而推出的家庭周末旅行的活动方案。它启用了所有社交平台用于此次活动的营销，包括Pinterest、Twitter、Instagram和Vine，通过酒店为每个家庭定制的照片和个性化服务，入住酒店的小朋友可以获得与Maxine交流的机会。这次活动帮助四季酒店通过社交

媒体寻找定位目标客户群的方式，并将竞猜活动弄得十分诱人。活动实现了所预期的商业效果：酒店在周末的收入同比增长了5%，Facebook的粉丝数增长了10%，Twitter的粉丝数增长了19%。

同时在社会媒体营销中，四季酒店还专注于"打造其视觉资产"，他们将其内容在新的平台（例如Instagram和Tumblr）上赋予了新的用途。酒店与服务业中的餐饮和夜生活中的"超级明星"进行合作也可以为客户带来令人难忘的体验。Felicia Yukich说："我们提供的内容是有趣味性和相关性的，这样的互动性给我们带来的回报收益非常明显。最有效的内容是我们的多媒体内容，比如在YouTube上，我们的浏览总量达到了280000，比去年的这个时候的关注量提升了30%，这些多媒体的内容可以让消费者看到我们的产品，更好地理解四季酒店的服务体验。"

当然，奢侈豪华的四季酒店的一切都离不开它的个性化服务、待人如己的法则和极具创新的品牌文化。它能够提供完美的睡眠和纯正独特的当地体验，让客人能休养生息，继而通过社交媒体讲故事和利用一体化的内容策略来与用户进行交流，向消费者传递这种体验，以使其沉浸在品牌体验当中，这才是关键。就如Pizzinato说"酒店公司必须将其自身看做是内容、媒体和出版公司。"

（资料来源：百度文库）

思考：

1. 四季酒店是如何利用社会化媒体进行公关营销的？
2. 如何在酒店旅游服务性行业中发挥社交媒体的力量来树立酒店品牌？

关键概念

公共关系　(public relations)　　广告　(advertisement)

人际关系　(human relations)　　市场营销　(marketing and sales)

公众　(public)

现代公共关系从产生到现在尽管有一百多年的历史，但对于公共关系的定义，目前尚无公认的、统一的认识。一般认为：公共关系是社会组织与公众之间各种关系的综合表现，是通过信息传播和实际行动塑造形象，以增强内部的凝聚力和对外部公众的吸引力，赢得社会公众理解、信赖、支持与合作的一门软性经营管理学科。从静态的角度来看，公共关系是指社会组织与其他相关联的社会组织或群体之间的各种关系的综合表现，是一种客观状态；从动态角度看，公共关系是指社会组织为了建立和改善公共关系状态，使一般公共关系状态变为良好公共关系状态而进行的公共关系活动。从基本要素上看，公共关系基本要素包括公共关系主体要素、客体要素和媒介要素。从主体与客体间的联系来看，公共关系需要一定的技术、手段和工具，即公共关系主体为了争取公众通过传播媒介实现与客体间的双向沟通和彼此间的和谐协调，塑造良好的组织形象，增强组织的聚合力和吸引力。从职能上看，公共关系作为一种软性管理手段，渗透于组织的经营管理活动中，帮助管理者实现管理目标。从范围上看，公共关系可分为内部公共关系和外部公共关系。内、外部公共关系的有机结合，构成了社会组织生存和发展的环境。

第一节　饭店公共关系的含义

一、公共关系的界定

“公共关系”一词源自于英文的 Public Relations。Public 一词可译作“公共的”、“公开的”，也可译作名词“公众”。Relations 则直译作“关系”。因此，中文表述可称为“公共关系”，也可称为“公众关系”，目前国内大都称为“公共关系”。实际上，叫做“公众关系”在含义上更为准确一些，因为这个词的本义就是指一个组织与公众之间的关系，但“公共关系”一词已广为流传，为大多数人所接受。

公共关系这一概念传入中国已有二十多年的历史，但许多人对它的性质、功能、手段等还是一知半解。有些人因受某些报纸杂志上对公关的片面宣传和过分渲染的影响，把公关看得神乎其神，犹如包医百病的灵丹妙药；又有人片面地把公关误认为是一种无形的推销术或偶像的塑造术；还有人把公共关系视同于市井上那种吃吃喝喝，请客送礼，走后门拉关系的不正当行为，即所谓的“关系学”。这些错误和片面的认识，在相当广的范围内危害了正确的公共关系观念的传播，严重阻碍着公共关系的进一步发展，这对我国刚刚起步的公共关系事业的健康发展是十分不利的。因此，在使用公共关系这一概念来开展公关工作时，有必要将公共关系与其相关的其他社会现象进行区分，才能使其朝着正确的方向发展。

（一）公共关系与宣传

公共关系和传统的宣传活动在一些具体的工作方式和内容上有共同或相似交叉之处。从根本上讲，它们都是信息传播活动。从活动形式、使用的工具看，它们都需要运用新闻媒介开展新闻报道，印发一些带有宣传性的简报、杂志或小册子，通过演讲等来影响对象公众。因此也就有不少人凭借公关和宣传一样需要借助信息传播来影响自己对象公众的共同点，而简单地把公关等同于宣传。认为公关只是宣传的摩登称谓而已，也同样是一种报喜不报忧，对事物巧言令色、夸张渲染的传播活动。

公共关系和宣传是有根本区别的。从两者关系上看，宣传活动是个人或组织有目的地采用各种传播方式，利用各种传播媒介对特定信息进行讲解、说明、传播，以便说服和鼓励受众的一种社会活动。公共关系要塑造组织形象，扩大组织影响，引起公众的注意并进而引导公众的行为，也要开展宣传活动，并在自己所有的传播活动中利用人们在宣传活动中积累的各种理论、经验、技术和技巧；同样，宣传活动为了适应现代社会的发展需求，不断提高宣传效果，也要不断地吸收公共关系的成果，为其提供新内容、新方法，把宣传工作建立在更加科学的基础之上，才能不断提高宣传效果。两者的区别如下：

1. 形成历史不同

宣传活动是伴随着古代文明社会的产生而出现在人类政治、经济、文化生活中的一种社会行为；公共关系则只是现代社会的产物。

2. 活动内容不同

宣传活动的绝大部分工作都是围绕“说”字下功夫；公共关系的工作不仅要在“说”字上下功夫，更要重视在“做”字上下功夫。公共关系的内容比宣传要广阔得多，如监察环境、提供预测、协助决策、评估组织形象、开展各种公关活动等。

3. 工作准则不同

宣传活动既可奉行实事求是的原则，也可能奉行惟宣传者主观需要为目的的准则，它更多的是做单方面的报道，为一己私利的宣传更是常常以虚张声势的方法来煽动别人，隐瞒某些真相来欺瞒愚弄盲从的公众；而公共关系决不允许这么做，只能奉行尊重事实、实事求是的准则，它的宣传报道是建立在事实的基础之上，既报喜又报忧，既不可文过饰非，也不可无中生有，对自身的过失敢于正视，从不掩盖，并主动向公众作出解释和说明，它的报道必须是双面的。

4. 行为特征不同

宣传活动偏重于单方面诱导式的影响、灌输，以传播者为中心，以强调传播主体对传播客体的影响为特征，经常是一厢情愿；公共关系则必须注重双向的交流和沟通，是一种平等的信息交流关系。

(二)公共关系与广告

公共关系和广告从总体上看有一些共同的特征，其最主要表现为“CCS”(Creative，Business Communication，Business Salesmanship)，即它们都是一种创造性的工作，如都要研究传达艺术，本质上都是信息传播工作，也都要推销某种东西(如观念或商品、或服务等)。不了解公共关系真正内涵的人也常常把公共关系与广告活动混为一谈，或把公共关系活动只视为“免费的广告”，即通过发新闻稿来达到广告目的的活动。这些看法都是不正确的。公共关系工作确实需要做广告，但广告只是公关众多手段的一种，广告包含不了公关那么丰富的内容，公关并不等于广告。此外，公共关系的新闻报道或其他各种新闻性质的传播活动，确实能取到甚至超过“免费广告”的作用，但并不是所有组织机构的任何事物的新闻报道都具有大众传播媒介所要求的新闻价值，都能享有这种免费被广泛传播的待遇。企事业单位的公关工作绝不能幻想坐享这种待遇，它们更大部分的工作还是需要付出一定的财力、物力去积极主动地开展各种活动。

公共关系绝不只是做广告或争取免费广告，它们之间是有一些原则区别的。公共关系需要广告作为自己的工具，有效的广告则需要公共关系思想作指导，增强说服力。广告是通过付费购买或使用传播媒介，对产品、服务及某项行动的意见和想法进行推销宣传的活动。公共关系常常要借助广告的形式去实现其传播信息、建树组织形象的职能。两者的区别如下：

1. 行为导向不同

广告是以直接的销售产品和服务为其目标的，以引起公众的购买行为为导向，它注重的是产品、服务的介绍和宣传；而公共关系则是以树立形象、增进好感为目标的，是以实现组织与公众的双向交流和沟通为导向，它注重的是组织形象的介绍和宣传。

2. 在组织中的地位和活动领域不同

广告一般只在工商企业组织中得到采用，而且在工商企业中属于销售经营的局部性工作，更多的是为具体产品、劳务服务的，它是实现企业单位战略目标的一种工具，它的成败更多地不会直接构成对整个企业的决定性的影响。而公共关系可以在各类组织中得到采用，并且涉及组织各个环节的全局性管理工作，它的成败直接影响到整个企业的全局，对整个企业的生存、发展起着决定性的作用。由于公共关系和广告属于同一机构的不同层次的传播活动，因此，在同一机构里公共关系一般可以从全局出发，从战略的角度来指导、确定广告业务，运用公共关系的基本观念、原理和技术来参与广告决策的整个过程，如帮助确定广告的主题、对象、传播方式和方法等等。有公共关系指导的广告，将更具生命的活力，更具有长期全面的效力。公共关系活动需要运用广告这一工具，广告常常被作为公关活动中沟通战略的组成部分。但公共关系并不等于广告，在某种意义上可以说它高于广告。

3. 传播信息的原则和特征不同

广告传播信息的原则是引人注目，形成轰动效应，在很短的时间内引起受众购买的兴趣，促使购买行为的发生，它允许采用各种奇特想象、各种艺术夸张的手法来达到其目的；公共关系传播信息的原则是客观真实、实事求是，在传播艺术手法上尽量诚挚朴素，不自我标榜，更多地采用让第三者说话，或以代言的形式达到其传播目的。公共关系的传播手法常常是隐蔽的，使人难以直接察觉其目的，它强调要在信息传播中体现真情、真意，以客观公正的态度向公众介绍组织的情况和面貌。

4. 传播周期与传播效果不同

广告传播的周期一般较短，广告效果一般是较直接可见，较具体单一，局部短期的；而公共关系活动短的一般也要几个月，长的以致十几年，公关的效果一般是较间接的，一时不易察觉的，不易计算的，是较稳定的、复杂的、整体的、长期的效果。

（三）公共关系与市场营销

公共关系不等于市场营销这一事实已渐为人们所认识。但是，企业的公共关系活动常常被人误解或等同为市场促销活动，则仍是一种普遍的误解，这主要是由于早期企业界开展公关活动常常把它与推销产品、占有市场的目标联系在一起而造成的。公共关系活动特有的功能，常可弥补广告和宣传的不足，起到市场运营中其他促销手段没有办法达到的效果。从一个企业管理的角度看，企业良好公共关系的建立，往往可为市场营销的努力铺平道路。反过来，成功的市场营销对顾客需求的满足，也使得一个企业与其公众之间的良好关系变得易于建立和维持，企业良好的公共关系也有赖于良好的市场营销活动的支持。

在市场竞争中，市场营销更主要的是推出一种具体产品参与市场竞争。而公共关系更强调的是整个企业，以企业形象作为单位的竞争。这是企业适应社会性的竞争需要而发展起来的、更高一个层次的竞争。把企业中的公共关系活动混同于市场营销活动纯属是一种误解，主要是由于对公关活动没有深入了解而造成的。我们相信随着企业的公关实践活动不断深入，人们对此将会有更深刻的认识。

市场营销是指工商企业为满足消费者需求，把商品和服务从生产领域和流通领域转移到消费者手中的经营管理活动。在实践中，许多企业将公共关系作为重要的促销策略，借助公共关系与消费者进行感情沟通，使得传统的"硬性推销"向现代的"软性推销"转变；同时，公共关系的许多具体活动形式也要与营销的具体活动结合在一起，如组织形象的宣传往往是与组织生产经营的商品和服务的宣传联系在一起，组织与公众的良好关系往往要通过组织向公众提供的优质的商品和服务才能得以实现。两者的区别如下：

1. 任务不同

市场营销的任务只是销售商品和服务；公共关系的任务则是协调组织与公众的关系。

2. 应用范围不同

公共关系的应用范围比市场营销要广得多。市场营销是企业独有的一种经济活动，而

公共关系应用于包括企业在内的一切组织。在企业中，市场营销只是企业经营管理的一个方面，而公共关系贯穿于企业管理的全方位、全过程；市场营销的对象主要是消费者，而公共关系的公众对象除消费者之外，还有政府公众、社区公众等等。在企业管理中，公共关系活动更不是市场促销活动所能包容的，市场促销活动只是公关在企业市场营销活动中应用的一个领域。公关的介入，使促销观念发生了巨大的变化，它把促销活动从仅仅是卖方向顾客和潜在顾客提供商品信息，进行宣传劝说的活动，扩大到监察整个社会发展趋势、社会舆论，让社会大众了解企业的方针、政策及发展前景，建立起企业与社会公众的良好关系，把促销活动纳入树立适应企业生存和发展的最优形象的目标之中，使企业的市场运营活动更加注重自己的声誉和形象。

3.着眼点不同

市场营销的着眼点主要是组织的经济效益；公共关系的着眼点既有组织的经济效益，又有组织的社会效益。当这两种效益发生暂时冲突时，公共关系从组织的长远发展着眼，往往更注重组织的社会效益。

4.效果检测标准不同

市场营销的效果检测标准是商品或服务的销售量的增减；公共关系的效果检测标准则是组织知名度和美誉度的变化情况。

(四)公共关系与人际关系

不少人不了解公共关系和人际关系的真正含义和基本的特征，常常把公共关系误解为一种纯粹的以人际关系为主要内容的交际手段，好像搞公共关系就是出席宴会、酒会、舞会，无非就是吃吃喝喝、迎来送往一类的社交应酬。加上一些报纸杂志每每谈及公关必然要拉上“公共关系小姐”，或太过于强调其在应酬社交方面的力量，这就更加深了一般人的误解。我们不否定搞公共关系确实要运用各种社交手段，利用这些手段在社交场合开展工作。公共关系这样做的目的是为了结交朋友，建立友谊，消除误会，创造合作的气氛。但是社交应酬并不就等于公关，社交只是公关众多手段的一种，况且它还不是公共关系工作最主要的手段。纯粹以突出社交为主要特色的公关，也只属于公关中较为偏低档次的工作。所以我们不能把公关工作混同于一般的接待应酬，而降低了公共关系工作的层次，对公共关系工作进行简单化、庸俗化的理解。此外，我们还得把那些纯属私人关系的请客吃饭、礼尚往来的交际，以及那些心怀不轨，以损公肥私、害人利已为目的的庸俗的、肮脏的交际应酬和公共关系工作中的社交应酬工作区别开来。

人际关系是依赖某种媒介并通过个体交往而形成的人与人之间的关系。公共关系与人际关系联系紧密。因为组织内部的联系主要是个人与个人之间的联系；组织与组织之间的联系也往往表现为一个组织中的若干人与另一个组织中的若干人之间的联系，公共关系实务工作除了运用大众传播的手段外，也常常通过人际关系的人际沟通来进行，所以，公共关系是以人际关系为基础的，良好的人际关系有助于组织内部环境和外部环境的和谐与发展。两者的区别如下：

1.目的不同

公共关系的目的是为组织在社会公众中树立良好的形象，建立组织与社会公众之间的良好合作关系；人际关系的目的是为个人结良缘、交朋友，是为了实现个人的心理需要，建立个人与个人之间和谐的人际环境。

2.结构不同

公共关系的主体是社会组织，在组织与公众的交往中实现的是组织的宗旨，体现的是组织的价值观念、行为规范，其客体对象公众也是一个整体概念，即使是通过人际交往的形式来实现公共关系，构成关系的主、客体仍然是两个集合体。人际关系则是个人与个人之间的关系，关系的主体和客体都是个体，实现的是个人的意愿、个人的目的，体现的是个人的价值观念和行为规范。

3.沟通方法不同

公共关系尽管也需要人际沟通的手段，但它主要是运用大众传媒和群体传播的技术和方法，如报纸、电视、广播，或召开记者招待会、大型集会等等。人际关系则以自己的言谈举止为媒介，采用个人之间面对面的直接交谈，或借助电话、书信等技术和方法。

总之，公共关系不是人际关系，它要比人际关系复杂得多。因此，在开展公关工作时，不能把它当做人际关系来处理，即使是以个人身份出现，也必须增强自己的角色意识，要透过个人之间的关系，将组织与公众联系起来。

（五）公共关系与庸俗关系

所谓庸俗关系，是一种不健康的、被扭曲了的、庸俗化的社会人际关系，也就是人们通常所讲的“走后门”、“拉关系”之类。公共关系与庸俗关系有着本质的区别。

1.产生的基础不同

公共关系学是商品经济高度发展的产物，是由于市场繁荣和物质丰富引起的。因为市场繁荣产生于竞争，有竞争自然要争取公众，争得舆论的支持，这就需要完善自我形象，获得社会及公众的承认、谅解与支持。而不正之风的庸俗关系产生的最基本的原因则是商品经济不发达，物资供应不丰富，商品匮乏，市场萧条，人们为了搞一些紧俏商品互相拜托、请客送礼，并把这种关系渗透到政治、文化等社会生活中。

2.本质和目的不同

公共关系追求社会组织与其公众利益的一致化和均衡化，强调社会组织与社会公众的互惠互利、共同发展，目的是争取社会公众的理解、信任和支持，树立社会组织的良好形象；而庸俗关系通常是通过损害国家、集体和社会公众的利益，不惜违法乱纪，以谋取个人和小团体的私利。

3.使用的手段和方式不同

公共关系主要是利用各种传播媒介，尤其是大众传播媒介，光明正大、实事求是地开展工作；而庸俗关系无非是利用职权、人情、物质利益等不正当手段，以权谋私、以情谋私、以钱谋私，因而只能采取偷偷摸摸、躲躲闪闪的方式暗中交易。

4.社会效果不同

公共关系有助于社会树立一种以诚相待的合作风气，有助于形成和谐、友善、健康、正常的人际关系，有助于提高社会的文明程度，对社会发展起促进作用；而庸俗关系则会给社会带来各种各样的矛盾，严重污染社会风气，破坏正常的人际关系，宏观上带来社会文明程度的下降，是人们深恶痛绝的社会进步的绊脚石。

从整个社会环境来看，公共关系的气氛浓烈，庸俗关系的市场就会缩小甚至消失。在大力发展社会主义市场经济的大环境下，开展公共关系工作是削弱庸俗关系市场、纠正不正之风的有效途径。

二、饭店公共关系的概念

公共关系是管理学中的一门重要的实践型学科，公共关系的应用通常与市场营销紧密关联。随着饭店业的不断发展，饭店公共关系很容易被人们所误解或混淆。其实，饭店公共关系虽然不能像人员推销、特殊促销等营销工具那样直接地为饭店创造销售，但它确实能影响饭店公众的购买行为和购买决策，间接地为饭店推销产品，有利于饭店其他各种营销活动的顺利进行。

许多营销理论家和饭店经营者曾对饭店公共关系做过多种定义。常见的三种饭店公共关系的定义如下。

定义 1：饭店公共关系是通过确定饭店重要公众，并以人员或非人员为媒介与饭店公众进行交流来宣传饭店的各种长处的方法。

定义 2：饭店公共关系是处理好饭店与公众之间的关系。饭店公众可包括现实或潜在客人、当地社会团体、各种宣传机构以及饭店内部工作人员等。

定义 3：饭店公共关系是指饭店与公众之间发生的所有交流活动。

这三个定义虽然在说法上存在差别，但反映了同一个本质，即饭店公共关系是指饭店与公众之间的关系。饭店公共关系是公共关系的一个行业分支，是饭店企业在激烈的市场竞争中，为建立信誉、塑造良好的职业形象，运用传播沟通手段影响相关公众的科学和艺术，它是饭店企业的一种管理职能。饭店公共关系是一门新的管理科学，它要求饭店企业在发展过程中应具备良好的公共关系意识，切实开展各类公共关系活动，以保持一个良好的公共关系状态。

饭店企业如何理解公共关系？对饭店企业来讲，所谓公共关系就是饭店为了塑造自身形象，通过媒介和各种渠道影响现有的和潜在的顾客群，从而获得顾客信任与支持。饭店公共关系的含义从静态角度看，表现为一种关系状态，这种关系状态反映了饭店内部和外部各种关系的亲疏程度、好坏程度；从动态角度看，表现为一种活动，即一个饭店为了协调各方面的关系，在社会上树立良好的形象而开展的一系列专题型或日常性公共活动的总和。

饭店公共关系是一门新的管理科学，既是科学也是艺术，对饭店企业来讲，它通常包括以下几个层面的理解：

(1)饭店公共关系的根本目的是通过传媒塑造饭店的形象，增加营业收入，达到利润最大化。在现代营销理论中，塑造饭店形象，形成品牌效应，通常都是通过公共关系的方式来实现的。品牌是产品、服务、消费者、经营者各种关系之间的总和，通过品牌的塑造、包装、传播、管理等几个步骤，建立一个饭店形象塑造的公共关系系统，从而达到公共关系的最佳效果。饭店公共关系的主体是饭店本身，客体是顾客，而主体与客体沟通时，须通过传播媒介和各种公共关系活动。

(2)饭店公共关系是一门科学，又是一门艺术。从公共关系的全过程来看，特别是通过分析饭店形象的现状，确立饭店公共关系的目标、设计主题、分析公众、选择媒介、方案策划，直到公关方案的实施与效果评价等大量与营销相关联的事情，其全部过程既是一门科学，又是一门艺术。

(3)饭店公共关系担负着向饭店企业提供各种信息的职能，包括饭店的服务质量、饭店的最新产品、饭店企业的形象以及饭店内、外部的信息等。饭店的公共关系活动特别注重公众对饭店需求上的反映，并对此作出分析和研究，找出饭店存在的问题和将来可能面对的问题，进而对饭店可能遇到的发展机会进行预测，从而帮助饭店在制定新的产品和改进服务方面做出工作。

(4)饭店公共关系可以帮助饭店各级领导进行决策。只有当公共关系成为饭店最高领导层进行决策的一部分时，公共关系的一切活动才能最有效。因此，饭店公共关系不仅在政策、方案形成的前后承担营销、信息搜集、调研和发布信息等功能，同时辅助饭店的各级部门和最高领导层做出符合市场需求的决策。

从以上四个层面的理解中我们可以看到，塑造饭店的形象是饭店公共关系的核心工作。现代饭店企业，包括品牌联号制的饭店管理集团和单体饭店都十分重视饭店企业本身的形象。可以这样说，饭店企业的形象可以用知名度和美誉度来概括。饭店企业形象具有良好的知名度和美誉度，是饭店企业的无形资产，也是无价之宝。饭店企业形象的塑造是一个长期而艰巨的工作，是饭店企业战略策划中的一个重要组成部分。一个在市场上通行无阻的饭店品牌，通常具有强大的企业实力，只有通过长期的培养才能建立起来。例如联号制饭店中的假日酒店系统，其在市场营销中每花费一美元，两年后的未来资本增值都会超过两美元；用假日酒店品牌输出管理，很容易就获得信任并迅速成交。我国饭店企业中的单体饭店——广州白天鹅宾馆，服务优良，管理出色，进入了全球十大 Leading Hotel（领导型酒店)行列，其知名度、美誉度都很好。饭店公关部通过宣传饭店的服务理念、服务宗旨、特色产品以及个性化的服务水平和对社会的贡献等，通过某一个题材制造舆论，从而扩大饭店的知名度和影响力。

通常情况下，在饭店建立初期的营销过程和公关活动中，公关部门要大力宣传、制造舆论、从零开始建立饭店声誉和服务信誉。在饭店进入顺利发展时期之后，要改变饭店公关的方式，这个时候公共关系要致力于保持和维护知名度和美誉度，并不断寻找新的契机，扩大饭店的影响力。当饭店处于经营困境，面临突发危机时，饭店公关部要采取果断措施，促进并强化有利于自己的舆论，发挥舆论导向作用，勇敢面对现实，引导公众能够正确理解、评价，帮助饭店渡过难关。

第二节　饭店公共关系的要素

饭店公共关系由三大相互关联的要素组成，它们是饭店企业、饭店企业相关公众和传播沟通。饭店企业是主体，公众是客体，而传播沟通是连接两者的“桥梁”。三大要素形成了公共关系的结构，如只突出某个要素，就会破坏结构的整体性，影响公共关系活动运行的质量。三大要素的均衡是饭店公共关系取得成功的关键。

一、饭店公共关系的主体——饭店企业

公共关系的主体是指在公关活动中，居于主动地位的个体或组织的总称，是公关活动的实施者和倡导者。因此，公共关系是一种组织活动，而不是个人行为。在饭店公共关系中，饭店企业是公共关系的主体，它在公共关系活动中起主导型的作用。因此，在开展公共关系活动的过程中，必须加强对饭店自身的研究，搞清楚“我是谁”，有何性质与特点，目标是什么，与环境的关系如何等。

饭店公共关系活动要围绕饭店目标来开展，要依据饭店的总目标来确定公共关系的目标，进而策划各种公共关系活动，最大限度地利用天时、地利、人和等条件，使公共关系活动效果最大化。饭店开展的公关活动是充满主动性的活动，是为自身根本利益或特定利益服务的，而实现这一利益的主体性行为，又必须在互利的客体配合和接受的基础上才能产生积极效果。因此，饭店应具备强烈的公关意识，并能根据变化的内外环境适时、适地地开展公关活动。

二、饭店公共关系的客体——饭店企业相关公众

公关客体指在公关活动中，处于被动地位的组织或个体的总称，是公关主体的作用对象或活动对象，在公关术语中被称为公众。公共关系活动的目的就是要协调好各种不同公众之间的关系，并在公众中树立良好形象。没有特定的公众，饭店就没有存在的价值和基础。饭店公共关系的客体是指饭店企业的相关公众，是公共关系活动的对象。对饭店企业而言，公众具有鲜明的行业特色。饭店在与公众活动的过程中，必须熟悉各类公众的特点和情况，并根据他们各自的情况采用相应的公关策略手段，否则公关活动将是盲目的。因此，加强对公众的调查和研究，有的放矢地开展工作，能保持互相一致结合的最优化。

所谓饭店公众，是指现在或将来对饭店经营和饭店声誉具有影响和作用的个人或团体。它包括：①饭店现实客人或潜在客人；②金融机构，如银行、保险公司等；③宣传机构，如广告机构、电视台、报社等；④新闻记者；⑤饭店投资团体及股东；⑥所有饭店销售渠道成员；⑦特许权授予者及各种管理公司等；⑧饭店内部的所有员工；⑨其他社会团体，如文娱团体、学校等。因此，从公共关系学角度来看，饭店必须与这些公众建立良好的关系。但是，以饭店公关人员所进行的实际活动来看，他们较感兴趣的公众是饭店现实客人或潜在客人、饭店内部员工以及饭店的销售渠道成员，且与这三种饭店公众的接触最为频繁。但随着饭店的不断扩大和发展，饭店公共关系所涉及的交流活动越来越复杂，饭店公关人员接触的公众也越来越广泛。只有争取各类公众的理解和支持，饭店才能实现自身的经济效益和社会效益。因此，应充分了解饭店公共关系客体的种类、特征、态度等，尤其是各种共性需求和个性需求，有针对性地开展公共关系活动。

三、饭店公共关系的手段——传播沟通

公共关系的过程就是饭店与公众之间的传播沟通过程。它是联系饭店与公众的桥梁和纽带。在现代生活中，人类一刻也离不开物质、能量和信息的交换、传播，没有传播，饭店就不能生存。公关传播最大的特点是双向信息交流或信息共享。通过信息交流的平台，不断进行双向沟通，最后达到双方认同的增值效应。进行传播沟通的途径有人际传播、大众传播，但传播的主要途径是大众传播，如报纸、杂志、电视等各种新闻媒介。在不同时期、不同场合，其传播沟通应当有不同的内容和重点。为了做好信息传播工作，公关人员要了解和掌握传播的基本原理、基本过程和基本模式，传播体的种类和特点，能熟练运用各种传播体，使公共关系工作取得良好效果。

传播作为一种信息交流，是人类交往必不可少的形式，特别是在信息社会，要有效地形成和发展各种社会关系更离不开传播沟通，传播沟通是实现公共关系的重要机制。饭店企业要协调好内外部关系，一方面要准确、及时、全面地了解公众的愿望和要求，为改善饭店的

政策和行为提供依据；另一方面还要迅速、有效地把本企业的各方面信息传递给公众，取得公众的了解、合作、支持。饭店公共关系建立的过程就是一个运用科学的传播手段进行信息交流的过程。

四、饭店公共关系的目的——塑造饭店的企业形象

公共关系作为一种现代经营管理科学与艺术，就是为了树立组织形象。饭店形象是饭店公共关系概念的核心，不仅包括外部特征，还包括内在精神，如饭店的总体特征、风格，饭店的服务质量和管理水平，饭店员工的素质与工作效率等。评价饭店形象最基本的指标有两个，即知名度和美誉度，这些应作为饭店公共关系追求的目标。

第三节　饭店公共关系的产生与发展

一、现代公共关系的产生与传入中国

现代公共关系作为一种全新的思想和理念，一种系统的理论，一种现代管理科学和一种新型的职业，诞生于20世纪初。如果以美国人艾维·李(Lvy Lee)1903年开办的第一家公共关系事务所为标志，现代公共关系走过了一百多个年头。随着国际经济、政治、科学和文化的不断发展，公共关系也经历了不同的发展时期。

公共关系作为一种职业，作为一门科学，产生在遥远的美国，但实际上公共关系对我们来说并不陌生。在我们这个古老国度的经济、政治生活中，早就隐约出现了公共关系的影子。在近代，随着民族工业的兴起，一些企业家实际上开展了类似公共关系的工作。新中国成立后，由于帝国主义对我们的封锁，加上其他原因，西方所有的社会科学都被当做异端邪说一概排斥在国门之外，公共关系也同样属于被禁之列，无法传入国内。国内虽然坚持在生产资料公有制基础上建立与公众之间相互合作的互助关系，但作为专门研究社会组织如何建立与公众之间亲善友好关系的公共关系学始终没有问世。在偌大的国土上，公共关系是一片空白。

三十几年前，随着中国开放大门的打开，中国东南沿海城市深圳和广州的一些合资饭店企业，参照国外现代企业的管理模式率先设立了公共关系部，北京、上海等地的著名饭店也以接待国外重要来宾为契机，开展了卓有成效的公关活动。由于深圳经济特区设立公共关系部门的企业大多是中小企业，其知名度在内地有限，所以没有引起人们对公共关系的注意。直到广州中外合资的大型酒店、宾馆开业，这些企业的公共关系职员活跃于中外宾客之间，影响于社会场合之中，公共关系这一新鲜名词才引起人们广泛的兴趣和重视。随后，公共关系课程出现在了大学的讲堂上，第一家外资的专业公关公司进入中国市场，伴随着人们对“公共关系”这个陌生的名词正确的诠释、模糊的肯定和片面的曲解在中国公众中传播开来。屈指算来，过去了三十几年，从某种意义上说，是中国饭店业开创了中国公共关系实务的先河。

1982年，深圳竹园宾馆设立中国第一个公共关系部门，把国外宾馆酒楼的管理经验与服务工作模式搬进特区，开始以招徕顾客为目标、扩大影响的服务性公共关系工作。1983年，中外合资的北京长城饭店成立了公共关系部，该部针对人们对公共关系的陌生与不理

解，制定具体的培训指南。1984 年，广州中国大酒店等不少宾馆和服务部门纷纷设立公共关系部，从海外和港澳聘请受过新闻、传播、公共关系等专业训练的人士担任“公关”经理，并带动一批后起的中国公共关系专业人才，创造性地开展各种形式的公共关系工作。如中国广州大酒店首任公关经理——美籍华人田士玲小姐就是美国加州州立大学新闻系毕业生，曾任美国广播电视广播公司制作经理，主持一个颇受欢迎的“纵横今宵”节目，后任毕巴丹大学工商管理硕士课程和行政主管；继任公关经理的常玉萍女士，则毕业于香港中文大学，主修新闻学，辅修市场学，曾任职于亚洲最大的奥美广告公司；花园酒店的公关经理林美玲女士，毕业于美国明尼苏达州立大学心理学系，并获得纽约大学工商硕士学位；她的助手陈雪明女士毕业于香港大学社会科学系，曾在香港电视台负责广告。此后的北京长城饭店、上海锦江饭店等酒店也设置了公共关系部门。国有企业设置公共关系机构首推广州的东方宾馆，其积极开展公共关系工作，并取得了良好的经济效益和社会效益。可以毫不夸张地说，国内的公共关系事业，是在对外开放中与中外合资的酒店业一起兴盛起来的。后来，广东电视台以这批宾馆酒楼的公共关系活动为背景拍摄了第一部反映公共关系理论与实践的电视连续剧——《公关小姐》。该剧在全国放映后，使公共关系为亿万中国人所知晓。

二、饭店公共关系在中国的快速发展

随着中国经济的飞速发展、政治经济体制的不断改革，尤其是随着中国入世，公共关系加速了与国际接轨的进程。北京奥运会、上海世博会的一个个胜利，人们逐渐认识到站在这些巨大成功之后的崭新理念，这种从未接触过的有效办法——公共关系。二十多年来，各级政府在塑造区域与城市形象的过程中，在运用传播与民众实时沟通的过程中，接触了公共关系。许多企业在面对突然而至的危机时成功地运用了公共关系，而广大社会公众则从天天接触到的一个个产品品牌和其中的故事中感受到公共关系。国际接轨、经济文化一体化下的竞争和中国入世，促使人们应用公共关系的方法去思考和化解纷繁世界所带来的压力。回顾二十几年前的情景，对比现在的发展状况，公共关系在中国发生了巨大的变化。目前，国内几乎所有综合性的大学都已设立了公共关系课程，并形成了专科、本科和研究生的学历学位体系，培养了一大批公共关系专业人才，出版发行了上千种公共关系书籍，不少的学术研究成果为政府和企业发挥了重要的咨询作用。

饭店业是中国最早实施公共关系的领域，也是内部设立公共关系机构最普遍的领域。多年来，公共关系的开展为饭店业的繁荣和发展起到了重要作用，但是随着现代公共关系在其他领域的快速发展，国内饭店公共关系活动的开展大都徘徊在原有的业务范围内，从近几届全国最佳公共关系案例评选看，与大批在华的跨国公司选送的专业化、国际化的有重大影响的案例相比，饭店业就显得孱弱，尤其与美国酒店和饭店协会历年的公共关系金钥匙特别评选的案例相比，这种弱势就更加明显。

饭店是营利性的服务企业，它所营销的主要产品是服务，面对其服务优劣的认知又是与社会公众紧密联系在一起的，其中包括政府的认可、顾客的评价、相关行业（旅游、交通）的协调发展等。因此，一个具有竞争力的饭店必须拥有一个知名的品牌，而一个知名的品牌又必然与饭店良好的企业形象分不开。我们知道，Inn 的英文原意并不是大饭店，但 Holiday Inn 在世界范围尤其是在亚洲拥有很高的认知，这是由于其优秀的内涵多年来打造出了一个品牌。

当前我们正处于一个信息化高度发达的时代，尤其是互联网的出现改变了人们获取信息的途径，一个好的信息可以很快传遍全世界，一个投诉事件也会很快引起社会的关注。因此，饭店业如何利用公共关系树立形象、整合营销、打造品牌、化解危机，是一件很重要的事。目前，国内不少饭店企业只把公关部门看做是对外联络、搞搞宣传接待，从这一点看，确实有一个对公共关系再认识的问题。

中国正在和平崛起，社会经济和科学技术的发展以及全面建设小康社会的目标，必将极大地促进饭店业的发展。与此同时，作为中国公共关系的业务先行者，饭店业的公共关系也必将得到更大的发展。

实践活动

实训内容：选择本地一家著名的五星级酒店，对其如何利用公共关系的传播沟通手段来树立酒店品牌进行调研。

实训目标：通过对该酒店公关活动的信息搜集和整理，能够对酒店公共关系要素的实质内容进行再认知。

实训组织：成立实训小组，4～6 人为 1 组。以小组为单位，利用课后时间完成实训任务。

实训成果：以小组为单位制作实训报告及 PPT，选派代表进行课堂汇报，小组其他成员进行补充汇报。

评价方案：

1. 提交完整的实训报告一份。

2. 以小组为单位制作 PPT，选派代表进行课堂汇报，小组其他成员进行补充汇报。

评价方案评分标准和内容

评价内容		小组自评（30%）	其他小组评分（30%）	教师评分（40%）	综合评分
调研内容的分析、对比（60 分）	传播沟通原理（20 分）				
	传播沟通过程（10 分）				
	传播沟通模式（10 分）				
	传播沟通种类（20 分）				
其他（40 分）	PPT 制作（10 分）				
	材料准备（10 分）				
	语言表达（10 分）				
	补充汇报（10 分）				

本章小结

公共关系作为一种现代管理科学和一种新型的职业，诞生于20世纪纪初，以美国人艾维·李(Lvy Lee)1903年开办的第一家公共关系事务所为标志。饭店业是中国最早实施公共关系的领域，也是内部设立公共关系机构最普遍的领域。公共关系这一概念传入中国已有三十多年的历史，在使用公共关系这一概念来开展公关工作时，有必要将公共关系与其相关的其他社会现象进行区分，才能使其朝着正确的方向发展。随着饭店业的不断发展，饭店公共关系间接地为饭店推销产品，饭店企业应该如何理解公共关系至关重要。饭店公共关系是一门新的管理科学，既是科学也是艺术。饭店公共关系由三大相互关联的要素组成，它们是饭店企业、饭店企业相关公众和传播沟通。饭店企业是主体，公众是客体，而传播沟通是连接两者的“桥梁”。三大要素形成了公共关系的结构，如只突出某个要素，就会破坏结构的整体性，影响公共关系活动运行的质量。三大要素的均衡是饭店公共关系取得成功的关键。

思考与练习

1. 如何理解饭店公共关系的含义？
2. 公共关系与庸俗关系的根本区别表现在哪些方面？
3. 饭店公共关系有哪些构成要素？
4. 结合饭店公共关系的发展历史，谈谈你对饭店公共关系工作的看法。

案例分析

案例1 白天鹅宾馆的大袋子

1986年，在澳大利亚举办的“旅游和假日展销会”上，广州白天鹅宾馆总经理杨小鹏前往做宾馆公关宣传工作，但他不准备花钱，也不设展台、不挂展板，只准备用两张桌子。展销会开幕前，大家都忙着布展，小鹏自己轻闲得厉害，时任中国社科院高级研究员、国旅集团原公关部主任的王连义催他布置，他只道“莫忙，莫忙”。展销会开幕了，只见小鹏要了两张桌子、两把椅子，同他的公关部主任往那儿一坐，发起白天鹅宾馆的大塑料袋。此袋做得很大，也很漂亮，他俩背后贴着几张白天鹅宾馆的招贴画。见此情景，王连义问小鹏：“这样行吗？”“老师，您看展销会关门时的效果吧。”他满有信心地答道。下午四时，闭馆了。只见所有参观者都拿着白天鹅宾馆的袋子，因为他们的袋子最大，人们把装展销会产品册子的小袋子都装入大袋子。于是，在展销会门前的广场上，人人拿着印有白天鹅宾馆标志的袋子，形成了一道亮丽的风景线，电视记者、报纸摄影师纷纷拍摄，产生了巨大的轰动效应。时至今日，从澳大利亚来的游客，住白天鹅宾馆的人最多。

讨论题：

通过这一案例，从公共关系角度你学到了什么？谈谈自己的感受。

案例2　长城饭店接待外国元首

长城饭店是我国第一家五星级的合资饭店。它创建于1980年，高82.64米，有24层楼，1007个客房，5个小会议厅，9个餐厅和酒吧，还有屋顶花园、室内影院、室内游泳池等服务设施。它的外表全部用玻璃镜装饰，犹如一座水晶宫，豪华而壮观。1984年年初，得知里根总统访华的消息，长城饭店的经理和公关人员立即意识到这是一个难得的机会。如果能邀请里根总理光顾，将给"长城"带来良好声誉，对饭店前途产生极大影响。于是，他们制订了周密的公关计划，并全力付诸实施。

当时，饭店尚未全部竣工，服务设施不尽完善，公关部人员克服各种困难，夜以继日地做了大量准备。他们不厌其烦地请美国驻华使馆的工作人员参观饭店，征求意见，不断提高服务质量；接待上百名外国记者，为他们提供材料和通信设备，协助其采访，做到有求必应。经过努力，长城饭店终于争取到了里根总统在"长城"举行答谢宴会的机会。

1984年4月28日，来自世界各地的500多名记者聚集在长城饭店，向世界各地发出了里根举行告别宴会的消息。这些消息无一不提到长城饭店。于是，长城饭店在全世界名声大振，许多外国人产生了好奇心："长城"是怎样一家饭店？为什么美国总统选择在这里举行宴会？后来，许多外国来宾一下飞机就想到"长城"住宿，于是，长城饭店的生意格外兴隆。据统计，开业的头两年，70%以上的客人来自美国。这不能不归功于成功的公共关系活动。

1989年，美国总统布什来华访问，长城饭店凭着自己一流的设施和服务质量，又把布什抢到了长城饭店，举行了一次盛大的宴会。那年2月26日晚，500位宾客在长城饭店与布什总统一道品尝得克萨斯烤肉，这使长城饭店又一次成为世界各地新闻报道的中心。

作为一家经常接待外国元首的豪华饭店，长城饭店客人中的98%是外国客人，这在许多中国人心目中形成"长城是洋人进出的地方，中国人进不去"的误解。为消除这种误解，公关部想出一个好主意：举办一次集体婚礼，每个普通的北京市民都可以报名参加，还可以带上15名亲友。这条消息在《北京日报》登出后，没过几天就名额爆满，来电或登门询问者应接不暇，公关人员忙得不亦乐乎。

当百对新婚夫妇和他们的1500名亲友步入长城饭店大厅时，通过中央电视台和北京电视台，亿万中国观众收看到了这一盛况，此举受到了人们的热烈赞扬。新婚夫妇们为在这里举行婚礼而倍感荣幸。此后，许多企业、政府机构、社会团体也在这里举办各种活动，长城饭店在中国人的心目中变得更亲近了。

讨论题：

请同学们结合自己的体会谈谈长城饭店在公关活动中取得的效果如何。你有更好的方案或建议吗？

第二章　饭店公共关系的职能与原则

学习目标

知识目标

1. 掌握饭店公共关系的职能；
2. 掌握饭店公共关系的原则。

能力目标

1. 能够运用饭店公共关系的职能来塑造饭店企业形象；
2. 能够遵循饭店公共关系原则为饭店的生存和发展创造良好的条件。

案例导入

8·12天津爆炸事件酒店在行动

2015年8月12日23:30左右，位于天津滨海新区塘沽开发区的天津东疆保税港区瑞海国际物流有限公司所属危险品仓库发生爆炸。在这次悲惨的爆炸事件中很多人失去了生命，很多人失去了亲人，很多人失去了住所，爆炸令人们恐惧与害怕，留下与之不灭的阴影。但是当人们处于崩溃的边缘时，总会有一只温暖的手拉住你，让你不再恐惧、不再惊恐，让你安定。因为在这个世界上爱是永存的。一幕幕的画面让我们看到了大灾难中人心灵的美丽、善良与爱心。俗话说人无房无安身之所，在灾难中失去家园住所的人们此刻都住在哪里呢？

天津市的多家酒店第一时间在网上公布酒店名称、酒店地址、联系电话等信息，为受灾的友人及同胞提供免费休息场地、用水、简餐及服务，面对灾难大家都在互助，没有住的地方，那么解决住宿的必然是酒店。此刻我们看到的并不是平日里酒店如何如何的昂贵，而是酒店能为伤患提供多少住宿房间，提供多少纯净水，提供多少食物。

（资料来源：互联网）

思考：

酒店在社会事件中应如何体现公共关系的职能？

关键概念

职能　(function)　　原则　(principle)
信誉　(prestige)　　沟通　(communicate)
信息　(information)

第一节　饭店公共关系的职能

饭店的公共关系不可或缺，这一点在今天似乎都已达成共识，然而对于饭店公共关系的职能，却是众说纷纭。有人认为饭店公共关系就是搞宣传，或是做广告，或是拉关系，更多的人则认为饭店公共关系无非是搞推销和营销。其实，这都是对饭店公共关系的一种误解。概括起来说，饭店公共关系有四个职能：建立信誉、树立饭店形象；收集信息、提供咨询建议；协调沟通、加强饭店宣传；服务社会、扩大饭店影响。本节就饭店公共关系的这些职能进行阐述。

一、建立信誉、树立饭店形象

信誉与形象是社会组织的实力与人员素质在经济、技术、社会三个方面的综合反映。在信息社会里，良好的信誉和形象是一个社会组织生存和发展的重要条件。现代社会经济发达，市场竞争激烈，在以买方为主的市场条件下，消费者持币待购时会货比三家。面对市场变化的新情况，作为服务型行业的饭店不能仅仅恪守“只要产品质量高，不做广告也会有人买”的信条，而应通过舆论宣传自己的饭店企业，突出自己的产品特色，让社会公众在认识和比较中选择自己喜欢的产品，这是当今饭店企业在市场上能够生存和发展的重要一环。因此，饭店企业要想在市场上立于不败之地，就必须重视和依赖饭店公共关系，加强对外界的宣传，建立自己的信誉和形象。

饭店提供给宾客的产品主要是服务，这种产品具有不可储存性和不可转移性，在商品交换的过程中是顾客移动，而不是商品转移。由于饭店产品的生产经营和宾客的消费是同步进行的，只有吸引宾客到饭店消费才能实现自己产品的价值，所以饭店同一般的企业不同，其突出的特点是它的产品信誉同它本身的信誉联系在一起，是不可分开的。也就是说，饭店的每一次服务质量的好坏，都直接影响整个饭店的信誉，饭店的信誉和形象受到了损害，进而会影响饭店的经营和产品的销售量。

（一）齐备的硬件设施

对于饭店来说，所谓硬件，主要是指店面的建筑结构、装饰格调、服务设施、设备的种类、饭店的环境条件等。如果饭店的外观建筑气势雄伟，设计结构合理精巧，装饰的色彩、格调美观高雅，服务项目齐全完善，设备设施先进、配套合理，环境温馨幽雅，就会给公众留下一个美好的印象。因此，齐备的硬件设施是饭店生存和发展的物质基础，也是饭店信誉和形象的重要条件之一。

（二）优质的软件服务

软件主要是指饭店管理人员和服务人员的素质及管理体制的效能。良好的服务和高效能的管理是饭店创建良好信誉和树立美好形象的基础，也是创造更高经济效益和社会效益的重要条件。由于饭店人员的素质和管理体制的效能是看不见摸不着的，因此要测试饭店软件水平的高低，不能单纯用数量、尺度来衡量，主要是看宾客的“口碑”，即听取宾客的评价。比如，要看服务员的素质如何，不但要看他在单位时间内能完成多少服务程序，更主要地要看他在实际工作中能不能随机应变、热情周到地为宾客服务，使宾客感到满意。饭店众宾客的需求是各不相同的，服务员的操作带有一定的随机性，因此能否使宾客满意，不但要看服务员对业务是否熟悉，更要看他是否具有“顾客至上”的服务意识，做到因人而异，灵活地运用服务技能。只有令人满意的服务才是优质的服务，有了优质的服务，才能使饭店在公众中有良好的形象和信誉。

（三）良好的社会环境

社会环境主要指饭店的外部条件，包括社会的政治、经济、治安、卫生、环保、交通、通信等情况。外部条件的变化是不以管理人员的主观意志所影响的，但是，管理人员可以按照变化了的社会环境及时调整自己的经营方针策略，有针对性地制定切合实际的经营手段和方法，从而提高饭店企业的竞争能力，甚至在逆境中求得生存和发展。社会环境条件是影响饭店经营和发展的重要因素，但不是决定性因素，归根结底是饭店的领导和员工的素质决定着它的信誉、形象和前途。

饭店公共关系的根本目的就是在社会公众中建立饭店企业的良好信誉和树立美好的形象，为饭店的生存和发展创造一个良好的社会氛围。所以，建立信誉、树立饭店形象是饭店公共关系的一个重要职能。

饭店的信誉和形象是指公众对一个饭店的综合评价，也可以说是一个饭店在公众心目中的总体印象。就整体印象来说，饭店除了有良好的硬、软件条件之外，还包括企业的文化精神、产品特色以及服务风格。通常，不同档次的饭店经营的目标和客源市场都是不同的。与此相适应的是服务的标准，即便同样是五星级饭店，其经营方针策略也不完全相同。例如商务酒店倾向于会议、展览、商务宴请等，而旅游观光饭店则倾向于购物、娱乐、健身等。饭店的公关人员为了很好地发挥自己的职能，在设计饭店的形象和信誉时，一定要从饭店软、硬件的实际情况出发，特别是要突出各个时期的特点和特色，客观地对外介绍、宣传饭店，要遵循实事求是、恰如其分、言之有物、言之有据的原则，做到名副其实。为此，饭店公共关系应做到以下几个方面：

1.正确地认识自己

要设计饭店形象，增强饭店的信誉，首先要了解饭店的经营目标，掌握饭店的服务标准；其次要熟悉社会环境条件给饭店带来的影响，让其很好地结合起来，才能获得好的效果。

2.详细地了解市场

饭店公关部门宣传饭店形象的目的是为了开拓市场、占领市场、扩大客源、招揽顾客、增加收入，所以在推销宣传时一定要做到“有的放矢”，针对市场上顾客的需求和追求，不断地改变经营手段和增加服务项目，不断改变经营方针策略，做到推陈出新，才能取得良好的效果。

3.扬长避短

饭店在生产经营过程中，由于受主、客观因素的影响，都会形成自己的长处和特点。公关人员在宣传自己的饭店时，要注意对比自己竞争对手的情况，弘扬自己的长处，找到自己的差距，做到扬长避短，以掌握竞争的主动权。

4.塑造饭店总经理的形象

饭店总经理是饭店的“灵魂”，他有什么样的精神面貌和领导风格，就会塑造出什么样的饭店形象。从这个意义上讲，总经理的形象是饭店形象的重要组成部分，公关人员在饭店公共关系实务中要注意把树立饭店的形象同塑造总经理的形象结合起来，帮助其在社会公众面前树立良好的形象。

5.培养职工形象

饭店职工的思想意识、文化修养、精神面貌、礼貌用语等，都直接反映饭店职工的素质。饭店职工的表现直接影响饭店的信誉和形象，饭店公关人员要十分注意对员工素质方面的培训，尤其重视对员工的礼节礼貌、仪容仪表的培养。

6.善于利用媒介

传播媒介是沟通饭店同顾客及社会公众的桥梁，其形式有文字、图片、影视、广播、书刊、报纸、网络等，种类繁多。每种媒介都具有各自不同的功能与效果，所以饭店公关人员在选择传播媒介时必须根据不同的产品，采用不同的宣传形式。例如大型美食节活动，饭店公关部可以直接向新闻单位发稿或通过电视采访等制造声势，扩大影响；规模较小的产品销售活动可以选择在地方性的报刊上登小幅广告宣传即可。总之，饭店公关部门要注意与新闻单位建立广泛密切的联系，在方法上注意灵活多变，这样才能达到以较少的花费取得较大的宣传效果的目的。

饭店形象的树立并不是一朝一夕的事，饭店本身处在一个不断发展的过程之中，因此，饭店公共关系工作要为饭店的发展不断地创造良好的社会环境和舆论环境，饭店公关人员必须充分发挥公关的积极作用，经常进行市场调查，了解饭店形象在公众心目中的变化，分析公众的心理、意向及其变化趋势，及时做出预测，及时调整公关策略，使饭店的发展趋势与公众意向相吻合，让饭店良好的形象在公众的心目中经久不衰。

二、收集信息、提供咨询建议

在市场经济条件下，饭店企业的领导者为了适应市场的变化、满足社会公众的需求，十分重视借助饭店公关去获得信息，建立信息网络。所以，收集信息、提供咨询建议就成了饭店公共关系工作的重要内容之一。饭店的公关部门要收集饭店内部与外部公众对本饭店的各种活动的各种反映，反馈给饭店决策层，作为进行饭店决策、改进工作的依据。饭店公关部门收集信息主要是通过社会的外部和饭店企业的内部两个渠道进行，一般从社会公众得到的信息称之为外部信息，从饭店企业内部得到的信息称之为内部信息，饭店公关部需要收集的是这两方面信息的结合。

（一）饭店外部信息的收集

1.饭店产品信息

这方面的信息一般包括消费公众对产品和服务的价格、性能、质量和用途等主要指标的反映，同时也包括对产品的优点和缺点两方面的反映和建议。饭店是一个综合性的服务场所，它涉及与人们生活息息相关的吃、住、行、游、购、娱诸多方面。大型饭店大都设有多个服务项目、多个工种、几百间甚至上千间客房；餐厅按中、西划分或按菜系划分为多种类型；另外，还有各种娱乐、健身、商务、商场等设施。宾客住进饭店，衣食住行、消遣娱乐、通信联络、健身活动、交际应酬等都可得到满足。即使是中等规模的饭店，多数也具备这些功能。饭店是一个小社会，客人不出饭店便可以满足一切生活需要。正因为如此，当一个宾客入住饭店时，饭店如不能及时向宾客提供各种服务信息，就会失去很多盈利的机会。

另外，对尚未住进饭店的社会公众来说，他们是饭店潜在的顾客，要想使其变成饭店的现实顾客，也必须依赖饭店产品信息的沟通。尤其是当前旅游市场供大于求，饭店之间竞争激烈的情况下，这种沟通就显得更为重要。饭店公共关系部承担着与公众沟通的责任，起着

与公众沟通的桥梁的作用。公关人员一方面要把宾客对饭店各方面的反映及时反馈给本饭店企业，尤其是注意提供给饭店供销部门及广告部门，供其参考；另一方面要通过各种方式向宾客宣传饭店产品，把宾客吸引到本饭店消费，满足宾客需要。坚持这两个方面，才能不断地提高饭店的经济效益。

2.饭店形象信息

饭店形象信息是指公众对饭店的总体评价。首先是公众对饭店整体印象的评价，除了饭店外观建筑、硬件设施外，还包括饭店的组织机构设置得是否合理，饭店的运作是否灵活，员工的办事效率是否快捷，饭店的环境是否舒适、安全、幽雅等。其次是对饭店管理水平的评价，包括对饭店经营方针、决策目标、项目配套设置、产品生产过程和销售管理以及人事管理方面的评价。再次是对员工素质的评价，包括饭店领导及决策者和各部门人员的整体素质，及工作能力、办事能力、文化业务水平、组织能力、工作作风、观念意识、思想品德、服务水平、工作效率、精神面貌等。最后是对饭店服务质量的评价，包括饭店的服务宗旨、服务标准、服务态度、服务的技巧与手段以及对宾客的责任感等多方面。

3.社会公众信息

社会公众信息是指国家政治、经济形势的变化，政府部门决策的变化以及社会团体和公众需求的新动向、新追求。这些对饭店的生存和发展至关重要，直接影响着饭店的经营方针与策略，应多注意收集。尤其是政府的决策信息、政府职能部门的政策变化信息、政府立法信息、政府部门的客户信息、饭店与投资者的合作意向信息、市场变化及竞争者的动态信息、顾客的需求变化信息、各种新闻媒介对饭店的评价信息等。及时收集这些信息能帮助饭店的决策者制定有效的应变措施。

（二）饭店内部信息的收集

饭店的员工是饭店的从业人员，他们的切身利益与饭店相关，因此，饭店的员工是饭店公共关系的一类公众。饭店的领导者必须懂得与内部员工取得沟通，达成共识，与员工建立亲密无间、和谐融洽的关系，这是饭店向外发展的基础。所以，饭店公关人员应从维护饭店的根本利益出发，必须了解和收集饭店内部公众的各种信息。

1.员工对本饭店整体印象的评价

饭店员工所处的地位与身份不同，他们既可以了解到饭店外部公众的信息，又可以用与顾客不同的身份来评价自己的饭店。因此，他们对饭店的整体看法就具有特别的意义。收集饭店员工对本饭店的整体评价，对改变饭店的经营方针、变换经营策略、改进经营管理、提高服务质量，均能起到良好的效果。

2.员工的思想动态、期望与追求

一般情况下，饭店企业的员工与饭店的生产经营管理和效益有着直接的联系，他们思想情绪的好坏，常常会影响到饭店企业的销售与服务。作为饭店的公关人员，应采取多种方法和途径了解员工新的动态，这对搞好饭店内部管理，抓好思想教育，增强饭店企业的凝聚力和向心力都非常有好处。

（三）分析收集信息，提供咨询建议

任何组织都是在一定的社会关系网络中存在和活动的，只有及时准确地收集信息，了解社会环境信息，才能使组织了解问题，获得反馈，评价成果，进行决策，才有助于组织形象的塑造和关系协调，保持组织的生存和正常发展。收集信息是咨询和建议的前提。没有足够的信息，一切咨询和建议都只能是空谈；收集的信息只有通过向组织提供咨询和建议，才能发挥其功能，实现其价值。为了完成咨询和建议的任务，公关人员必须对收集来的信息进行整理、选择、分类、归档等处理工作，建立信息库，这样才能在咨询和建议时做到条理分明、简单得体。

饭店公关人员收集信息的目的是利用获得的信息，为饭店企业的生产经营服务。但是，公关人员从各方得来的信息，不一定带有客观性、合法性、真实性、实用性，所以饭店的公共关系部门必须发挥它的职能作用，本着实事求是的态度，运用科学分析的方法，将收集来的各种信息加以分类整理，找出供饭店可使用的、有价值的信息。在对信息归纳分析作出准确评价后，还应及时分门别类进行处理，或直接送达饭店领导，或编写简报、代拟文稿、协助广告制作与管理、编印饭店资料刊物等，并按照不同信息内容选择不同的传播渠道，给出方法和意见，供领导决策时参考或采纳使用。因此，收集饭店信息并提供咨询建议是饭店公共关系的重要职能。

三、协调沟通、加强饭店宣传

任何组织要想协调好内外关系，在公众中树立良好的形象，促进事业的发展，就必须与内外公众保持良好的沟通。一方面要及时、全面地了解、收集信息，为改善组织的决策和行动提供依据；另一方面还要迅速、有效地把组织各方面的信息传播给相关公众，争取公众的了解和支持。

饭店是综合性的企业，现代化的饭店管理从某种意义上说是一个系统工程，其中协调沟通、宣传教育已成为饭店管理中的重要一环。公共关系的实质就是将本组织的情况、领导的意图及各种信息真实、准确、及时、有效地传播给与本企业相关的公众，以增进相互之间的了解，建立并保持良好的关系，达到内求团结、外求发展的目的。因此，协调沟通既是饭店公共关系的重要内容，也是其重要职能。

（一）协调饭店内部的公众关系

内部公众是指饭店内部沟通、传播的对象，包括饭店内部全体成员构成的公众群体。内部公众既是饭店公关的对象，又是外部公关的主体，加强内部公众的沟通，可以培养饭店成员的向心力和凝聚力，并且使团体价值通过许许多多个体的创造性活动得以充实和体现。

1. 协调饭店部门与部门之间的关系

一个初具规模的组织，总是由若干个职能部门所组成的，公关人员应积极地提供有利于各部门协调合作的信息，加强互相联系了解，增强组织的凝聚力，形成一个充满理解、信任，团结、合作的内部环境。

现代化的饭店为了便于管理，往往设有多个职能部门，这些部门都拥有特定的权限和职责范围，担负着不同的工作或服务性任务。但是，这些相对独立的部门，同时又是饭店整体的一部分，它们的一切经营活动和服务保障工作又不能背离饭店整体的经营方针和目标。所以，每个部门都必须执行饭店统一的规章制度、服务标准、工作流程，才能保证饭店进行有效的经营和管理，并取得最好的经济效益。要实现这一目标，管理者的领导和决策固然重要，但饭店公关部门的协调作用也应当重视。这是因为公关部门在饭店中虽然不直接参与经营，但它受饭店总经理的领导，由于它处于一个比较特殊的地位，可以运用各种传播手段和协调的方式及时与各部门通报和交流，消除疑虑和矛盾，从而创造饭店内部各部门之间良好的关系和融洽合作的气氛，发挥公关的润滑剂作用。

饭店各部门既是联系饭店与员工的中介，又是饭店经营发展的关键环节，加强部门之间的关系协调，关键在于信息的沟通，可采取晨会、座谈会、文件传达与情况通报、茶话会等诸多形式实现信息交流，以达到互相理解、信任和合作的目的。

2.协调饭店与员工之间的关系

公共关系在组织内部必须发挥承上启下的作用。一方面，公共关系工作人员要经常向领导者反映下级员工的情绪、意见和要求，并提出如何根据下级员工的实际情况调动他们的积极性的建议，从而使上级领导不断地了解和把握下级员工的实际情况，及时地调整自己与下级员工之间的关系；另一方面，公共关系工作人员要积极做好上情下达的工作，及时向组织员工介绍宣传组织的目标和管理方针政策，传达领导层的意见和决定等，消除可能产生的误会，使上级领导的意向和组织的现状、发展方向能随时为下级员工所了解，从而能使他们自觉地与上级领导搞好配合，保证领导与群众关系的和谐发展。

由于饭店员工的工作时间较长，员工的报酬与其他行业的工作人员相比并不算高以及饭店人员主要为他人服务等原因，很可能造成饭店员工的工作积极性不高或缺乏饭店主人翁精神及缺乏对饭店服务工作的自豪感。这些问题一旦出现，饭店的服务质量就很难得到保证，就会引起饭店客人的不满意。而客人对饭店员工服务的不满意会直接导致饭店客人不再使用饭店的设施和服务，最终使饭店公关工作难以顺利地开展下去。

饭店行业是人才流动率较高的行业，其中相当一部分原因是饭店基层组织人际关系紧张。特别是经济较为富裕、就业机会较多的城市，人们是否留在某个饭店的某个岗位上，除了工资等方面的原因外，较多考虑的是小团体内的人际关系。良好的人际关系可以使员工感情融洽，工作上共同协作，从而使员工焕发出工作积极性和工作热情，提高工作效率；反之，则会削弱团体内凝聚力，影响经济效益。有时非正式组织更有影响力、凝聚力、号召力。

20世纪90年代，美国饭店管理业的六大明星之一——袁传明的经营哲学是“员工第一”。他认为：优质服务和产品是饭店成功的要素，而服务和产品是由员工提供的，因此，员工才是饭店最宝贵的财富。只有把员工放在第一位，尊重他们的劳动和尊严，使他们处处感受到自己“主人翁”的价值，认识到饭店的荣辱与他们的工作业绩息息相关，这样的饭店才能成为成功的饭店。根据这一思想，他们制定出一系列协调员工关系、激励员工士气的措施。如，每月固定一天为员工日，届时高层管理人员一起下厨为员工炒几道拿手菜；饭店公关部定期召开“饭店与员工家属亲善会”，征询员工家属的意见，争取“后院”的理解和支持；哪位员工工作有成绩，总经理会亲自签发嘉奖信；每个员工生日那天，会收到总经理赠送的生日贺卡；饭店设立意见奖，最高管理层对有建设性的意见保证在三天内作答，并给予奖励等等。这位精通公共关系技巧的总经理走马上任刚刚半年，就使他主管的饭店的形象和经济效益都得到很大的提高。

饭店管理要以人为本，饭店的经营者要把人才视为企业最宝贵的资源，把分权决策、自主管理、参与管理当做调动员工的积极性、主动性和创造性的主要因素，把追求和谐、团队精神、亲密情感当做经营管理的思想状态，使内部员工自觉主动地改善服务工作，提高服务质量。例如对饭店员工的成绩、兴趣、爱好等加以承认和发扬，提供激励奖，通过组织饭店员工的集体活动来提高员工的集体荣誉感，为饭店员工树立共同的目标，加强员工的社会责任感，关心员工的家庭生活，解决他们在日常生活中所碰到的问题，经常与员工进行各种交流活动，沟通信息，以便使员工了解饭店的经营情况和现状。总之，饭店内部的公关活动要尽量使员工感到轻松愉快，感到饭店对他们的关心，同时还要培养员工对饭店的责任感和树立为饭店尽力工作的热情，使整个饭店最终形成员工高兴、客人受益、饭店满意的良好局面。

3. 协调好与非正式群体的关系

非正式群体是人们在日常交往中自发结成，为满足成员的某些心理需要而产生的群体。非正式群体是建立在人们的共同利益、共同爱好、共同感情、共同目标和相互认同的基础上的。这种带有感情色彩的非正式组织，有时比正式组织更有影响力和凝聚力，有时还有一定的号召力。正视和正确对待这样的群体，是增强员工团结、搞好饭店管理的重要课题。

首先，利用非正式群体成员之间信息沟通、交流范围广等特点，及时、准确地了解员工的思想动态、各种需求及对饭店各项决策的意见和看法，从而做到信息畅通、下情上达。这样，有利于饭店根据员工的需求解决具体问题，调动员工的积极性；有利于采纳合理化建议，提高饭店的运营和管理水平；也有利于把正处在萌芽状态的不良因素妥善处理，防患于未然。

其次，利用非正式群体成员之间交往频繁、感情融洽等特点，创造一种有利于提高效率的气氛。人的社会交往的需要、新生的需要等，在非正式群体中都能得到满足，因此，非正式群体的存在能提高人们对工作的满意感，使人们处在一个良好的社会环境下工作。饭店的公关人员要正确认识非正式群体的作用，引导他们取长补短，鼓励他们提高工作效率，保证组织目标的完成。

再次，重视和利用非正式群体中的自然领袖。非正式群体中的自然领袖一般是有能力、有胆识，又有一定人际关系的人物，他们虽没有显赫的地位和职务，但他们的威信是在人们的默契中自然形成的，因而在员工中说话灵、影响大、号召力强。对这样的权威核心人物，必须尊重、信任他们，关怀、引导他们，并委以相应的责任和权力，增强其正向作用，使他们成为正式组织的得力助手。

最后，避免非正式群体中的消极因素对饭店的影响，使正式组织与非正式组织精诚合作。谣言是影响群体士气，涣散群体凝聚力和向心力的不良因素之一。因此，正式组织不可忽视谣言的存在，特别是起消极作用谣言的存在。消除谣言最直接的办法，是利用小道传播渠道了解谣言，然后把组织上的信息输入这个渠道，使员工明确真相，辨明是非，抵制谣言的影响，从而达到非正式群体与正式组织间的合作。在这中间，应特别注意自然领袖的作用。

4. 协调饭店与股东的关系

股东关系是一个组织与投资者的关系。在现代企业中，尤其是西方经济发达国家，持有股票的人数在急剧增加，许多企业鼓励员工购买本企业股票，以此作为增加员工责任心与合作精神的激励手段。在我国，随着对外开放和经济体制改革的不断深化，股份制这种新的经济合作方式被纷纷采用。不少国有企业、集体企业为了增强活力，开辟新的财源，扩大再生产资金，纷纷采取联营或向社会集资的方式办起了众多的股份制企业。股东关系随之成为股份制企业内部的重要关系。处理好股东关系的基本目的是争取股东和潜在投资者了解和信任企业的可靠性和发展能力，树立企业在股东心目中的良好形象，创造有利的投资环境和气氛，稳定已有的股东队伍，吸引新的投资者，拓展资金来源。股东关系是股份制饭店内部关系的一种形式，只有尊重股东权益，使股东充分了解饭店的客观经营情况，才能增进股东的信任与支持。股东关系处理得当与否，对饭店发展有直接的影响和制约作用，因此，要通过各种形式保持饭店与股东密切的信息沟通和感情联系，使股东支持饭店的发展。

(二)协调饭店外部的公众关系

社会组织的外部公众主要包括上级主管部门、政府部门、新闻媒介、业务往来单位、社区、竞争者、顾客等。在组织与外部公众之间,常因利益、心理出发点等方面的原因,出现误解或矛盾,公共关系人员应尽量做好协调工作,避免误解和矛盾的发生。一旦发生就应及时了解情况,进行沟通协调,在互相理解的基础上缓解矛盾,为组织广结良缘,消除敌意,创造一个良好的外部环境。

饭店外部公共关系是饭店与其外部公众之间通过有效信息沟通,达到相互理解与支持的一种活动,是树立饭店良好形象的重要活动。饭店是社会活动的一个基本单位,它的经营活动既有相对的独立性,又是整个社会的有机组成部分。一方面,饭店需要社会提供必要的资金、劳务、原料、销售市场及多种社会服务;另一方面,饭店也必须为顾客提供优质产品和优质服务,向国家上缴利税,参加各种社会活动等。饭店的经营活动还必然涉及政府主管部门、司法机关、财政金融机构、原材料供应者、批发零售商、广告公司、新闻机构、各方顾客等等,所有这些部门就构成了饭店的外部公众。饭店外部公共关系的重要工作内容就在于同饭店外部公众建立经常性联系,并加强双向信息交流。能否正确处理饭店与外部公众的关系,是衡量一个饭店素质高低的基本标准之一,也是一个饭店经营成功与否的外部条件。

1.协调饭店同顾客之间的关系

饭店与顾客之间的关系是饭店外部公共关系中最重要的关系。良好的顾客关系是建立和维系稳定的经济利益关系的基础。一个饭店的存在价值,很大程度上在于其产品和服务能够得到顾客的接受和欢迎。饭店的经济效益需要在市场上实现,而顾客就是市场,有了顾客才有市场。虽然饭店与顾客的公共关系并不等同于市场经营中的销售关系、直接的买卖关系,但良好的顾客公共关系的确有利于饭店企业的市场销售关系,能够给饭店带来直接的利益。因此,顾客是饭店公共关系中利益关系最直接、明显的外部公众。

在饭店与顾客的市场供求关系中,存在着大量的信息交流关系和情感沟通关系。没有充分的信息传播,没有融洽的情感沟通,饭店产品的交换关系难以成立,更难以稳定和持久。在争取顾客的注意力,影响顾客的消费选择和消费行为的市场传播竞争中,公共关系日益成为饭店青睐的市场传播手段,运用多元化的传播沟通方法去疏通渠道,理顺关系,清除障碍,联络感情,吸引公众,争取人心,为饭店产品的销售营造一个良好的气氛和和谐的环境。

饭店公共关系工作要求饭店将顾客的利益和需求摆在首位,通过满足顾客的需求和权利来换取饭店的利益。饭店的性质决定了它必然要通过经济活动去赢取利润,而利润不应该是饭店贪婪的追求,而应该是顾客接受、赞赏和欢迎饭店产品和服务所投的信任票。只有赢得顾客的心,获得顾客的信任与好感的饭店,才可能较好地获得自己的利润。因此,饭店的一切政策和行为都必须以顾客的利益和需求为导向,提供优质的饭店产品;以服务为宗旨,提供热情、周到、规范的服务,从而赢得宾客、获得信誉;以沟通为基础,建立双向经常性的信息沟通,听取宾客意见,了解需求,预测宾客需求变化,进而完善饭店的服务项目、技术及系统。饭店要把广泛而分散的宾客组织起来,使宾客改变盲目被动的消费习惯,形成积极、自觉、科学的消费意识,成为饭店忠诚的消费者。

2.协调饭店同旅行社之间的关系

旅行社和饭店都是现代旅游业的支柱,旅行社主要从事旅游活动的经营,为旅游者提供各种服务(特别是导游服务和订票、订房服务),并且对旅游者的活动进行策划和安排。而饭店则为旅游者提供食、住、娱乐等多方面的综合服务。旅行社与饭店在业务上是相互依存、相互促进的，旅行社为饭店带来客源，而饭店可以为旅行社的游客提供吃、住、玩服务，所以饭店必须加强与旅行社的合作。

饭店公关人员要经常调查旅行社对饭店的态度，保持与旅行社的通信联系，向其介绍饭店的声誉、产品销售、免费订房电话等有关情况，向饭店管理者提出有关旅行社公共关系政策的建议，并且随时将饭店的最新政策、经营情况告知旅行社，使之认识供求双方的共同利益与合作机会，了解饭店的形象、信誉、环境、设施、服务，提高旅行社对饭店的信心，以达到长期合作、共同发展的目的。

3.协调饭店同社区的关系

社区是指聚集某一地域中的社会群体、社会组织所形成的一种生活上相互关联的社会实体。饭店与社区的关系是指饭店与周围同一区域的其他群体、组织、个人的关系。在社区中，与饭店发生联系的组织有当地政府、机关、工厂、学校、商店、医院、公共事业单位、公益组织、社团等，此外，还有众多的居民(家庭或个人)。社区是饭店的根据地和大本营，为饭店提供可靠的后勤服务(水、电、交通、金融、食品原材料、潜在人力市场等)，提供良好的员工生活环境和融洽的社会关系环境，对饭店的正常经营提供法律、行政管理、治安秩序方面的保障。

社区公众涉及当地社会政治、经济、文化、教育等各个方面和阶层，类型繁多，涉及面广，对饭店企业客观上存在着各种不同的感受、要求和评价。由于处在同一社区，对饭店的某一种评价和看法极容易相互传播，形成区域性的影响，从而形成饭店的某一公众形象，因此，饭店同社区关系的好坏，直接影响着饭店的社会公众形象。饭店要提高自身在社区中的地位，树立一个“合格公民”的形象，注定要承担必要的社会责任和义务，为社区建设多作贡献。协调社区关系的主要方法有沟通联络，相互了解；维护社区环境；支持协助社区公益活动等。

4.协调饭店同领导机构和政府部门之间的关系

饭店的领导机构是指旅游局、饭店集团或饭店协会等，政府部门是指工商局、税务局、公安局、物价局、卫生防疫站等。政府掌握着制定政策、执行法律、管理社会的权力职能，具有强大的宏观调控力量，代表公众的意志来协调各种社会关系。饭店企业必须接受政府的管理和制约，因此需要与政府的有关职能机构和管理部门打交道，包括工商、人事、财政、市政、治安、法院、海关、卫检、环保等政府职能部门及其工作人员，与其建立和保持良好的沟通，争取政府及各职能部门对本饭店企业的了解、信任和支持，从而为饭店的生存和发展争取良好的政策环境、法律保障、行政支持和社会政治条件。

饭店企业的政策、行为及产品如果能够得到政府官方的认可和支持，无疑将对社会各方面产生重大影响，甚至会使饭店的各种渠道畅通无阻。为此，饭店应把握一切有利时机，扩大本企业在政府部门中的信誉和影响，使政府了解饭店对社会、对国家的贡献和成就，提高政府部门对饭店的信心和重视程度。一方面，饭店的公关部门应详尽地分析研究政府的方针、政策、法令，提供给本饭店领导及各部门参考，使饭店的一切活动都保持在政策法令的许可范围之内，并随时按照政策法令的变动来修正本饭店的政策和活动。另一方面，饭店的公关部门应随时将饭店的具体情况上传至政府有关部门，并根据本地区、本行业、本部门的特殊情况，主动地提出新的政策设想和方案，通过适当的渠道进行说服性的工作，协助发现及纠正政策执行中出现的偏差和失误。

此外，饭店协调与政府之间的关系，还需要熟悉政府机构的内部层次、工作范围和办事程序，并与各主管部门的具体工作人员保持良好关系，提高沟通的效率。

5. 协调饭店同竞争者之间的关系

我国实行改革开放以来，国家的旅游业得到了很大的发展，饭店数量日益增多，其相互间的竞争也更为激烈。应该看到，饭店之间的竞争是建立在根本利益一致基础上的竞争，通过相互学习、取长补短，达到互相促进的目的，而绝不是采取不正当的手段去损害他人的利益。因此，饭店公关部门应该在协调饭店与竞争者之间起到桥梁的作用，经常保持与同行之间的相互接触，互通信息，及时消除误解，增进友谊。

四、服务社会、扩大饭店影响

社会是饭店赖以生存和发展的客观环境。从公共关系的思想出发，饭店除了在生产经营过程中重视自己的形象和声誉外，还应该尽社会的职责，关心和重视社会效益及整体影响。这样才能取得社会公众的认同和信赖，才能有好的声誉，才能扩大饭店的知名度。

关心社会公共福利事业是饭店应履行的社会职责，能否参与和支持社会公共福利事业，直接关系到饭店的社会声誉。所以，饭店应通过开展助民活动、资助慈善事业、赞助抢险救灾等活动来扩大自己的影响。为了提高饭店的知名度和美誉度，饭店参加支持社会公益活动，努力赞助公益事业，已成为饭店公共关系的一项重要工作。不少饭店捐款支持扶贫工程、赞助希望工程等，它们在支持社会公益事业的活动中，自己的声誉也在不断得到提高。

饭店要树立良好的形象，扩大自身在社会中的影响，要更加注重改善人际关系。饭店的公关人员是饭店的代表，在人际关系交往中，他们的形象如何，直接涉及饭店的声誉。所以，饭店的公关人员不论是进行外部信息沟通，还是进行内部信息交流，在处理各种人际关系时都要讲究自身的形象，做到诚恳有礼、平等待人，切忌粗暴无礼、强加于人，注意语言文明、仪容仪表得体、作风正派、处事公正。宣传广告要实事求是，恰如其分，切不可弄虚作假，损害公众及消费者的利益。总之，饭店公关人员要坚持精神文明、倡导社会新风，在实际工作中起表率作用。

服务社会、扩大饭店影响是饭店义不容辞的社会责任，也是饭店公共关系工作的一方面。饭店除了通过开展短期的公共关系专门活动外，还可与社会公益事业建立长期互助关系，积极参与公益活动，扶贫助困，提供就业，有效保护生态环境，为社会增添荣誉和骄傲，坚持以实际行动回馈社会。

第二节　饭店公共关系的原则

饭店的公共关系不同于简单的请客送礼之事，更不同于托人情、走后门的庸俗关系，它有自己的准则。对饭店而言，公共关系应遵循以下几个原则：

一、互惠互利原则

现代公共关系随着商品经济的发展而发展，它主张社会组织要竞争，但更强调要竞合。既竞争又竞合，双方都是赢家。讲究双赢，也就是一个社会组织从长远和整体利益出发，建立相互依赖、相互合作的关系，不搞野蛮竞争。双赢是社会组织生存与发展的动力，只有在双赢的基础上，才能建立双方长期合作的关系，维护双方最大的利益。

公共关系是为饭店的既定目标和任务服务的，但这种服务要以一定的道德责任为前提，既要对饭店负责，又要对公众负责，只有"利他"才能"利己"。公共关系强调主体与客体的互惠互利，尊重双方的共同利益和各自的独体利益，共同发展。

饭店是追求利润的经营性企业，同时又负有维护社会公众利益的责任。然而，有些饭店经营管理者可能会忽视后者而竭尽全力追求自身的经济效益，导致公众受害，最终也会损害自身的经济利益。事实上，不为公众创造利益的经营也不可能使饭店最终实现其经济目标。

饭店的最高决策者应首先坚持互利的原则，并鼓励与支持公关人员自觉维护公众利益，以使饭店长久地得益于公众，最终使社会效益与经济效益双丰收。公关的对象不同，互利的原则体现也不尽相同。对于饭店的主要社会公众——客人，饭店应注重产品物有所值甚至物超所值，使客人在消费过程中获得真正的实惠。许多饭店坚持优质服务、个性化服务，坚持客人永远都是对的，永远不对客人说不等服务宗旨，都是让客人受惠的体现。

现今许多饭店增设的附加服务项目，都是建立饭店与宾客良好关系的有效措施。饭店还应支持参与政府及社区倡导的各类公益活动，例如资助希望小学、支援灾区、环境保护等。即使在竞争对手之间，也要携手合作，公平竞争，互惠互利，削价竞争与其他不正当经营手段均是导致同行矛盾的重要原因之一。在全国各大城市，几乎都存在着饭店密集区，然而很多饭店之间通常不相往来，彼此都对对方存有严重的戒心和妒意，甚至为了争夺客源而视同行为仇敌，最终很可能导致两败俱伤。

二、诚实待客原则

公共关系是饭店与社会公众之间的桥梁，它的职能之一是通过信息的传播和交流来确立良好的饭店形象。因此，诚实待客是饭店公关工作获得成功的基本前提。饭店公关人员在策划公关活动的过程中，要坚持以客观事实为依据，不夸大、不缩小，在调查研究的基础上，客观地反映现实，不以主观想象代替客观事实，对事实采取公众可接受的立场，不袒护、不推诿，现实生活中没有的事物，就不能作为公共关系传播的内容。公众方面的信息，要以公众利益为出发点，以职业道德为准则，发扬对公众、对社会负责的精神，排除来自各种虚假因素的干扰。饭店应充分认识到饭店的信誉是无价之宝，诚实待客是饭店取得信誉的法宝。

饭店的社会形象一旦蒙上不诚实的阴影，就将很难澄清。饭店表面上似乎都赚了，其实它们损失得更多。一旦失去公众对饭店的信任，实现经济利益指标最终都只能是一种奢望，何得社会效益。

三、信守承诺原则

随着市场经济的深入发展，各种关系也日趋复杂。一个组织要赢得社会和公众的尊重和拥护，很重要的问题就是诚信。讲诚信就是对社会负责，对公众负责。那些不讲诚信、假冒伪劣的行为，虽贪图一时的利益，却毁坏了整个组织形象，搞坏了社会秩序，其结果是：难以生存。

饭店的公关中少不了承诺，无论是对待客人还是对待社区、同行甚至内部员工，不管是否有书面记载，凡许诺了的事，无论大小，也不管碰到什么困难，务必千方百计加以实现。躲避承诺，只能失信于客人，失信于社会、员工，这样做的损失可能是让人难以想象的。饭店领导也应当监督员工不折不扣地执行，即使承诺错了，也必须如实履行，切忌食言，这样才有助于饭店确定良好的社会形象。

四、遵纪守法原则

饭店公关必须依法行事，绝不能为了眼前的自身利益搞行贿、偷税漏税、诋毁他人的行为。饭店公关人员必须运用符合法律和社会道德准则的手段开展活动，例如举办公益活动、在媒介上介绍饭店动态等，为此，公关人员要做到学法、知法、守法、用法，使自己的行为不违反法律规定。

另一方面，依法公关并不意味着饭店动辄就诉诸官司，以至于与社区、同行以至员工之间的关系都十分紧张。剑拔弩张的经营环境对饭店的发展有弊无利，饭店应在全店范围内强调法制观念和守法意识，努力与各界在守法的基础上友好合作，共谋发展。

五、全员公关原则

饭店的公共关系工作，不仅要依靠公关专门机构和专职公关人员的努力，还有赖于饭店各部门的密切配合和全体员工的共同关心与参与。每一个成员与外界交往时，都是饭店形象的宣传载体，他们的活动都体现饭店的整体形象和风貌。饭店最高层决策者必须把公共关系工作列入领导工作议事日程，把公共关系工作与饭店的战略发展方针、计划结合起来，经常在实际工作中督促、检查、支持、指导公共关系部门和公共关系人员工作，以确保公共关系活动的成功。

饭店的每一个成员都是饭店与外部接触的触角，都处在对外公共关系的第一线，饭店的形象必须通过他们在各自工作岗位上的良好行为具体表现出来。他们都是有形无形的公关人员，他们的一言一行都代表着饭店的形象。饭店公关部门还要对饭店的全体员工有意识、有目的地进行公共关系教育，培养员工的公共关系意识，在饭店内部形成浓厚的公共关系风气和公共关系文化。

六、注重绿色环保原则

与一切短期利益的做法形成了明显区别，现代公共关系高度重视企业可持续发展，走绿色环保之路。主张饭店利益、顾客利益、社会利益有机统一起来。为了保持饭店兴旺发达并且保持活力，各类社会组织在这个越来越互相依存的社会里承担公共责任，因为伴随着社会发展和环境的变化，越来越多的饭店企业将广泛采用“绿色”环保方法，其产品在整个生命周期对环境的影响符合国际上公认的标准。舆论调查显示，对于环境的破坏被看做是严重的商业犯罪。保护环境，发展可持续性产品直接影响到饭店形象。

实践活动

实训内容：选择本地一家著名的五星级酒店，对其如何利用公共关系的传播沟通手段来树立酒店品牌进行调研。

实训目标：通过对该酒店公关活动的信息搜集和整理，能够对酒店公共关系要素的实质内容进行再认知。

实训组织：成立实训小组，4～6 人为 1 组。以小组为单位，利用课后时间完成实训任务。

实训成果：以小组为单位制作实训报告及PPT，选派代表进行课堂汇报，小组其他成员进行补充汇报。

评价方案：

1. 提交完整的实训报告一份。

2. 以小组为单位制作PPT，选派代表进行课堂汇报，小组其他成员进行补充汇报。

评价方案评分标准和内容

评价内容		小组自评（30%）	其他小组评分（30%）	教师评分（40%）	综合评分
调研内容的分析、对比（60分）	绿色环保原则的目标（10分）				
	绿色环保的内容体现（50分）				
其他（40分）	PPT制作（10分）				
	材料准备（10分）				
	语言表达（10分）				
	补充汇报（10分）				

本章小结

在日新月异的社会变动中，经济和民主的不断开放，使得公众舆论的力量非常强大。任何社会组织都试图维护自身形象，并努力借助公关这门有影响力而且系统完备的成熟学科，通过强大而温和的手段，影响人们的观念。在各类企业中，公共关系虽然不直接创造经济效益，但其为企业建立了有形资产与无形资产嫁接的平台，创造了一个和谐的内外关系环境，从而保证企业的正常运行和赢得了不断增值资本的机会，而这一切作用正是社会组织所担负的职责和所发挥的功能。公共关系在各项活动中更要遵循互惠互利、诚实待客、信守承诺、遵纪守法、全员公关、注重绿色环保等基本原则，为饭店的生存和发展创造良好的条件。

思考与练习

1. 饭店公共关系的职能有哪些？
2. 你认为饭店公共关系中最重要的职能是哪一个？有何理由？
3. 饭店公共关系活动应遵循哪些原则？
4. 试举例说明饭店公关的诚实待客原则。

案例分析

案例1　餐厅里的风波

2000年8月，江西第一家肯德基餐厅落户南昌，开张数周，一直是人如蜂拥，非常火爆。不想一月未到，就有顾客因争座被殴打而向报社投诉肯德基，造成一场不小的风波。

事件经过大致如下：一位女顾客用所携带物品占座位后去排队购买套餐时，座位被一位男顾客坐住而发生争执。先是两位顾客因争座发生口角，尽管已引起其他顾客的注意，但都未太在意，此时餐厅的员工未能及时平息两人的争端。接着两人的争执上升到大声争吵，店内的所有顾客都开始关注事态，邻座的顾客则停止用餐，离座回避，带小孩的家长担心事态危险和小孩受到粗话影响，开始领着小孩离店。最后争吵上升到斗殴，男顾客大打出手，打伤女顾客后离店，别的顾客也纷纷离座外逃和远远地看热闹。女顾客非常气愤，当即要求肯德基餐厅对此事负责，并加以赔偿。

到此时，其影响面还局限于人际范围，如果餐厅经理能满足顾客的要求，女顾客就不至于向报社投诉。但餐厅经理表示“这是顾客之间的事情，肯德基不应该负责”，拒绝了女顾客的要求。女顾客马上打电话向《南昌晚报》和《江西都市报》两报投诉。两报立即派出记者到场采访。女顾客陈述了事件的经过并坚持自己的要求，餐厅经理在接受采访时对女顾客被殴表示同情和遗憾，但是认为餐厅没有责任，不能做出道歉和赔偿。两家报纸很快对此事作了报道，结果引起众多市民的议论和有关法律专家的关注。事后，根据消费者权益保护法，肯德基被认为对此事负有部分责任，向女顾客公开道歉，并赔偿了部分医药费，两报对此也都作了后续报道。

讨论题：

请同学们结合自己的体会，从饭店公共关系塑造组织形象的角度来谈一谈顾客争座，肯德基到底该不该管。

案例2　麦当劳的包装转换

环境污染和恶化问题正引起世界各行各业的关注和重视。全球闻名的快餐王国麦当劳也积极、主动地加入了有益于环境保护的行列。

在美国，从20世纪70年代起，速食业已有饱和之说，但麦当劳(快餐食品)却以其无坚不摧之势风行世界，几乎无处不受欢迎。时过境迁，到了1988年，麦当劳因其每天都制造垃圾——废弃的包装物，又逐渐成为环保人士攻击的对象。

麦当劳采用的是“保丽龙”贝壳式包装。这种包装既轻又保温，且携带方便，是速食业理想的包装。但这种包装难以处理，加之外带食用的比例过高，废弃包装物的清理就成了威胁环境的问题。富有环保意识的人们，尤其是年轻的一代纷纷地向其总公司寄来了抗议信。公司当局意识到这些抗议将威胁到企业未来的生存，而且包装可说是速食业的灵魂，速食业致力于包装的开发，其重要程度并不亚于菜单的本身。

许多企业面对环保问题，应付的办法不外乎是推、拖、拉，但麦当劳没有这样做。它得罪不起消费者，不仅必须有所行动，而且要公开地做。为了平息抗议，它不得不寻求环保人士的协助。1990年8月，麦当劳和“环境防卫基金会”（EDF）签署了一项不寻常的协定。EDF是美国一个很进步的环保研究及宣传机构。麦当劳之所以寻求EDF的协作，是因为当其拟定环保政策时，发现环保的复杂程度远远超过其认识。起初，麦当劳以为主动回收废弃的贝壳包装，似乎就能平息消费者的不满。1988年，麦当劳在10个店铺做过小试验，证实将贝壳包装回收再制成塑料作为他用，技术上是可行的。但翌年将此设计扩大为1000个店铺时，却出了问题，主要是其外带量是店内量的6～7倍，这么大量的废弃物已非麦当劳所能控制。另外，在店内食用的、废弃的包装物虽然可以回收，但清理工作十分麻烦。回收不是灵丹妙药，特别是美国有些城市已全面禁止使用贝壳包装。

在实在很难满足不同环保目标要求的情况下，麦当劳不得不寻求外援，与EDF携手合作。在与EDF合作之初，麦当劳领导层人士还期待着在美国的8500家店铺全面实施回收来解决包装问题，但EDF确信减少包装才是治本之道。

麦当劳至此决心改弦易辙，宣布取消贝壳包装，代之以夹层纸包装。随后麦当劳自己还进行了一项研究，发现贝壳包装从制造到废弃的全过程，耗费的天然资源比夹层纸包装大。夹层纸包装虽然无法回收再制，但不像贝壳包装那样蓬松，其储运与丢弃所占的空间只是贝壳包装的1/10。整个研究得出的结论是：减废比回收更重要。

取消贝壳包装只是整个环保努力中的一个小进步，主要的成就还是在实现环保目标上。为了实现环保计划，双方同意按减废、重复使用、回收再制的顺序进行。在减废上从三个方面着手：一是减少包装；二是减少使用有损环境的材料；三是使用较易处置、能物化成肥料的材料。

讨论题：

请同学们结合自己的体会，从麦当劳的包装转换问题谈谈对饭店公共关系注重绿色环保的基本原则认识。

第三章　饭店公共关系的主体

学习目标

知识目标

1.了解从事饭店公共关系的组织机构类型；

2.理解公关部在饭店中的地位及职能；

3.掌握饭店公关部的设置原则和设置模式；

4.熟悉公关公司的工作内容与特点；

5.了解饭店公关人员的素质要求,学会如何成为合格的公关人才。

能力目标

1.理解饭店公关机构的设置原则与模式；

2.具备合格的公关员必备素质和能力。

案例导入

朗廷酒店集团委任著名公关公司凯旋先驱前高管司徒倩雯小姐为公共关系总监(亚洲)

2012年1月10日,国际豪华酒店品牌朗廷酒店集团宣布委任司徒倩雯小姐为公共关系总监(亚洲)。

司徒小姐履新后将致力提升集团及旗下四大品牌——朗廷、朗豪、逸东(华)及逸东(智)的知名度。同时针对朗廷酒店集团在亚洲区内的强势发展,她会负责制订及执行在区内的公关及宣传策略。

朗廷酒店集团传讯部副总裁熊晓韵小姐表示:“随着朗廷酒店集团在亚洲尤其在大中华的迅速发展,司徒小姐会重点把这些项目介绍给媒体,并协助亚洲区内的酒店争取最大的曝光率。”

司徒小姐具备丰富的公关经验,尤精媒体关系、活动管理及危机传讯。她曾在不同的国际五星级酒店担任传讯总监达八年。在加入酒店业之前,司徒小姐曾在环球著名公关公司——凯旋先驱公关公司任职高管。

能称得上“传奇的诞生”者少之又少,然而用来形容历史显赫的朗廷酒店集团,却绝不为过。朗廷酒店集团源远流长,在国际酒店业举足轻重。

只有独一无二的朗廷酒店,才具备如此尊贵悠久的传统,以及与众不同的非凡魅力,这份魅力更成为朗廷酒店集团旗下酒店的灵感泉源。

自首家朗廷酒店于1865年开幕后，便以超乎想象的豪华气派和先进科技，令维多利亚时期的伦敦赞叹不已。凭着史无前例的规模和恒久尊贵典雅的风范，酒店更有不少开创先河的成就。

（资料来源：http://www.ccig.org.cn/biz/newsview.aspx?id=2438&nid=198）

思考：

1. 具备尊贵悠久传统的朗廷酒店为何要聘请著名公关公司凯旋先驱前高管司徒倩雯小姐为公共关系总监？

2. 司徒倩雯小姐为何将工作的重点放在亚洲乃至大中华地区？仅仅是因为朗廷酒店发展的重心转移吗？

关键概念

公关主体	(subject of PR)	饭店组织	(hotel organization)
饭店公关部	(PR department of hotel)	公关公司	(PR company)
公关人员	(public relations officer)	组建原则	(formation mode)
设置模式	(design patterns)	人员素质	(the quality of personnel)

饭店组织是饭店公共关系活动的主体，在饭店的公共关系活动中具有主导性。但是饭店公共关系工作是一项长期的、专业的、技术性较强的工作，而且随着经济的发展，社会对饭店的要求越来越高。这一方面突显了饭店公共关系在饭店的生存发展中的重要性，另一方面也无形中加大了饭店公共关系工作的难度和深度，使饭店公关关系工作的职业化特点越发明显。于是专门从事饭店公共关系工作的组织机构应运而生。这些专门的机构通常被称为饭店公共关系组织机构。同时，饭店公共关系专门化和职业化机构的出现，进一步推动了对饭店公共关系专门人才的需求。因此，本章中我们还需要探讨饭店公共关系从业人员应具备的知识结构、能力和素质、职业道德准则以及达到这些标准的途径和方法。

第一节 饭店组织

公共关系是一种组织活动，而不是个人行为，因此，组织是公共关系活动的主体，是公共关系活动的实施者、公共关系活动结果的承担者。我们在理解公共关系时，特别要注意这一点，不要把一些个人的行为也说成是公共关系。如饭店董事长以个人名义向野生动物基金会捐款，这是个人行为，而不是公共关系；但当他以饭店的名义捐款时，我们便可把这种行为理解为一种旨在提高饭店的知名度和美誉度、扩大饭店影响的公共关系行为。

对饭店而言，其公共关系主体必然是饭店本身。

一、饭店组织的特征

饭店作为社会组织中的一种，必然具有组织的一般性特征：有特定的目标且该目标必须是具体的、明确的，并为全体成员所接受，这是其存在的依据。饭店内部各个部门和全体成

员的一切工作都必须围绕这个目标展开；有一定数量较为固定的成员；饭店组织结构制度化；成员分工和权利分配明确；行为规范普遍化，等等。

但是饭店作为自主经营、自负盈亏的服务性行业，在其生存发展过程中又形成了以下四个特性。

1.经济性

饭店是企业组织，也是经济组织，它不同于政府组织、社团组织、学术组织等非经济性组织，饭店只有获取了利润，才可能维护其自身的运转，进而扩大经营范围，发展再生产。因此，经济性是饭店区别于其他非营利性机构的主要特征。

2.竞争性

市场经济的主要特征是竞争，优胜劣汰是竞争发展的普遍规律。饭店作为经济性的营利组织，竞争的成败与其生存发展密切相关。因此，任何一家饭店都具有竞争的动力和压力。

3.自主性

随着改革的深入、社会的发展，饭店已逐步走向市场，成为相对独立的经济实体。饭店决策人是自主经营、自负盈亏的商品生产者和经营者，具有独立的法人地位，拥有人、财、物、产、供、销等生产经营的自主权，也对饭店经济活动负完全的法律责任和经济责任。

4.服务性

饭店与其他企业的显著区别是它的服务性。饭店是以提供服务设施、出售服务劳动而盈利的企业。

二、饭店与外部环境

饭店所面临的社会环境一般包括政治环境、经济环境、科学文化环境、国际环境和法律环境等。这些环境的变化差异会对饭店的生存和发展产生深远的影响。

政治环境是指党和国家的大政方针、政策、规划、政治形式等对饭店产生的影响，形成饭店生存和发展的外部政治气候。

经济环境主要是指国家的生产力发展水平、企业宏观管理体制的变更，以及经济发展趋势对饭店经营产生的深远影响。

科学文化环境对饭店发展有着重要影响。科学技术的发展、高科技产业化的进程，大大提高了劳动效率，加速了生产力的发展；而社会风尚、道德观念、文化教育、价值取向、消费心理等，又是对饭店经济效益产生影响的文化因素。人们空闲时间的增加和文化品位的提高，为扩大旅游内需提供了条件，改善了饭店发展的外部经济环境。

国际环境是指国际政治经济形势、国际格局、国际市场变化以及国际关系等对饭店发展产生的影响。

要想切实发挥饭店公共关系部门的作用，就必须透彻地了解饭店与外部环境的关系。

外部环境是饭店必须依赖的条件和必须适应的土壤。社会需要是饭店经营的出发点，社会的利益则是饭店应当承担的责任。饭店的经营活动只有与社会的发展、市场的变化及社会公众利益保持协调一致，才可能健康持续地发展，才可能具有良好的知名度与美誉度。

外部环境时刻变化，饭店须根据企业自身的特点和环境的变化进行分析预测，以确保饭店在适应环境的变化中生存与发展。

饭店也可以改变外部环境。饭店虽然受到社会环境的影响和制约，但在充分了解环境和掌握环境发展动态的基础上也可以对现存的社会环境有所影响、有所改造、有所超越。不过，这种超越是有限的，这种改造和影响也需要时间来完成。

【案例 3-1】

北京五星酒店主动“摘星” 应对中央八项规定

新京报讯 今年起，北京市政府采购的会议定点场所不再纳入“五星”级酒店。新京报记者调查发现，北京近日有五星级酒店主动放弃星级，或是通过资产重组等方式摘掉“五星”的帽子。同时，在今年政府采购会议定点场所中，不少酒店都“无星级”。

五星酒店放弃评星。随着中央“八项规定”的落实，今年年初，一些地方即传出星级酒店主动降星、脱星的消息。据媒体报道，中国旅游协会副会长、浙江省人大代表陈妙林称，2013年全国多家五星级酒店要求降星，或是暂缓申报五星。

北京今年也出现了首个“自动放弃”星级的酒店——北京锦江富园大酒店。根据中国旅游饭店业协会发布的公告，全国旅游星级饭店评定委员会取消了该酒店的五星级旅游饭店资格。

新京报记者查询发现，位于经济开发区的北京锦江富园大酒店，此前曾出现在2013—2014年度北京地区党政机关会议定点饭店名单里。今年政府采购对五星级饭店“关门”后，该酒店不再拥有会议定点饭店资格。

昨日，北京锦江富园大酒店的工作人员对新京报记者坦言，作为五星级酒店，自八项规定后一些会议“没法接”，因此主动放弃评星。

此外，北京还有五星级酒店通过资产重组等方式主动“降星”。

北京旅游部门介绍，今年以来，虽然没有其他饭店主动提出“弃星”，但申报五星级酒店的数量明显少于往年。

（资料来源：2014-10-11，《新京报》，热点 · A09 版）

由此可见在市场经济条件下，饭店组织要想生存、发展，必须在尊重社会形势发展的同时有自己的一套经营理念，使饭店组织适应国际社会的发展。

第二节 饭店公共关系的组织机构

饭店组织的公共关系主体是饭店。但众所周知，社会分工越来越细，各行各业的专业、职业化程度渐趋明显。饭店的公共关系工作也不例外。于是，由专职公关人员组成的、专门从事公共关系工作的专业部门或机构便逐步形成。目前，从事饭店公共关系工作的组织机构主要有三种形式：一是饭店内部的公共关系部门（一般称饭店公共关系部），二是不从属于任何组织的、以赢利为目的的专业性社会机构（一般简称公关公司），三是社会上的公共关系社团。

一、饭店公共关系部

饭店公共关系部是饭店内部设立的、专门从事饭店公共关系活动的职能部门，简称饭店公关部。它的出现是现代饭店管理不断发展的必然结果。但是，公关部在我国出现较迟。

1982年深圳竹园宾馆成立了我国第一家公关部，这标志着公共关系的概念和实务在中国落地生根。不过经过30多年的发展，公关在饭店行业中的位置，与IT、消费品等行业相比，已显得发展缓慢。

饭店公关部是饭店的“参谋部”、“联络部”、“情报部”、“外交部”和“宣传部”，对饭店的发展起着非常重要的作用。但是其实际地位往往取决于饭店自身状况、饭店公众特点以及饭店与公众之间的联系状况。

(一)饭店公关部的职能

饭店公关部的工作主要围绕内部关系、外部关系和专业技术三个方面展开，负责品牌的建立、推广和维护，媒体的宣传报道，信息传播，市场推广活动，政府事务，社区关系，慈善活动的赞助，内部协调沟通，危机处理等等。其具体职能主要表现为以下几个方面。

1. 信息收集和处理

饭店公关部通过与饭店内各部门、各方面保持接触和联系，对饭店外部公众进行调研、收集信息并汇总，做出分析和处理，掌握饭店内外公众的要求和倾向，为最高领导层提供决策的参谋。如北京长城饭店公关部得知美国总统里根要访华的信息后迅速将有关情况上报，后在饭店高层的指导下申请并成功举办了答谢宴会——不仅大大提高了饭店的知名度，同时也为饭店带来了可观的经济效益。

2. 新闻传播

饭店公关部还应根据饭店的决策，担负对内外公众宣传、阐释、传递信息的职责：①编制有关饭店的刊物、画册等宣传品；②直接与社会媒体沟通，并提供与饭店相关的新闻资料；③负责其他对内外公众公共关系原理与实务施加影响的广告设计和信息传播。

3. 协调沟通

饭店公关部要与饭店内外公众(即与饭店组织发生联系的社会组织和个人)保持沟通和协调，并组织创造上下、内外、左右各方面关系和谐的人际环境和社会心理环境。

4. 处理突发事件和举办专门活动

对突发事件可能给饭店组织的形象与发展带来的影响，饭店公关部要及时协助饭店最高当局，迅速客观地调查处理，包括与媒体积极接触，传播真相，对公众组织沟通或安抚、释疑，与法律部门打交道等。为使饭店形象的发展有利于饭店的预期目标，饭店公关部要适时地策划举办各种专门活动，如文艺演出、记者招待会、交流会、联谊会等，有效塑造饭店的良好形象，营造有利于饭店生存发展的环境。

可以显见，伴随着饭店之间竞争的日趋激烈，饭店公关部必须承担起更多的经营功能乃至于其他职能。

【案例3-2】

上海锦江大饭店公关部的职能

上海锦江大饭店是一家闻名遐迩的高级宾馆，也是我国较早设置公关部的企业之一。在饭店公关部成立之初，其活动仅仅限于对外宣传、接受及处理顾客投诉等。但是，随着锦江饭店业务经营范围的不断扩大，该饭店公关部的从业人员在认真总结实践经验的基础上发现，对外宣传、接受及处理顾客投诉尽管是很重要的工作，然而这些工作仍是一种防守型的公关活动，已经不适应饭店飞速发展的需要了。为了改变这种状况，变消极为积极，变防守为进攻，他们通过大量的调查研究，制定了全方位公关活动的方针，更加明确了饭店公关部在饭店整个经营活动中所担负的基本职责，这就是：

1. 代表饭店接受顾客的投诉，建立饭店与顾客间的相互了解、相互信任及相互支持的关系，树立“锦江属于公众”这一良好的企业形象。

2. 加强信息传播工作，主动收集顾客的各种意见和反应，及时地向管理部门通报各种信息，协助管理部门制定经营决策，监督饭店的各个业务部门的工作情况，督促他们不断提高管理水平与服务质量。

3. 不断地向顾客传播锦江饭店“服务至上”的经营观念，组织开展有特色的服务项目和活动，如积极联络社会各界公众，主动承办形形色色的以宣传锦江饭店的形象与信誉为宗旨的酒会、招待会、新闻发布会、学术研讨会及其他以密切饭店与公众情感联系为目的的各种联谊活动，如向来沪的外商和旅游者主动介绍中国的优秀文化艺术等。

4. 为外国客人提供良好的商业洽谈环境等。锦江饭店公关部根据现代企业公关活动的一般要求，结合自己行业的具体特点，制定出锦江饭店公关活动的三项基本内容，完整、准确地反映出了锦江饭店经营活动的主要目标及处理同各界公众关系的基本原则与方法。这种结合企业自身特点来规定公关活动的内容的做法，是企业成功地开展公关活动的前提。

（资料来源：熊超群，《公关策划实务》，广东经济出版社）

（二）饭店公关部的组建原则

公关部是饭店内部的一个专门从事公共关系工作的部门，它的组建必须遵循一定的组织原则。

1. 精简原则

这是组建一个机构的基本原则，在组建饭店内部的公关部时首先要考虑的也是这一原则。这意味着饭店公关部下属的二级机构要精简，不要臃肿，人员岗位和编制要精简，不要因人设岗而导致人浮于事。

在确定饭店公关部的规模时，一般要考虑饭店本身规模、饭店内部各职能部门的职能分配、饭店对公共关系部的要求、组织的公众特点等情况。其规模可大可小，大者几千人甚至上万人，小者3～5人甚至只有1人。一般说来，公关部的规模与饭店规模呈现一种正相关态势。美国公关学者经过调查发现：年产值超过10亿美元的大型企业，公关部的平均人数为44人；一般的大中型企业，公关部的平均人数为10人；其他文教、医疗、基金会等组织，公关部的平均人数为6～7人。

2. 效能原则

饭店公关部是专门开展公共关系工作的组织机构，它的每一项工作都可能涉及饭店的声誉和形象。因此在设立公关部时，一定要考虑让公关部充分发挥其效能，行使其职能。这就要求一方面要界定公关部的职责和权力，要让公关部拥有其职责范围内相应的人、财、物的决策权，以保证其工作的主动性和积极性；另一方面要合理设置公关部内部的二级机构，使整个公关部能有效地整合起来，形成整体效应，发挥最大威力。

3. 灵活机动原则

饭店公关部的工作既包括日常性的信息收集和整理分析、公众来访接待、常规公关宣传等工作，也包括一些临时性大型专题活动的组织和临时性突发事件的处理。这就要求饭店在设立公关部时，应充分考虑这两种不同性质工作的特点，使公关部能适应客观环境的变化

和饭店工作的调整，保持高度的灵活性和应变能力。

事实上，饭店公关部的组建除了要受到上述原则的制约、要注意与组织规模大小相适应之外，往往还取决于饭店最高决策者对公关价值的认识程度和饭店对公关的需求程度等多种因素。

（三）饭店公关部的设置模式

1. 公共关系部在饭店中的隶属关系

公共关系部，简称公关部，在一些酒店也称之为市场传媒部、市场传讯部或策划部。在通常情况下，整个部门建制都属于酒店的市场销售部或市场营销部，部分酒店比较重视的话，会独立运作直接隶属总办管辖，编制一般由公关总监（或经理）、公关传媒主任（或策划主管）、文秘（或由公关传媒主任兼任）、美工组成，有些酒店的美工数量多的话会单独设置美工主任或美工主管，有部分运营比较成熟的国际品牌甚至只设置一个公关和一个美工。

具体来说，公关部在饭店机构中的隶属关系主要呈现以下四种情形：

（1）高层领导直属型

这是最理想的模式，对饭店公共关系工作的开展最有利。它不仅显示了公关部在饭店中具有举足轻重的地位，而且还表明公关部不同于饭店中其他一般的职能部门，它可以宏观把握和处理有关事务。公关经理（副总经理兼任公关经理）直接向最高决策层和管理层报告工作，对最高决策层和管理层负责；也有的由最高领导（总经理）直接兼任公关经理，如图 3-1 所示。前者多见于国外大型饭店或饭店集团，后者则多见于本土星级较低的饭店。

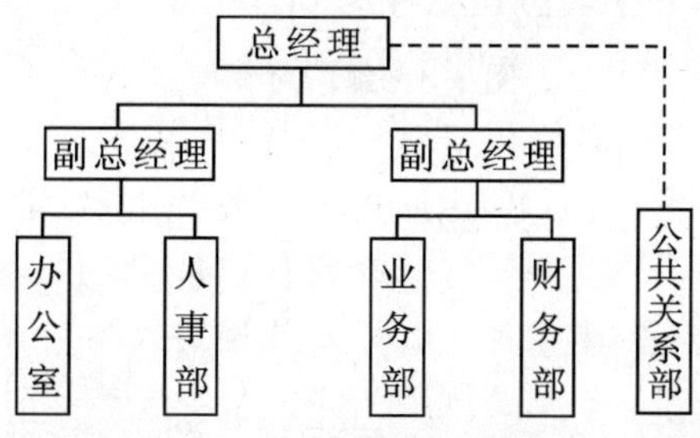

图 3-1　总经理直接负责型

（2）部门并列型

部门并列型是指把公关部设置在与其他职能部门平行的位置。公关部是饭店中的一个二级职能部门，与营销部、前厅部、客房部、财务部等业务部门处于并列地位，公关经理需向其主管领导报告工作。此类型的公关部在饭店中的地位和权力比较高（公关部负责人有一定权限）。实行该模式说明公关业务在饭店中具有独立性和重要性。高星级酒店和涉外型酒店较多采用这种模式，如图 3-2 所示。

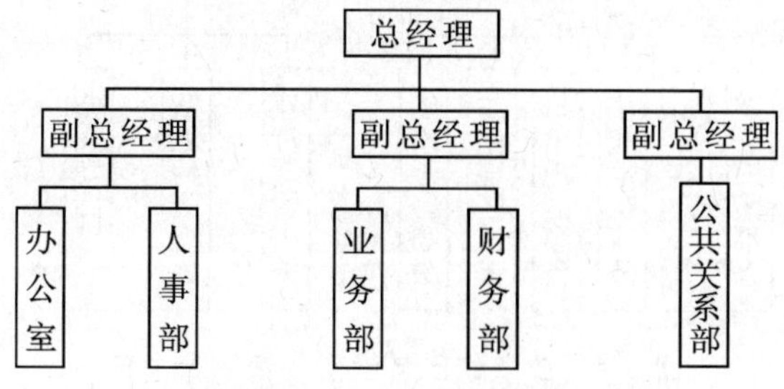

图 3-2　部门并列型

(3)部门所属型

在这种模式下,公关部只是饭店中某个二级部门下的附属机构,也即饭店的三级机构。通常,公关部可能隶属于传播沟通业务较集中、较繁重的部门,如销售部、广告宣传部、前厅部甚至总经理办公室。一般来说,饭店强调公关部的哪个功能就会相应地将其归属于哪个部门。如果强调公共关系的促销功能,就会将其归属于销售部;如果强调其传播功能,常将其纳入宣传部,等等。显然,此种归属容易束缚或偏废公共关系的部分重要职能,降低公共关系在饭店中的地位。因此,该模式一般出现在低星级饭店或饭店公共关系工作的初创期,时机一旦成熟,公关部便会独立出来,如图 3-3 所示。

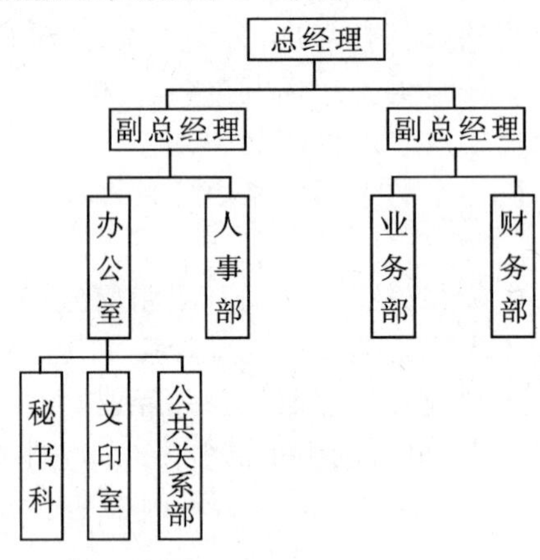

图 3-3　部门所属型

(4)公共关系委员会型

有些饭店不设常设的公关部门,也没有专职的公关人员,而是成立一个公关委员会,负责饭店的重大公关事务,一些日常工作则分散到各职能部门。公关委员会的成员一般包括最高负责人及各位副职、各职能部门第一负责人及相关人员。

2.饭店公关部的内部分工

饭店公关部的内部分工大致可以分为以下几种形式。

(1)根据公关工作的区域来设置公关部

这种模式适合于大中型饭店或公众分布面比较广的饭店。一般来说,从大的方面考虑,可以分为国内部和国外部,国内部又可以根据饭店地点细分,如图 3-4 所示。

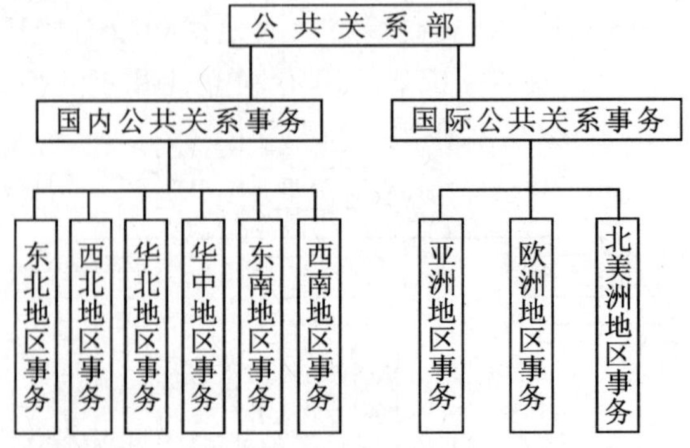

图 3-4　按工作区域设置的饭店公关部

这种分工形式能够针对不同区域公众的不同需求开展针对性的公关工作,强调公关工

作的对象性。

(2)根据公关对象来设置公关部

任何饭店的公众都是由内部公众和外部公众组成的,内部公众主要是职工、股东等,外部公众主要是顾客公众、新闻界公众等。饭店公关部可以根据职能相对地设立公关工作组,例如顾客关系组、新闻界关系组等,如图 3-5 所示。

这种分工形式有利于饭店与公众的联系,也有助于培养公众对饭店的好感。

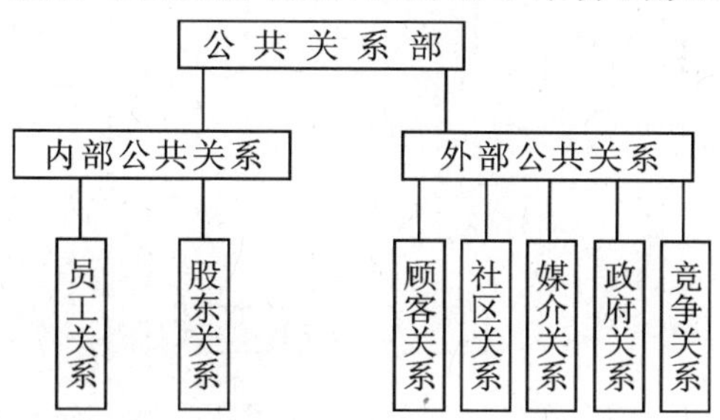

图 3-5　按工作对象设置的饭店公关部

(3)根据公关工作所借助的手段来设置公关部

从事公关工作要借助于一定的手段,依据手段不同可以设立新闻通讯组、美术制作组、编辑出版组、调查组等,如图 3-6 所示。

这种分工形式由于每一个公关人员的职责明确,所以便于指挥和管理。

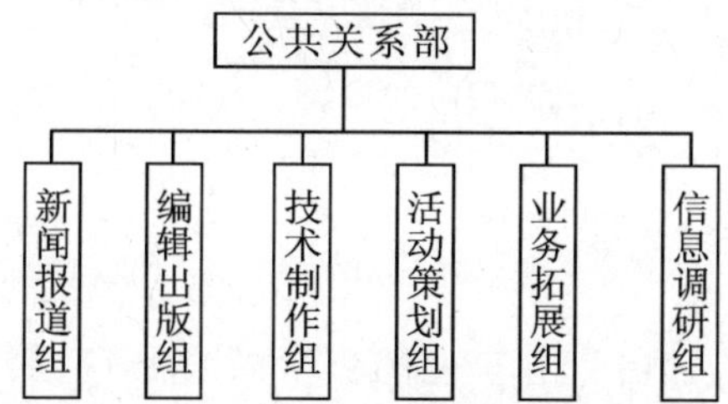

图 3-6　按工作手段设置的饭店公关部

上述公关部在饭店组织中的四种机构设置模式和三种内部分工形式都是一种理想状态。在实际操作中,各饭店总会根据实际情况有所变化或调整。如中国第一家假日饭店——著名的北京丽都假日饭店是公关工作做得最好的饭店之一,也是北京饭店行业中公关部人数最多的。其公关部设置模式如图 3-7 所示,其内部分工如图 3-8 所示。评价公关部在饭店中的隶属关系及内部分工好坏的唯一标准就是看它是否有利于饭店公关工作的顺利进行。

3. 饭店公关部的特点

从公共关系操作的角度来看,饭店公关部具有以下几个主要特点:

(1)熟悉饭店内部环境。饭店自己设立的公关部肯定对本单位的业务和人事比较熟悉,对本单位的历史、现状和面临的问题比较了解,开展的工作也更切合实际。

(2)便于协调。饭店公关部一般与管理层的联系比较密切,而且其日常与饭店内部各部门的联系也比较广泛,因此工作比较容易协调。

(3)效率高,成本低。饭店公关部作为饭店常设机构,发生突发事件时,能及时投入危机公关策划中,效率较高,比较容易控制预算和投入。另外,聘请公关公司的成本比自己处理公关事务要高。

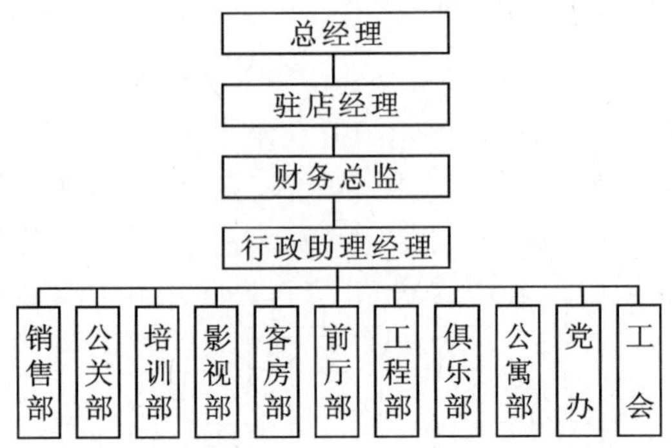

图 3-7 北京丽都假日饭店公关部设置模式

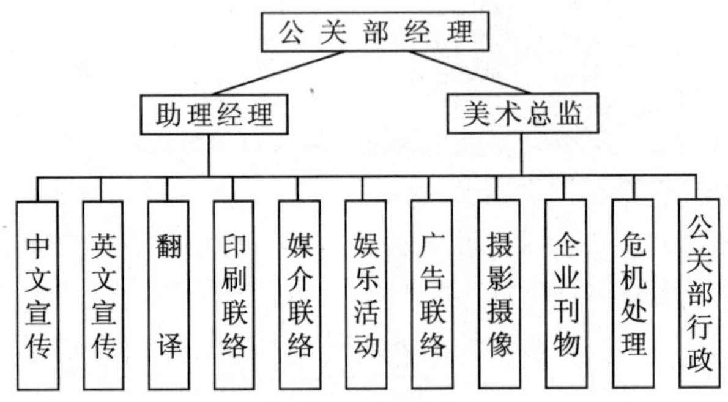

图 3-8 北京丽都假日饭店内部分工模式

(4)饭店公关部的工作易受到饭店内部复杂的各种因素的制约，缺乏客观公正性。

二、公关公司

目前，国内外的大部分饭店都设有自己的公关部，特别是那些跨国的大型饭店集团，其公关部的规模甚至超过部分大型公关公司，因此它们一般不会请公关公司，其公关工作一般由饭店公关部和有关人员自行承担。因此有人发出感叹："酒店公关：专业公司踪影难觅。"①

不过我们必须看到：尽管部分大型饭店或饭店集团内设公关部，但还是与一些公关公司保持着良好的合作关系，譬如快餐业巨头麦当劳进军中国市场时就是借助于伟达(中国)公关公司的力量。

公共关系公司简称公关公司，又称公关顾问公司或公关咨询公司，它不隶属于任何组织，它是专门为客户(包括饭店)提供公关劳务和业务咨询的信息型、智力型、传播型的专业机构，是高度专业化的公关行为主体。

公关咨询公司产生于20世纪初的美国。1903年，艾维·李创办了世界上第一家具有公共关系性质的新闻宣传事务所；1920年，N. W. 艾尔正式创办了第一家公共关系公司。1984年1月，美国伟达公共关系公司在北京首先设立了办事处；同年8月，美国博雅公司与中国新闻发展公司成立了中国环球公共关系公司，这是我国第一家公共关系专业公司。

① 中国公关网：www. chinapr. com. cn。

(一)公关公司对饭店而言是必要的

与饭店内部的公关部相比,专业的公关公司由于自身的特点而具备存在的价值。如饭店需要在没有自己的饭店或职能机构的地方扩大业务、增强影响时,往往要请公关公司在当地做品牌维护、推广等工作。因此,公关公司对饭店的迅速发展而言显得很有必要。具体原因如下:

1.就饭店本身来说

根据美国著名公关学家卡特李普的有关理论,我们可以归纳出饭店离不开公关公司的理由。

(1)饭店管理层先前没有开展过正式的公共关系活动项目,缺乏组织公共关系活动项目的经验;

(2)饭店总部所在位置也许与传播、活动地点或金融中心相距甚远;

(3)饭店有着范围广泛的不断更新的接触;

(4)外部公司可以为有经验的饭店行政主管和有创造力的饭店专家提供服务,这些行政主管和专家或是不愿意搬迁到其他城市,或是他们的工资没有一个单独的组织可以承担得起或愿意承担的;

(5)一家拥有自己的公关部的饭店很可能还需要一些高度专业化的服务,而这种服务是公关部所不能提供的,或者是不需要在全日制和持续不断的基础上提供的;

(6)饭店中至关重要的政策问题要求外部旁观者的独立判断。

2.公关公司具有显著优点

与饭店内设公关部相比,有时聘请公关公司运作饭店的公关事务具有他人无法忽略或替代的优点。

(1)旁观者身份使其观察和分析问题更客观。中国有句古话叫"当局者迷,旁观者清",公关公司对饭店来说正是一个旁观者。它们在观察和分析问题时,一般不会受到饭店特有的文化和价值观的影响,也没有那种因长期浸润饭店之中而形成的思维惯性或定式,再加上它们和饭店之间没有直接的利益冲突,因而,它们的观察和分析更客观,能更敏锐地发现饭店的问题所在,而且也敢于尖锐地提出来而不必瞻前顾后。

(2)外来者身份使其建议和方案更权威。俗话说"外来的和尚好念经"。由于饭店的公共关系实务活动对经验有依赖性,而公关公司由学有专长的专家组成,他们具有明显的智力优势和经验优势,因此饭店以外的专家意见更容易被领导看重也是一个不争的事实。当然由于参与者更专业、更职业,公关公司提供的建议和方案往往也确实更有说服力。

(3)一次性付费使饭店公关活动的价效比更优。公关公司是一种盈利性组织,而且公关公司特别是名牌公关公司的收费还相当高,但如果综合起来考虑,选择公关公司还是更经济。一方面,饭店维持一个公关部门的运转,同样需要支付日常费用、人员工资、办公经费等,碰到大型专题活动,开支也会增加;另一方面,公关公司提供的方案往往更合理、更权威,效果更佳,其创造的收益、企业从中获得的直接和间接效益也更大。因此,一般来说对那些小型饭店而言,选择公关公司要比在内部常设公关部更经济。

(4)知名公关公司的形象具有扩散效应。聘请知名公关公司开展一次或一系列成功的公关活动,可以借助于知名公关公司本身的宣传效应来尽快提高饭店的知名度和美誉度。

随着公共关系专业性和系统性要求的越来越高,饭店行业的竞争日益加剧。相信越来越多的饭店都会加大公共关系的投入力度,公共关系工作也会越来越专业、深入。因此,饭店应充分发挥两者的优点，综合利用，注意扬长避短。内设公关部注重日常性和常规性，外聘公关公司则注重战略性和规划性。

（二）公关公司在饭店公关工作方面的定位

那么如何综合利用二者呢？饭店如何利用公关公司的专业性、公关公司如何分担或强化饭店公关部的工作就显得非常重要。要想解决这一问题，公关公司就必须处理好自己在饭店公关工作中的定位，拿捏好自己在饭店公关活动中的价值。同时要注意以下几点：

1. 着眼宏观

生存竞争渐趋激烈导致公关意识逐步深入人心，大部分稍有规模的饭店都会设立公关部开展一些日常的公关工作和中低端的公关专题活动。由于费用限制，一般饭店也不太会邀请专业的公关公司承担常规性的公关工作。鉴于此，公关公司在为饭店提供公关支持或服务时，应该围绕饭店的三大公关工作（公益活动、市场推广和客户关系），注重宏观规划，能为饭店品牌的推广制定系列、长远的方案。

2. 强调专业

注重公关工作的大型饭店或饭店集团通常都会有1～20名不等的专职从事公关工作的人员。相比其他员工，这些人员往往比较灵通，但他们或者受限于专业，或者受限于经验、阅历，或者是人力等方面，往往无力或不能高质量地承担繁重的、高要求的公关工作。因此，公关公司在提供公关支持时，无论是人力、物力和财力方面，还是实战经验、整体专业水平方面，都应该高于组织内部的公关工作人员。

3. 注重异域

出于经济目的，一般饭店在设有饭店机构的地方不会请公关公司，所有的公关传播事务都是由饭店公关部自己做，但是在没有饭店的地方往往会请该地的公关公司，主要是请它们在当地做品牌维护、推广。这就要求公关公司在寻求工作对象（即饭店）时要正确选择。为此，公关公司还要注意非所在区域的饭店的公关活动与定位，如所在地发生重要事情应及时告知饭店，以便与受委托饭店的品牌和公关活动有机地衔接。

（三）公关公司的工作原则

公关公司作为一类特殊的服务性公司，除了遵循一般公司都应遵守的基本原则（如自觉遵守国家法律法令和有关政策，对社会公众负责）以外，在为饭店公共关系工作提供服务时还必须遵守以下原则。

一是必须维护饭店的利益。公关公司和委托者之间的关系并不是简单的“一方付费，一方供货（服务）”关系。公关公司在开展工作时，不但要注意维护本身形象，更重要的是站在客户的立场上，尽全力为客户办好事、办实事。因此，公关公司在为饭店制定公关活动经费预算时就应该精打细算，不要因为好大喜功、一味地追求轰动效应而铺张浪费；在收取服务咨询费时也应公平公道，不要漫天要价；对于在公关活动实施过程中出现的问题，也应本着认真负责的态度及时整改，以达到最佳的公关效果。

二是要严守饭店的秘密，不干涉委托饭店的内部事务。由于工作性质，公关公司可能会接触和了解饭店的生产、经营、管理情况，甚至还会触及饭店的某些商业秘密，而这些信息一旦泄露出去，特别是被竞争者知悉，可能会给委托方带来灾难性后果，因此，公关公司在工作过程及工作完成以后，都应该严守这些秘密。同时，公关公司在为饭店服务的过程中，应严格约束自我，把对饭店的建议、意见和干涉其内务区分开，不得借口工作需要而指手画脚。

三是严格禁止同时为互相竞争的饭店提供服务。公关公司的服务对象遍及各行业、各

公司企业，但公关公司不得同时为两家互为竞争对手的饭店提供公关服务，更不能以掌握的信息为资本去为该饭店的竞争对手服务，因为这样做对这两家饭店都是不公平的。

【阅读材料 3-1】

阿瑟·W.佩奇原则

(1)告知真相：让公众知道正在发生什么事情，并且为本公司的特性、理想和实践提供一个准确的图景。

(2)用行动来证明：公众对于一个组织的看法，90%取决于做，10%取决于说。

(3)倾听顾客的意见：为了更好地为这个公司服务，了解公众想要和需要什么。使最高决策者和其他雇员保持信息的灵通，随时知道公众对于本公司产品、政策和实践的反应。

(4)为明天管理：预测公众的反应和排除那些可能制造困难的实践，培养善意。

(5)犹如整个公司须臾离不开它似地实施公共关系：企业关系是一个管理功能。任何企业的战略在没有好好考虑到它对公众的影响之前，都不应该付诸实施。公共关系专家是一个能够开展广泛企业传播活动的政策制定者。

(6)保持冷静，有耐心和良好的幽默感：对于信息和各个方面的接触，要保持始终如一的、冷静的、和合乎逻辑的注意，为公共关系的奇迹奠定基础。当发生危机的时候，要记住冷静的头脑能进行最佳的传播。

(四)饭店利用公关公司的方式

公关公司以其训练有素的专业技能和富有成效的工作方式，赢得了越来越多饭店的青睐，即便是那些内部已成立公关部的饭店，也倾向于缩减公关部的规模，或者把饭店内部的公关部和公关公司结合起来，以便更好地完成公共关系职能。目前，饭店利用公关公司的方式主要有以下几种：

(1)聘请专职或兼职的公关顾问，对饭店的公共关系工作进行指导；

(2)委托公关公司，策划或实施公共关系专题活动；

(3)委托公关公司，进行饭店形象策划；

(4)在开展跨国、跨地区服务时，委托当地公关公司开展公共关系业务。

同时，饭店在聘请公共关系顾问或委托公关公司为自己提供服务前，应对公司的有关情况进行必要的调查了解和比较分析，尽可能地挑选那些信誉好、实力强、人员专业素质高、客户相对稳定、收费又相对合理的公司。一旦选择好了公关公司，饭店就应该和公关公司进行有效合作和双向沟通，以保证公共关系工作顺利开展。由于公共关系工作本身就是一种追求长远利益的活动，再加上饭店环境的复杂多变性，因此，饭店应对公关公司、公关顾问及公共关系工作有一个合理的期望。否则期望越高，失望也越大，反而收不到应有的公关效果。

【阅读材料 3-2】

2015 年中国公关公司十大品牌企业排名

序列	公司名称	LOGO
1	奥美公关	Ogilvy
2	蓝色光标	BLUE DIGITAL
3	万博宣伟	weber shandwick
4	伟达	
5	博雅	Burson-Marsteller
6	罗德	ruder finn asia
7	迪思	D&S
8	爱德曼	Edelman
9	宣亚国际	shunya
10	信诺传播	信诺传播

（资料来源：http://www.chyxx.com/top/201505/314781.html）

三、公共关系社团

公共关系社团是指那些自发组织起来的、从事公共关系理论研究与实务活动的非营利性群众团体或组织，主要包括公共关系学会、公共关系协会及其他专业协会。这些专业组织通过自己的出版物、会议、实践活动等，起着推广和普及公关意识、公关观念及提高人们公关技能的重要作用。这些组织与公关公司相比，区别主要在于：公关公司为营利性组织，有着严密的组织机构，但是公关社团为非营利性组织，组织机构松散。

自公共关系成为一种职业后，各种专业性的公共关系社团也迅速地发展起来，行业性的公关专业协会的出现甚至早于公共关系作为一门课程进入大学课堂。1915 年 7 月，金融公共关系协会在美国芝加哥成立（1970 年后该组织易名为“银行和市场协会”）。1917 年 4 月，美国高等院校公共关系协会（当时名为“美国高等院校新闻协会”）宣告成立。1955 年，总部设在伦敦的国际公共关系协会（IPRA）成立。在我国，最早的公共关系协会是 1986 年年底成立的上海公共关系协会。1987 年，全国性公关专业组织——中国公共关系协会成立，到 20 世纪 90 年代中期，该协会已有团体会员 500 余家、个人会员 2000 多名。1991 年 4 月，以促进国内外公关界交流与协作为己任的中国国际公关公司在北京成立。

大多数的公共关系专业社团都是半封闭的组织，它们一方面为会员提供组织章程规定的服务；另一方面又向社会开放，推出一些普及性服务和职业资格准入服务。因此，部分饭店，如南京的金陵饭店早在 20 世纪 90 年代初就加入了江苏省公共关系专业协会。

公共关系社团对饭店而言，价值就在于：协会可以为饭店提供一个交流、提高的平台。饭店通过这些协会组织交流公关经验，沟通信息，培训公共关系人才，提高员工的公关素质。

第三节　饭店公共关系人员

【案例 3-3】

女总统的微笑

马耳他女总统芭芭拉访问上海期间曾下榻锦江饭店。锦江饭店公关部的工作人员在接到任务后查阅了大量资料，进行了周密的准备。当芭芭拉一走进总统套房时，意外地发现了化妆台上放置了全套“露美”化妆品、烘发吹风器和珠花拖鞋，房内还放置了一架昂贵的钢琴。临行时她亲笔留言：“在上海逗留期间，感谢你们给予我第一流的服务，并祝你们幸福，前途美好。”

（资料来源：广州招考信息网，http://www.gzzhaokao.com）

饭店公共关系从业人员简称饭店公共关系人员、饭店公关人员，或饭店公关员。他们肩负着树立饭店品牌、创建饭店品牌知名度、提高顾客群体对自己饭店品牌的认知程度的重任。但是，众所周知，一个品牌形象的创立不是一时一事、几次公关活动的事情，而是几代公关人共同努力磨炼出来的结果。饭店公关人要不断地、时时刻刻地、脚踏实地地做好每项公关宣传工作。如将饭店集团内的高层管理人员的任命、慈善助学活动、新的促销价格、新的菜单推广、员工生活等有价值的新闻事件，通过饭店公关人员的喉舌，通过各种媒体渠道，生动具体地呈现在大众面前，送到客户的眼前。总之，饭店公关要不断地制造声音，有了声音才会有生意。为此，饭店公关从业人员必须具备一定的素质。

那么作为饭店公关从业人员究竟应该具备哪些素质与要求呢？

【案例 3-4】

北京××饭店招聘公关部经理的部分要求①

具备四年以上四星级酒店或两年以上五星级酒店公关部工作经验；熟悉客源信息，了解北京旅游酒店业发展现状及结构分布；熟悉旅行社等相关企业的工作模式，掌握一定媒体资源；熟悉饭店前厅部、餐饮部、客房部、销售部的工作流程；具有很强的适应能力、协调能力和应变能力；大学本科以上或同等学力，英语口语流利。

从上述招聘中可以看出：要想成为一名专业的饭店公关从业人员，首先，应该具备一种现代人的全面发展的素质，如具有现代人的思维方式、现代人的知识和能力结构、现代人的观念等；其次，是以公共关系意识为核心，以自信、热情、开放的职业心理为基础，配之以公共关系专业知识结构和能力结构的一种整体职业素质。

① 中国公关网·企业招聘，http://www.chinapr.com.cn/Business。

一、公共关系从业人员的基本素质

(一)饭店公关员的公共关系意识

公共关系意识是组织建立良好公共关系的必要前提，是饭店公共关系工作人员必备基本素质的核心。

1.公共关系意识的含义

公共关系意识也被称为“公共关系思想”、“公共关系观念”，简称公关意识，是指一种尊重公众，自觉致力于塑造组织形象、传播沟通、争取公众理解与支持的观念和指导思想。公关意识有三层基本含义：对公众地位、作用的认识；对影响和争取公众的必要性和能动性的认识；对公共关系如何影响公众的认识。

2.公共关系意识的内容

饭店公关实务是一项系统工程，指导这一系统工程的公关意识也是一个系统，概括起来有以下六个方面的内容。

(1)尊重公众的意识

①在饭店的发展决策中，要尊重公众的需求，于细微处体现公关意识。

②当饭店与公众发生矛盾时，应尊重公众的权威性。

③为公众服务时要热情，要负责到底。

④要主动投公众之所好。

(2)塑造形象的意识

其为饭店公关传播工作的核心。其他方面的公关意识是在尊重公众意识这个逻辑核心的基础上围绕着如何塑造组织形象的实务而展开的。公共关系思想中，最重要的是珍惜信誉、重视形象的思想。

(3)真诚互惠的意识

真诚互惠的意识是指公共关系的交往意识和功利意识。饭店不可避免地要同外界交往，要在竞争中营利生存。但公关理论指导下的竞争，不应是“你死我活”、“尔虞我诈”的，而应该是现代文明的竞争，既竞争又合作，共同发展。不论公共关系工作的功利性，是自欺欺人的。

(4)传播沟通的意识

传播沟通的意识实际上也是一种重视信息的意识、一种平等民主的意识。饭店为了塑造良好形象、实现其目标，必须做到：

①重视信息传播。

②塑造形象要深入细致，不怕麻烦。

③当饭店与外界发生矛盾时，要具备民主意识。

(5)创新审美的意识

饭店形象是饭店区别于其他组织的一个重要标志，但饭店形象又不是一成不变的。因此，要发展饭店的良好形象，就必须有创新、有突破、有超越，既要超越自己，又要超越其他组织。

(6)立足长远的意识

塑造饭店良好形象不是一朝一夕的，而是需要通过长期努力，不断积累，才能取得成功。任何急功近利，只关注短期的效益的做法，都是与公共关系思想不相符的。因此，饭店公关人应该目光长远。

3. 公共关系意识的培养

公关意识同一切人类先进的思想一样，是少数先进的实践者、开拓者从实践中领悟出来并将其上升为理论。因此，培养、启发、引导、灌输先进的公关意识，就成为组织现代化的重要任务之一。正如人的成长是内因与外因共同作用的结果，饭店公关员公关意识的培养也需要自身的努力和饭店的共同作用。

(二)饭店公关员的知识结构

饭店公共关系从业人员与其他行业人员的最大区别，在于他们不仅要具有从事公共关系工作的必要知识和专业技能以及公关理论和实务知识，更重要的是必须懂得饭店专业知识，这样才能成为一名合格的饭店公共关系从业人员。

1. 公共关系基本理论知识与基本实务知识

这方面的知识主要有：公共关系的基本概念、职能作用，公共关系的由来和历史沿革，公共关系的核心概念和基本理论，公共关系的三要素及其相互关系，公共关系工作的基本程序等。

同时，公共关系是一种实践性强、重视经验积累的职业，所以也必须重视公关基本实务知识和技巧，主要包括公关调研知识、公关策划知识、公关谈判技能、公关传播方法等。这是每个公关从业人员都应该掌握的实务知识。

2. 饭店专业知识及开展特定公共关系工作所需的专业知识

饭店所有的活动必须建立在维护饭店的正常运转和利益优先的基础上。因此，饭店公共关系从业人员在为饭店开展公共关系活动时必须清楚地了解饭店行业的特色和基本规范。除此以外，接受特别的委托公关业务如国际市场公关、行业公关时，还要了解相应的地区文化传统、风俗习惯以及特定行业的基础知识。

3. 相关学科的理论知识

饭店公共关系从业人员为了更好地开展工作，还应该掌握一些相关学科的理论知识。与公共关系学科联系最紧密，对公关理论和实务影响最大的学科有管理学、传播学、社会学、心理学、行为科学，而市场营销学、广告学、人际关系学则因为与公关学科的理论和实务有相当的交叉而颇具借鉴意义。

现代社会是信息爆炸、知识爆炸的社会，饭店公关员再勤奋也不可能全部掌握所需的公关知识，但每个公关员都应以此为目标激励自己，不断地学习，不断地吸收最新的公关理论、实务知识和公关技巧，努力使自己成为知识结构合理的公关人员。

(三)饭店公关员的能力结构

【阅读材料 3-3】

成功的公关从业人员的特征

美国的一位公共关系专家坎托曾在《公共关系杂志》(Public Relations Journal)上撰文，阐述成功的公关从业人员的十大特征：①对于紧张状态做出反应；②个人主动性；③好奇心和学习；④精力、活力和抱负；⑤客观的思考；⑥灵活的态度；⑦为其他人提供服务；⑧友善；⑨多才多艺；⑩缺乏自我意识。

分析这十大成功因素，我们发现大都与公关人员的工作能力相关，由此可以看出，较强的综合能力对公关人员十分重要。一般说来，合格的饭店公关员应努力使自己具备以下几方面的能力。

1.表达能力

饭店是服务行业，而且是注重与人沟通的服务行业，因此对饭店的公关人员而言，表达是工具，甚至是目的本身。

表达能力通常包括口头表达能力与书面表达能力。口头表达能力就是通常所说的口才。口头表达是公关工作中实现信息双向交流沟通最主要、最直接、最迅速的传递手段：有在特定场合对公众发表专题讲话，以争取公众，创造和导向舆论的演讲形式；也有在人际交往中与个别公众面对面沟通，进行解释、说服等的交谈形式；还有为争取组织利益而与其他组织采取的谈判形式。为此，公关人员要掌握口头表达的规律和艺术，能充分借助面部表情、动作体态等辅助语言，增强口头表达的说服力、亲和力和感染力。书面表达就是写作能力、文字能力。公关人员在工作中涉及写作的范围非常广，从日常的信件函牍、公文告示到公关计划、调查报告、总结报告，从新闻稿、演讲词、广告语到公关手册、公关策划书，都需要公关人员有熟练的文字功夫和写作技巧。因此，公关人员要熟练掌握新闻、信函、计划、总结、分析报告等各种类型的文体，同时要注重严谨的逻辑思维和朴实流畅的文风。

2.社交能力

饭店公关员工作的大量内容是直接面对各方面、各类型的社会公众，去迅速建立双向的有效沟通，赢得好感、认同与合作。这就要求公关人员必须具备较强的与人打交道的本领即社交能力。只有这样，公关人员才能在各种社交场合从容应付，广交朋友，广结良缘，树立自己的良好形象，也为组织赢得更多的发展机会。

3.组织管理能力

饭店公关员要善于调动、组织和协调组织内外公众的力量和关系；善于制订公共关系工作的日常计划和专题计划，并适当有效地组织实施与评价；善于组织和参与各种有关的公共关系会议与活动，并恰当有效地选择和运用多种传播手段推动组织预期目标的实现与完成。

4.自控应变能力

饭店公关员在公关活动时常会遇到各种意想不到的突发事件和问题，要能做到镇定自若、头脑清醒、正确判断、机智应变，圆满解决问题。

5.创新能力

公关工作在某种程度上讲就是以变促变，不同时间、不同地点、不同对象，同一内容的工作方式也会不尽相同。因此，饭店公关员的工作是一种富于创造性、创新性、开拓性的工作，它要求公关人员思维活跃，激情勃发，摒弃陈规与陋俗，不断开创公关工作的新境界。

6.及时通信工具等现代科技使用能力

随着科技的发展，qq、ESM、微信、微博等现代及时通信工具及电脑常用软件的操作使用能力已经成为工作的必需。

【阅读材料 3-4】

情绪语言的解读

有一位工作很有成效的公关小姐，不仅善解人意，而且能准确地从对方的动作和沉默中了解对方的思想状态和情绪。

她笑着说："只要你留心，你就会发现，虽然对方没有用口说话，可是他浑身都在说话呀！比如在正常状态下，人坐的时候脚尖也就自然提高了。因此，我只要看对方的脚尖是着地还是提高就可以判断他的心里是平静的还是紧张的了。又比如在正常情况下，吸烟的人熄灭烟蒂不可能很长。因此，如果你发现对方手中的烟蒂还很长却已放下熄灭了，你就要准备，他打算告辞了。"

"此外握拳的动作是表现向对方挑战时自我紧张的情绪，握拳时使手指关节发出响声或用拳击掌，均系向对方表示无言的威吓或发出攻击的信号。在交谈中或在开会等场合用手指或铅笔敲打桌面或在纸上乱涂乱画，都是利用小幅度的手指动作来表示对对方的话题不感兴趣、不同意和不耐烦。有时候，有的人还手脚并用，手指在上面做各种小动作，下面抖腿或用脚尖拍打地面，除了表示上面的意思外还表示情绪上的紧张不安，以阻挠对方把话题继续说下去。"

"两腕交叉是常见的一种下意识腕部动作。交叉的双腕比自然垂下的手臂更显得粗大，因而更易于引人注目。因抚摸腕部（手表）、调整袖扣或拿在手里的其他物品而形成的腕部交叉叫假交叉或掩饰性的交叉，这类动作多半是为了掩饰自己的紧张、不安或为了安慰自己，有时也是一种自我解嘲的动作。"

公关小姐的这席谈话内容，都是公关人员应掌握的基本功。

这位公关小姐之所以能从对方的动作、表情中把握对方的思想情绪，关键是她善于观察，掌握了一定的动作语言知识。在现实生活中，人们用各种方式传递信息、表达感情，作为一个公关人员要与公众进行沟通，除了要有礼貌待人的风度、能言善辩的技巧外，还要懂得一些动作语言知识，学会理解非语言信息，才能更好地实现沟通和交流。

（资料来源：李磊，《公共关系实务》，中国广播电视出版社）

（四）饭店公关员的心理素质

谈到饭店公关员的心理和生理方面的素质，对公关了解不深的人便会认为：外向型性格的人比内向型性格的人更适合从事公关工作，相貌英俊、漂亮的人比相貌平平的人工作得更出色，善于应酬和交际的人比不善应酬的人更有优势。其实这是一种误解。我们当然不能否认那些性格外向、热情奔放、英俊潇洒、善于交际的人可以从事公关工作，但后者同样可以在公关行业找到自己的位置。因为：

第一，性格的内向和外向、相貌的俊美与否、交际能力的高下是相对的，并无统一的标准，很外向的人也有沉默寡言的时候，很内向的人在知己面前同样会滔滔不绝，更何况还有"情人眼里出西施"的格言，因此这种区分本身就不科学。

第二，公关工作是多样化的，既有公共场合的交际应酬，也有独处一室的日常工作。整理资料要求细致，分析问题需要严谨，接待来访要求耐心，文案工作也与人的美丑关系不大，因此正如一句广告语所说：每个人都有机会。

第三，尽管我们经常讲"江山易改，本性难移"，但事实上，通过适当的学习和培训，人们还是可以改变自己的。闻名世界的日本魔鬼训练、美国的卡耐基成功学训练和希尔成功学训练，就是通过卓有成效的培训使人达到特定要求的典范。

当然，公共关系作为一种职业，还是需要具备一定的生理和心理素质的。但这些生理和心理素质是可以培养出来的，只要通过一定的努力，使自己具备或努力培养以下方面的心理素质，成为一名合格的公关人员并非难事。

1. 自信的心理

这是对公共关系人员职业心理的最基本的要求。一个人有了自信，才会产生自信力，进而激发出极大的勇气和毅力，最终创造出奇迹。

2. 热情的心理

从事公共关系工作的人员应有一种热情的心理。公共关系是一种需要付出大量智力和体力劳动的艰辛的工作，没有极大的热情，没有全身心的投入，是干不好公共关系工作的。

3. 开放的心理

公共关系工作是一种创造性很强的工作，这种工作要求人们以开放的心理不断接受新的事物、新的知识、新的观念，在工作中敢于大胆创新，作出突出的贡献。

(五)良好的职业道德

饭店公关员还必须遵守一定的职业道德。世界各地大部分公共关系协会都列出了本国公关员应该注意的地方。综观世界各国对公共职业道德的要求，其最核心、最基本的规范主要体现在以下几个方面：

(1)公平、公正、公开。这主要是指公关人员应公平地对待每一个顾客、雇主、同行及其他公众，办事公正、公平，用合理、合法、透明的手段去对待每一件公关工作。

(2)诚实、客观、信用。公关人员应忠实自己所服务的组织，以真诚的态度对待公众，对公关事实不夸大、不溢美，言行一致，表里如一，讲求信用。

(3)维护职业形象和声誉。公关公司、公关组织应比其他任何组织更看重自己的职业形象和声誉，公共关系从业人员应该严格自律，不干有损公关行业形象的事，不说对公关行业形象不利的话。

二、饭店公关部经理应该具备的素质

饭店公关部经理往往决定了饭店工作的高度和力度，因此要想成为一个合格乃至优秀的公关部经理，除了必须具备上述要求之外，还必须具备以下素质。

(一)宽

1. 涉及沟通面宽

饭店公关部经理被誉为饭店形象和声誉的守夜人，其角色决定了他必须具备较强的学习能力。他是饭店信息的制造者、传递者和最终发布者，是饭店的一扇窗口。与其他的部门经理的本质区别在于，公关部经理所涉及的面几乎是整个饭店以及与饭店相关的所有方方面面。产品、品牌、饭店形象、消费者、经销商、股东、媒体、内部员工、竞争对手、合作伙伴等，这些都成为公关部经理每天必须面对的对象。这对公关部经理本身素质的要求较高。与此同时，公关部经理比同级别的部门经理付出的精力更多，协调成本更高。

2. 知识面宽

公共关系作为边缘学科，要求对经济、管理、广告、心理、市场营销、新闻、营销策划、商务谈判、现代汉语等学科都要有所涉猎和掌握。因此，公关这个职业，要求有很深的文化积淀和良好的素养，需要不断地学习和磨炼。饭店公关部经理必须是一个杂家，要求视野开阔，知识面广。

同时，由于公关是一个创造性很强的职业，因此要求饭店公关部经理必须及时更新知识结构，在经验的基础上不断总结和升华，提升自己的能力，否则在工作过程中会有透支的感觉。

(二)灵

饭店公关部经理还必须炼就灵敏的新闻嗅觉和市场洞察力。由于从事的是信息的制

造、处理、过滤和发布等工作，因此，需要眼观六路，耳听八方，判断哪些社会热点可以为我所用，哪些国家政策可以借力，哪些行业趋势可以跟进等。对外界特别是媒介信息的敏感程度，将在很大程度上决定公关部经理的水平与工作业绩。

“灵”还表现在饭店公关部经理必须灵活，随市场和环境而做出相应的变化。一个优秀的公关部经理，绝对不允许自己被饭店公共关系部门琐碎繁杂的事务所淹没。他应该多和外界接触，包括记者、经销商、供应商、咨询专家等；多跑市场，特别是重点区域市场；多听听导购员、业务员、区域经理、经销商的意见，及时调整自己的新闻宣传策略。始终牢记着，公关最终是为销售和市场服务的，脱离了市场，就是掩耳盗铃，盲目乐观。

（三）准

一个优秀的饭店公关部经理应该对所在行业、市场及产品特征有准确把握。事实上，决定公关传播质量优劣的是核心信息的提炼是否到位。而核心信息的提炼，只有站在行业、市场和消费者的角度去考虑，方可真正将新闻提升到一定的高度，使新闻具备一定的传播价值。特别是现在的公关软文，虽然其价格没有硬性广告那么昂贵，但在全国各区域市场投入，其代价不菲。因此，如何提炼产品的核心卖点，如何将技术性质较强的产品软文变得通俗易懂，便于受众阅读，成为摆在公关部经理面前的重要课题。

（四）强

作为合格的饭店公关部经理，应该具备很强的口头表达与书面表达能力。饭店公关部经理作为饭店新闻发言人，如何巧妙地与记者沟通，如何策划和撰写高质量的新闻通稿与软文，是所有公关部经理必须具备的基本素质。在与记者沟通时，哪些话可以说，哪些话不能说；什么信息可以模糊，什么信息必须精确；以及沟通的方式、语言火候的把握等等，都显得格外重要。所谓公关无小事，一个数据或者一个消息都可能对饭店的正常运营带来重大的震荡，这些事情曾经在许多饭店里屡屡发生。另外，过硬的文字综合能力，是一个公关经理人必备的条件。饭店新闻通稿、营销案例、内部通信等各种题材的撰写，公关部经理都必须熟练掌握。当然，公共关系不等同于新闻宣传，但它已经涵盖新闻传播这一块，除了新闻传播，还有事件行销和产品营销公关等。

“强”还表现在饭店公关部经理往往应该具备很强的沟通、组织和协调能力。公关的本质在于沟通。饭店公共关系就是通过与股东、投资者、内部员工、消费者、媒体等的沟通塑造形象。饭店公关部经理几乎每天都要和他们打交道，只是可能在每个对象上所花的时间和精力有所侧重。因此，一个优秀的公关部经理，应该将自己工作时间的70%用在沟通上。除了沟通能力外，良好的组织和协调能力也是十分重要的。重大公关事件和活动的策划固然能够体现公关部经理的水平，但如何将策划方案变成现实，需要的是较强的组织和协调能力，特别是横向协调和沟通能力（与饭店内部市场部、销售部、市场研究部等部门的沟通），是公共关系能否真正在饭店发挥作用（对市场和销售起作用）的关键。

公关部经理还必须要有很强的心理承受力，这样才能应付高强度的工作压力。

（五）高

饭店公关部经理不同于普通公关人员，他必须具备很高的思想境界和战略高度。由于公关属于软性工作，因此强调奉献，这就要求饭店公关工作的领导们要有牺牲精神。同时，优秀的公关部经理会将自己定位为一个战略思考型的管理者，思考品牌的长期规划，思考产品的卖点分析和提炼，思考营销政策的制定等。

三、公共关系从业人员的工作内容

在饭店中，从事公共关系实践工作的职业人员可以分为两大类：一类是通才式的公共关系人员，一般从事公共关系管理工作或组织工作；另一类是专才式的公共关系人员，一般从事公共关系业务工作或专门性的工作。

（一）饭店公共关系领导人员的日常工作

饭店公共关系领导人员是指饭店公共关系部经理、主任，即负责人。他们是饭店公共关系机构的领导者和管理者。他们要负责统筹策划饭店公共关系活动的全部环节，是饭店中举足轻重的人物。他们的日常工作为：一是确定工作目标，制订工作计划；二是对人力、经费、设备、时间加以预算和分配；三是领导全体公共关系人员开展工作；四是内调外联，协调各方关系。有时除了处理上述四种工作外，还有一些特殊的工作：一是出席饭店的高层工作会议，参与决策；二是充当饭店的发言人，主持由饭店主办的新闻发布会，负责向社会各界人士解释说明饭店的有关政策和行为；三是充当饭店的外交代表，出席主持各种社交活动，在本组织与其他组织或公众的交往活动发生重大问题时，亲自到现场处理解决。

（二）公共关系一般人员的日常工作

公共关系一般人员是指饭店内部公共关系机构中工作的各类人员。其分类和日常工作如下：

一是调配分析人员。其主要任务是收集信息，预测公众动向和社会发展趋势，评估组织的形象和公共关系的工作效果，并寻找其形成的原因。

二是计划人员。其主要任务是根据分析人员提供的资料，提出公共关系活动的目标、计划和方案，设计公共关系的项目。

三是传播人员。其主要任务是按照既定的公共关系目标、计划和方案去开展、管理公共传播活动。

四是文秘人员。其主要任务是撰写新闻稿、演讲稿、广告文稿、宣传手册、报刊文章、计划书和报告书、简报与通告、来往信函及起草文件等。

五是专门技术人员。这主要是指财务人员、美工人员、摄影摄像人员和微机技术人员等。

公共关系人员还应做好设计与创作传播资料、演讲与主持、宣传游说、与新闻界联系及同公众联络交往等方面的工作。

选拔公共关系工作人员的主要原则有：因人施任、任人唯贤的原则；广选博择、正视能力的原则；取人之长、忍人之短的原则等等。

实践活动

实训内容：组织设计公关人员招聘的试题。

实训目标：通过对公关人员招聘面试和笔试内容的设计，使学生能初步切实掌握公关人员应具备的素养和能力，从而有意识、有针对性地训练、提高。

实训组织：成立实训小组，4～6 人为 1 组。以小组为单位，利用课后时间完成实训任务。

实训成果：以小组为单位拟定公关人员招聘面试和笔试内容，上交打印稿。

评价方案评分标准和内容

评价内容		小组自评（30%）	其他小组评分（30%）	教师评分（40%）	综合评分
笔试（60分）	内容（30分）				
	语言（20分）				
	文面设计（10分）				
面试（40分）	观点思想（20分）				
	逻辑思维（10分）				
	语言表述（10分）				

本章小结

饭店组织是饭店公共关系活动的主体、公共关系活动的倡导者和结果的承担者。但是饭店公共关系的深入发展日益需要专业化、专门化的机构与人员支持。目前，从事饭店公共关系工作的组织机构主要有三种：内设公关部、社会上专业的公共关系公司和公共关系社团。内设公关部在饭店中的地位比较特殊，发挥参谋、情报等职能，主要有领导直属型、部门并列型、部门所属型和公共关系委员会型四种设置模式，其内部分工也因“店”、因地而异。公关公司因其独特价值而参与到饭店的公共关系活动中来。因此，就饭店的公共关系发展而言，公关部与公关公司两者各有优缺点，饭店应该加以综合利用，注意扬长避短。

饭店公关员作为饭店公共关系活动的基本主体，应该在具备现代人全面发展的素质的基础上，具有良好的公关意识、必备的知识结构和自信、热情、开放的心理素质，还必须具备良好的职业道德。

课堂讨论

1. 许多人认为，他们的性格和气质使他们不具备成为成功公关人员的条件。你如何评价这种看法？你认为性格和气质在优秀公关人员的成功中起到多大作用？

2. 在某些饭店中，公共关系部是作为一个三级机构而存在的（即部门所属型）。你认为公关部应附属于哪一个部门呢？是办公室、宣传部、营销部，还是市场开发部呢？为什么？

思考与练习

1. 饭店公关部在组建时应遵循哪些原则？
2. 饭店公关部的设置模式有哪几种？
3. 公关公司与公共关系部相比有哪些优势？
4. 饭店公关从业人员应达到哪些基本要求？

第四章　饭店公共关系的客体

学习目标

知识目标

1. 了解饭店公共关系的工作对象(客体)；
2. 把握饭店公众的含义与特点；
3. 掌握常见的几种饭店公众分类的方法；
4. 正确认识、处理组织和几种重要目标公众的关系。

能力目标

1. 能按照不同指标对公众进行分类；
2. 能在分类的基础上针对不同公众进行较好的沟通。

案例导入

诚招天下客　情满美食家

一双筷子上写着这样两行字:"假如我的菜好吃,请告诉您的朋友;假如我的菜不好吃,请告诉我。"这两句富有浓厚情感的公关语言同"美食家"的名字一起传遍了整个杭州。这家普通的餐厅所处的地理位置并不十分理想,既不是车站、码头,又不是风景区、闹市区。在餐厅刚刚开业时,这里生意清淡,门庭冷落。没有顾客的惠顾,就谈不上餐厅的生存,更谈不上餐厅的盈利。要使顾客青睐,餐厅就要有自身的吸引力。这个吸引力在哪里呢?"美食家"餐厅深深懂得:只有在顾客心目中树立起"美食家"的良好形象,才能招徕顾客的光顾。"美食家"的吸引力应放在一个令人亲切的"情"字上,依靠情感的传导来沟通顾客关系。只有把情感输入顾客心里,才能塑造"美食家"的形象。只有把诚心贴在顾客心里,才能建立"美食家"的信誉,从而产生一种"情感效应",使企业获得良好的经济效益。

(资料来源:吕莉,《酒店公共关系实务》,经济科学出版社)

思考:

1. 分析"美食家"在处理公众关系时的成功之处。
2. 分析"假如我的菜好吃,请告诉您的朋友;假如我的菜不好吃,请告诉我。"这句话中所包含的公关思想。

关键概念

公关客体	(public object)	饭店公众	(public of hotels)
公众分类	(public categories)	公众关系	(public relations)
关系协调	(relations coordination)	处理策略	(disposal strategy)

公众是饭店公共关系活动的客体，在饭店的公共关系活动中具有权威性。他们决定了饭店公共关系的成败。因此，饭店公关的根本目标就是使饭店与各类公众达到相互适应，共同合作。这直接导致了饭店全部公共关系的中心任务，就是解决饭店与顾客等各类相关公众之间的关系问题。所以在本章中，我们必须切实把握有关饭店公众的概念、特点等理论知识，明确各类公众在饭店组织中的价值，还必须在此基础上学会对公众进行正确分类，并学会合理处理几种常见的公众关系。

第一节 饭店公众及其分类

一、饭店公众的含义

在公共关系学中，公众是指与某一社会组织既相互联系又相互作用的个人、群体或组织的总称，是公共关系工作的对象。从内涵来看，公众是与社会组织存在共同利害关系或面临共同关心事物的那部分个人、群体或组织所构成的整体。可以说：公众是相对于一定的社会组织而存在的，与该组织有一定的相关性和互动性；公众也不是单一的，可以是个人、群体、某个组织或社会团体；各类公众与特定组织都会面临共同的问题、利益和要求，并且公众也具有可变性，当共同利益发生变化时，其公众也相应发生变化。

按照这一理解，饭店公众即饭店公共关系工作的对象，指的是所有与饭店发生关系的个人、群体或组织。他们都是饭店的客体，会对饭店的目标和发展具有现实或潜在的影响；同样，饭店的发展目标、政策方针等也对公众产生现实或潜在的影响。因此，饭店要充分认识到饭店主体与公众客体的互动性，通过公关活动在两者之间形成良好的关系。

二、饭店公众的特点

从饭店公众的含义中，我们可以看出其有以下四个特点。

(一)同质性

公众是由共同的问题引起的，这些问题对公众的成员产生了很大的影响，使得原本不属于饭店的若干人成为饭店的公众。比如，几位素不相识的顾客，当他们都去某家饭店就餐时，就会因为面临着获得及时和良好服务这一共同问题而成为这家饭店的公众。再比如，某家饭店附近的学校和图书馆也许没有任何关系，但当它们都因为该饭店过于吵闹的营业氛围而无法正常运转时，它们就因共同的利益、共同的需求，成为这家饭店的公众，它们和饭店因为环境问题发生了联系，并且在这些问题上学校和图书馆具有较相似的态度和行为，这就是公众的共同性。

一个饭店可能同时出现许多问题，从而涉及各种不同的公众，形成若干类不同质的公众。这些不同质的公众是相对不同问题而言的。而由某一问题所引起的公众，其本身却是同质的。

（二）多维性

饭店公众的多维性首先体现在它具有多层次的立体结构。饭店公众由个人、群体和社会组织三个部分构成，因此具体的公众形式可以是个人，可以是群体，也可以是某些社会团体，或者是某些社会单位、部门。比如某家饭店，它的公众就包括来这里就餐的个人，也包括就餐的一群人，还包括工商、税务、消费者协会等等这样一些部门和团体。这种公众的多层次和多元化，就决定了饭店公共关系是一种多维的社会关系。

其次，饭店公众的多维性还表现在不同的公众具有不同的需求和目的。虽然作为特定饭店的公众，他们都面临着一个共同的问题，但在解决这一问题的过程中，他们所表现出来的利益追求和价值取向存在一定的差异。比如，一家饭店因排放不合标准的污水造成了环境污染，致使当地农民的小麦产量减少了三成。由此形成的公众在解决这一问题上所表现出的利益追求是不同的：环境保护部门要求饭店采取措施，达到国家制定的废水排放标准，保护生态平衡；饭店老板则要求在解决问题时尽量节省投资；而附近收成减少的农民要求饭店赔偿损失，并且赔款越多越好。

再次，饭店公众的多维性还表现在公众与饭店主体之间的利益关系上。有的利益一致或基本相同，就易形成和谐关系，如上面所说的饭店和其股东，他们的目的是追求利润最大化，因而根本利益一致。有的相互利益互为补充，因而关系紧密，如上述环保部门与饭店之间的关系，因为环保部门的措施是为了给一切社会成员当然也包括饭店本身提供一个良好的能满足其生存发展的自然环境。有的相互利益彼此背离，因而相互关系紧张和排斥，如饭店和因其排放的废水而造成小麦减产的农民之间的关系。饭店正是图省事、省钱才不愿在处理废水上投资，而减产的农民则要求饭店在赔偿造成的损失后还要保证以后不会造成同样的污染，否则就可能采取过激的行为，因此在这一问题上，饭店和农民之间的利益相互冲突，必然造成彼此关系的紧张。

最后，饭店公众的多维性还表现为它有多种类型，有的公众与饭店发生直接关系，如员工；有的公众与饭店发生间接关系，如员工家属。即使是饭店的同一类公众，也可以有不同的存在形式。比如顾客公众，可以是松散的个体，也可以是特殊的利益团体（如消费者协会），还可以是一个严密的组织（如到饭店消费的某家公司乃至政府）等。只有了解饭店公众形式的多维性，才能按照每一公众的特殊性进行分析，制定相应的公共关系措施。

（三）互动性

饭店公众和饭店组织之间呈互动状态。饭店公众的意见和行动对饭店的目标、发展具有影响力和制约力；反之，该饭店的目标、行动对公众所面临的共同问题的解决也具有影响力和制约力。也就是说，饭店公众与饭店之间的利益关系是双向的，饭店可以从饭店公众那里获益，饭店公众也可以从饭店那里获益。正是以此为基础，才形成了饭店与饭店公众之间的公共关系活动。譬如，饭店顾客对饭店服务态度的评价、对饭店菜品质量优劣的评价以及是否愿意光顾这家饭店，都会对这家饭店的生存发展产生影响；而饭店采取的一些措施，如维持低廉的价格、经常打折销售、保证微笑服务，又会对饭店公众的行为产生影响。饭店希望销售量增加，实现利润最大化，而饭店公众则希望心情愉快地从饭店那里获得服务。因

此，围绕双方利益的相互满足，饭店要得到其公众的接受和认可，开展公共关系活动就变得很有必要。

（四）可变性

【案例 4-1】

某饭店老板：八项规定后公款消费没了　转型亲民路线

我姓肖，是某县城一家酒楼的老板。2012 年 12 月 4 日，中央出台“八项规定”，那晚我正浑然不觉地坐在麻将桌上做着我的“清一色”，某位熟识的政府领导突然来电，调侃又不失感慨地说：“老肖啊，我们这场宴席终究要散场了啊！”领导在那边礼貌地打着哈哈，我却听得一头雾水。

在接到领导电话后的几天里，无数个预订好的酒席被一一退订，我望着仓库里堆积如山的茅台、五粮液、泸州老窖和各种昂贵食材，笑得十分苦涩。酒楼领班问我：“老板，这……怎么办啊？”我掐灭烟头说：“不怕，人在阵地在，你们饿不了。”我拍拍胸脯，惹来员工们一阵笑声。

话虽如此，但我心里却在嘀咕，“八项规定”能管多久？一场热热闹闹的运动过后，好日子会回来的。

我的酒楼是县城里屈指可数的高端食店，“八项规定”出台前，不用敲锣打鼓也自有各种公务宴、团拜会、工作餐纷至沓来。多数时候，酒楼门庭若市，各色领导、企业家西装革履把酒言欢。

需求决定供给，市场决定定位。我经常对员工说，饭菜不一定可口，但一定要高端洋气上档次，装潢不一定有品，但一定要富丽堂皇惹人羡。酒楼的上座率一直维持在 80%，我也常以民间戏称的“御用酒楼”为荣。

（资料来源：黄玥，新华网，2014-12-02）

这是因为饭店公众始终处于变化之中。由于饭店公众的形成取决于共同问题的出现，因此一旦问题解决，公共关系意义上的公众就不复存在。仍以前述饭店为例，如果饭店赔偿了农民的损失，并采取积极的措施解决废水污染问题，保证以后排放的废水都符合国家的有关标准。这样，污染问题得到了解决，农民也就不再是饭店污染问题的特定公众了。另外，随着饭店条件、饭店公众环境的变化，饭店面临的公众在性质、形式、数量、范围等方面都会发生相应的变化。比如，某饭店原材料的供应者今天是某超市，明天就可能变为某家批发市场；某饭店昨天的顾客是 1000 人次，今天的顾客则是 1500 多人次；饭店内部的人事变动会造成新员工进来，老员工的离开，员工公众发生变化；同是主打某一菜系的两家饭店本是竞争对手，但签订合作协议之后，则变成了协作关系，它们的公共关系在性质上发生了变化。以上种种情况都说明了饭店公众是处在不断发展变化中的。

三、饭店公众的分类及其意义

（一）饭店公众的分类

公众是饭店组织赖以生存的基础，是饭店公共关系活动的对象。每个饭店组织在开展公共关系活动之前，都必须根据不同的需要，从不同角度，按不同方法对复杂而且广泛的公众进行分类，这样才能做到有的放矢地确定公关目标，制订公关计划。因此一般来讲，对饭店公众进行必要的分类，把握其内在规律性，是饭店公关人员必须掌握的基本功。以下介绍几种常见的分类方法及其特点。

1. 根据公众与饭店的所属关系，可将公众划分为内部公众和外部公众

饭店的内部公众一般与饭店有着归属关系，是饭店的构成部分，主要包括饭店内部各个部门的员工，在实行股份制的饭店中，还包括全体股东。饭店的外部公众是指在饭店内部公众之外的社会群体、组织和个人。它的范围广泛，主要包括顾客、原料供应商、政府部门、同行企业、新闻界等。

2. 根据公众对饭店重要性程度的不同，可以把公众划分为首要公众、次要公众和边缘公众

饭店的首要公众是指那些关系到饭店的生存发展、决定饭店成败的公众，如饭店的常客或 VIP 客户等。对于这类公众，饭店必须投入大量的人力、物力与时间来维持与改善。次要公众主要是指那些对饭店的生存和发展有一定的影响，但这种影响还没有上升到决定性意义的公众，如偶尔光顾的散客、政府机构等。边缘公众是指那些与饭店有关系但目前对饭店的发展没有什么影响或价值的公众对象，如科研机构、学校等。饭店常见公众的分类如表 4-1 所示。

表 4-1　饭店常见公众的分类

公众类型	举　　例
首要公众	顾客（常客/VIP）、员工、供应商
次要公众	政府机构、社区、新闻媒介、同行
边缘公众	学校、科研机构、非同类企业

划分首要公众、次要公众和边缘公众的目的是为了有区别地对待。因为某些饭店的人力、财力等方面是有限制的，而饭店公共关系的投资更是有限，因此，饭店公共关系必须用最少的投入得到最大的回报，必须确保能为饭店带来 80%收入的 20%的首要公众。但是我们必须注意，饭店的首要公众、次要公众和边缘公众的区分又是有着较大的相对性的，因为它们在不同的时期可以互相转化。今天的首要公众可以变成明天的次要公众或边缘公众，今天的次要公众或边缘公众可以变成明天的首要公众。这种变化既可能缘于饭店目标的改变，也可能与饭店的环境条件有关，甚至与饭店公众自身原因有关。鉴于此，饭店公关部门应根据饭店的需要和形势的变化来确定公共关系的主要对象——首要公众，并努力处理好与他们的关系。同时在保证首要公众的前提下，也不应该放弃次要公众和边缘公众，在财力、物力和人力允许的情况下有所兼顾。例如，某高档饭店筹建期间，附近居民并未有任何异议，此时，社区公众就是次要公众。可是，当饭店正式运营后，每天顾客盈门、喧闹异常，这给周围居民的日常生活造成很大影响。他们强烈要求该饭店采取措施降低噪音，要么停止营业，否则就会对该饭店采取行

动。这时，本来属于次要公众的社区公众就成了饭店能否在此处生存下去的首要公众。再如，某大学本来与该饭店没有任何关系，但是从今年开始该校设立了酒店管理专业和旅游管理专业，还和该饭店签订了定向培养意向——未来三年内该学校专门为饭店培养管理人才和服务人员。此时，该校已由过去的边缘公众变成了今天的首要公众。

3.根据公众对饭店的不同态度，可以把饭店公众分为顺意公众、逆意公众和中间公众

顺意公众是指那些对饭店的政策、管理、服务等持赞成意见、肯定态度的公众。逆意公众主要指那些对饭店的政策、管理、服务等持否定态度或反对意见的公众。中间公众指那些对饭店的政策、管理、服务等方面的态度不明朗的公众。

公众对饭店的态度直接决定了饭店的生死存亡，因此，公众的态度是饭店公共关系工作的依据和指南。饭店公关的最重要的目的就是为饭店树立良好的形象，而良好的形象往往又取决于公众对饭店的态度。因此，饭店公共关系工作的重心之一就是尽量争取正面的态度，减少敌对的态度。为此，饭店首先应该保持顺意公众，经常与他们沟通联系，不使他们的态度发生逆转，不让他们被竞争对手争取过去。其次要努力争取中间公众。中间公众的态度具有极强的可塑性，饭店如果多花精力、财力与其交流沟通，就有可能赢得他们对饭店的了解和好感，即便一时间不能把中间公众改变成为顺意公众，至少可以防止他们向反对方面转化。最后是要尽力减少逆意公众。在公共关系中，如何争取逆意公众态度的转变是一个难题。但对于饭店而言，不能因为困难就放弃，因为处理不好，会对饭店产生很大的消极作用。一般来讲，饭店应诚挚地与他们交流，不计较眼前的得失，始终保持较高的姿态与他们协调关系，争取对方的理解，促进逆意的转化。至少不能恶化或在无形中强化他们的敌对态度。

4.按照饭店对公众的好恶程度，可以把饭店公众分为饭店欢迎的公众、饭店追求的公众和饭店不欢迎的公众

饭店欢迎的公众是指那些与饭店之间你情我愿的公众。这些公众主动地表示对饭店有兴趣，而饭店对他们也非常重视，如股东、慕名前来消费的顾客、正面宣传饭店的媒介等。饭店追求的公众，即符合饭店的利益和需要但对饭店没有兴趣、缺乏合作意愿的公众，如著名的媒介及其工作人员、有广泛影响力的社会名流等。对于饭店追求的公众，要采取积极的公关活动去争取，但要注意方式方法。饭店不欢迎的公众，指饭店力图躲避的公众，如索取赞助费的团体。对不欢迎的公众，饭店可以采取回避办法与其保持适当距离，但不必闹得沸沸扬扬。

5.按照公众的一般发展过程，可以把饭店公众分为非公众、潜在公众、知晓公众和行动公众

饭店公众的发展一般有这样一个过程：当饭店做出某种行为时，其行为会引起公众的态度、行为发生变化。公众与饭店的关系可能由疏变密，公众对饭店的影响力也由弱变强。美国公共关系学研究人员格罗尼格和亨特按照公众的一般发展过程，把公众分为非公众、潜在公众、知晓公众和行动公众四类。这一分类方法同样适用于饭店公众。

(1)非公众。即在饭店所处的环境中，一部分个人、群体和社会团体在一定的时空条件下，不受饭店的行为影响，他们也对饭店不产生影响力。他们在饭店的视野中就成了非公众。例如，一般条件下，素食者可以被看做是以肉制品为主的饭店的非公众，还不会吃饭的婴幼儿可以被看做是饭店的非公众。一个饭店只有正确找出非公众，将其排除在公共关系的工作范围之外，才能减少公共关系工作的盲目性，增强针对性，减少人力、物力和财力的浪

费。但要注意，非公众也有可能发展成为潜在公众，因为孩子会长大，人的口味也会发生改变。因此，饭店在财力、物力等方面允许的条件下应该给予非公众以关注。

(2)潜在公众。在饭店所处的环境中，当饭店的行为与一定的个人、群体和社会团体发生了利益关系，使他们已面临着由饭店的行为引起的共同问题，但他们本身暂时未意识到这种问题的存在时，他们就成了饭店的潜在公众。例如，某饭店客房在整修过程中由于把关不严格而存在严重的安全隐患——甲醛严重超标。等到问题发现时，已有5位常客在此消费半年有余，还有400多位散客在此入住过。尽管这些客人目前身体无恙，但可以想见将来这些客人身体有可能会不舒服。在这里，这些客人就将面临一个共同的问题——将来的某一天身体会不舒服甚至引起重大疾病，但他们尚未意识到这个问题的存在。于是这些客人便成了该饭店公共关系工作的潜在公众。

潜在公众在一定时间内，至少在意识到他们面临的问题之前，不会采取行动，不会对饭店构成威胁，他们对饭店的影响力只是潜在的。但是，这种状况不会始终存在下去，问题迟早会暴露，一旦问题暴露就会损害这家饭店的形象。较明智的公关部经理往往不抱侥幸心理，在潜在公众形成的时候就着手进行工作。如所举例子中的饭店，如饭店及时向入住过的客人发出道歉，提请他们去医院检查，并负责检查费和医疗费以及因此带来的时间浪费和其他损失，那么，这家饭店的经济效益虽然在短期内会有所损失，但它在公众心目中树立起了知错就改的良好形象，信誉也大大提高，因而赢得了一笔“无形的财富”，而且日后有可能转化为有形的财富。

【案例 4-2】

留意隐藏的上帝

日本的麦当劳汉堡包店记载了约60万小朋友的“生日档案”。小朋友生日的前几天，会收到该店寄来的贺卡；生日这天，小朋友应邀持卡到该店作客。按一般惯例，小朋友得到一份生日礼物也就心满意足了，可这家汉堡包店却特别郑重其事，每天都要在一部分顾客心中产生一种“忠诚”的“感情”，这样就“可以赚他们下一辈子的钱”。

商家的这种眼光是够势利的了，但在市场竞争十分激烈的今天，这些见解不能说没有道理。哲学家说，是人创造了上帝。该商家则说：“是企业和员工制造了‘上帝’。把潜在的顾客变成现实的顾客，‘上帝’也就被创造出来了。”

但是，有的公众当处于潜在状态时，如薄冰下流淌的河水，看似平静、寂然，实则潜流滚滚。遇到某些触发因素或环境的变化，“薄冰”被融化，滚滚波涛突然显露，组织就处于“危机”之中。

（资料来源：张百章，《公共关系案例》，中国财政经济出版社）

(3)知晓公众。当公众面临着由饭店行为引起的共同问题，而他们本身已经意识到这种问题的存在时，他们就成了知晓公众。知晓公众一般是由潜在公众发展而来的。知晓公众一旦形成，他们就急切地想了解问题的真相、原因和解决的办法。仍以前述饭店为例，如果该饭店的公关部在潜在公众形成的时候怀有侥幸心理，未开展积极的公关工作，那么现在就应该以积极的态度、正确的方法对知晓公众开展公共关系活动，妥善解决问题，否则后果将更为严重。

(4)行动公众。当公众不仅意识到由饭店行为引起的问题,而且准备采取或已经采取行动以求问题的解决时,他们在饭店的视野中就成了行动公众。行动公众是由知晓公众发展而来的,他们的形成可以对组织的生存发展构成直接威胁。再以上述饭店为例,如果该饭店公关部对已经形成的知晓公众仍无动于衷,甚至还千方百计隐瞒事实的真相,那么心有怨气的消费者就会使该饭店公关部的电话响个不停,甚至聚集在饭店大门前指责或咒骂其不讲信誉,同时向工商管理部门和新闻媒介反映。倘若记者把这事写成新闻,在电视和报纸上报道了事件的真相,并附上几个公众围攻饭店的图像或照片,那么,这家饭店的领导和公关部就非常被动、难堪。一时间,该饭店信誉扫地、声名狼藉,经济效益和社会效益都会受损。

总之,从非公众到行动公众是由饭店行为引起的公众态度、行为连续发展的过程,这个发展过程可以用图 4-1 表示。

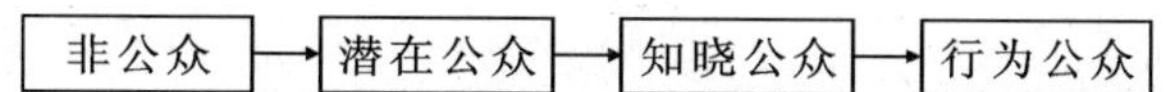

图 4-1　公众态度和行为的发展过程

除了这几种分类方法外,还可以按照组织的内外对象、关系的稳定程度、组织的价值取向等标准来划分。

(二)确定饭店公众并对其进行分类的意义

第一,可以使公关人员明确工作对象,认清主攻方向,抓住主要矛盾,从而为有针对性地开展公关活动提供先决条件。

第二,能使公关人员根据各类公众的不同特点选择有效的传播方式进行沟通,从而保证公共关系工作有较高的效率和较好的效果。

第二节　饭店常见公众关系的处理

饭店公共关系的公关对象有内部和外部之分。饭店内部公关对象主要是指饭店内部的员工、董事和股东等;饭店外部公关对象是指与饭店有关的外部生产协作者(如设在酒店的银行、航空公司售票处、邮局等)、竞争者、宾客、政府主管部门、饭店所处社区等等。

公共关系要为饭店的生存和发展创造"人和"的环境。因此,饭店组织全部公共关系的中心任务就是解决饭店与各类相关公众之间的关系问题,公关的根本目标就是使组织与各类公众达到相互适应,共同合作。因此,内部公众关系和外部公众关系的处理构成了饭店公共关系的主要内容。

对饭店而言,内部公众关系的处理是其公共关系工作的起点,是搞好一切工作的基础;外部公众关系的处理是其公共关系工作的重点,这些关系的处理直接影响到饭店的发展。

一、内部公众(员工)关系

【案例 4-3】

"人性"麦当劳

美国的麦当劳公司现在是世界快餐业中最大的公司之一。自 1955 年创立以来,麦当劳苦心经营，不断发展，在全世界建有20000多家快餐店。现在的麦当劳在美国汉堡系列食品市场上有42%的份额，品牌价值超过了200亿美元。麦当劳一直非常重视内部公众关系，为在企业内部创造一种积极向上、开拓进取的精神风尚，麦当劳不着重学历、资历，重在表现。

麦当劳连锁分店每年举办岗位明星大赛，全世界举行各地岗位明星比赛，经理必须从普通员工做起，一方面增长了管理人员的真才实干，另一方面又给了最基层员工实现自身价值的机会。表现好的管理人员被送到芝加哥汉堡包大学，系统地学习作为一个经销商或餐厅经理经营餐厅的专门技术知识。现在的竞争，说到底是人才的竞争。员工素质的不断提高、才干的不断增长是组织的巨大财富，它保证了组织的生机与活力。麦当劳除了给员工创造更多深造、晋升的机会外，还很重视在内部建立“麦当劳”大家庭的观念，创造和睦的大家庭气氛。在麦当劳无长幼尊卑之分，所有员工都互称名字；记住每个员工的生日，并根据员工的情况给予一定形式的祝贺。员工在麦当劳有一种不是家庭胜似家庭的归属感，其强大的凝聚力不言自明。

另外，麦当劳很重视员工外观形象的塑造。为了吸引顾客，麦当劳让每一位员工都穿上有明显花纹的制服。员工的服务态度也是一流的，只要你推开麦当劳的大门，就会听到亲切的“欢迎光临麦当劳”的问候，笑容始终在员工的脸上，让你总有宾至如归的感觉。

对于一家饭店来说，它的内部公众有员工、股东和董事。内部公众既是饭店内部公关工作的对象，又是饭店对外开展公关工作的主体，是与饭店自身相关性最强的一类公众对象。

（一）处理好员工关系的意义

内部公众关系工作的重点就是搞好员工关系。员工是一个组织直接面对的最接近的公众，是组织赖以生存的细胞。北京长城饭店经理有一句至理名言：欲使长城饭店跻身世界一流饭店之林，有三件事至关重要——第一是员工，第二是员工，第三是员工。因此，员工关系就成为饭店内部公众关系工作的起点。员工关系是饭店具备竞争能力的起点；员工关系是塑造饭店形象的起点；员工关系是“内求团结、外求发展”的起点。

搞好员工关系是实现饭店目标的前提。因为员工是饭店的主体，饭店目标的实现依赖全体员工的共同努力。因此处理员工关系对饭店的发展具有重要意义。其意义可以从两个方面来认识。

1.饭店需要通过自身成员的认可和支持来增强内聚力

一个饭店的存在价值和整体形象在取得社会的认可以前，首先需要得到自己成员的认可；饭店的目标和任务在赢得社会支持之前，首先需要赢得自己成员的配合与支持。否则，饭店的价值和目标将会落空，饭店将无法作为一个整体面对外部社会公众。每一个成员都是饭店的细胞，他们对饭店有机体的认同和依附是这个有机体得以存在的基础。因此，良好的内部关系是公共关系的起点，饭店内部的公关工作首先要增强内聚力，将全体成员组合成为一个有机的整体。

2.饭店需要通过全员公共关系来增强外张力

一个饭店的对外影响力有赖于全体成员的努力与配合。因为每一个饭店成员都是饭店与外部公众接触的触角，都处在对外公共关系的第一线；饭店的整体形象必须通过他们在各自工作岗位上的良好行为具体体现出来。他们是塑造饭店形象的基础。他们的一言一行都代表着饭店。外部公众往往是在与员工的接触过程中，形成对饭店的看法和态度。如电话

总机的接线员，服务台、问询处、接待室的工作人员，行政部门的办事员，业务部门的业务员，乃至生产线上的员工等等，都是有形无形的公关人员，他们的一言一行都代表着饭店的形象。而且饭店员工最了解本单位的产品和服务，通过他们将本单位的正面信息扩散给外部公众，会增加宣传的可信度，更容易为外界所接受。

（二）饭店员工关系的工作目标

饭店作为一个服务性的行业，其员工的社会认可度尽管在逐步增加，但不必讳言的就是还没有上升到让大部分人接受的程度。因此，饭店在处理员工关系时必须格外注意树立其价值观，让其对自身的工作充满热情和自豪感。

同时还要注意以下几点：增强饭店对员工的凝聚力；协调改善饭店内部的人际关系等；做好员工关系的工作要点（物质和精神两方面）；满足员工的劳动所得，奖勤罚懒，奖优罚劣；努力改善员工的福利待遇，包括奖金、休假、加班补偿、医疗报销、保险、住房补贴、误餐补贴、子女入学等；关心员工及其家人的生老病死、婚丧嫁娶、衣食住行等，以解除员工的后顾之忧；不断改善劳动条件、劳动环境和加强劳动保护，注重员工身体健康，坚持安全生产和文明生产等等；加强情感交流，协调与融洽劳资关系；实行民主管理，鼓励员工提意见或建议，增强主人翁意识；注重交流沟通，充分尊重员工的知晓权；知人善任，重视人才，创造良好的人事环境；利用激励的方法，激发员工的积极性、主动性和创造性等等。

（三）员工关系的处理方法

处理员工关系最起码的要求是掌握用人之道、发挥个人特长，让员工能够人尽其才，才尽所用。

其次要加强内部的情感交流，毕竟人都是情感动物。

同时要充分认识饭店员工关系中的“小团体”问题，应特别注意与饭店内部“小团体”的沟通。在饭店内部，同乡、同学、志同道合者、兴趣相投者等会不约而同地自发组织在一起，并自然产生出自己的核心人物——“意见领袖”形成“小团体”。这种以感情、观念、利益等为联系纽带的“小团体”是一种客观存在，并在一定程度上左右着“小团体”成员和其他员工的行为。

注重与“小团体”的沟通，引导和发挥它的积极作用是非常重要的。与“小团体”沟通的方法主要包括以下几点：应该深入到“小团体”中，参与他们的活动，成为他们的伙伴；有目的地引导与控制，促使其发挥重要作用；适当提前向“小团体”披露组织消息，征求意见，使他们对饭店自然产生亲切感、忠诚感；尊重“小团体”中对其他成员的思想、行为有影响力的“意见领袖”，对他们反映的情况要加以重视，及时处理并加以答复；饭店领导和公关顾问要通过自己的模范言行来影响和改变“小团体”消极的整体心理和行为。

二、外部公众关系

对于一个饭店来说，外部公众关系的处理是其公共关系工作的重点。饭店的外部公众关系包括顾客关系、资源关系、经销关系、金融关系、社区关系、政府关系、媒介关系、教育科研关系、名流关系、竞争者关系、国际公众关系等。

（一）顾客关系

顾客是饭店提供产品或服务的对象，也称消费者。在饭店公众中，顾客公众是面对的数量最多的公众，是饭店组织对外公共关系的首要对象，是饭店组织的经济来源，是维系饭店生命的动脉。

1.顾客关系的重要性

建立良好顾客关系的目的，是促使顾客形成对组织及其产品的良好印象和评价，提高组织及其产品的知名度和美誉度，增加对市场的影响力和吸引力，为实现组织和顾客公众的共同利益服务。对顾客公众做好公共关系的意义在于：

(1)良好的顾客关系能够为饭店带来直接的经济效益和社会效益

饭店能否立足，很大程度上在于其管理、产品或服务是否能够得到顾客的接受和欢迎。饭店的经济效益需要在市场上实现，而顾客就是市场，有了顾客才有市场。虽然与顾客的沟通并不等同于市场经营中的销售关系、直接的买卖关系，但良好的顾客公共关系的确有利于饭店的市场销售关系，能够给饭店带来直接的利益。

同时，良好的顾客关系能为饭店创造巨大的社会效益。众所周知，饭店公共关系最重要的目标是塑造饭店整体形象，良好的饭店形象是饭店巨大的无形资产，是饭店立足的基础。而饭店整体形象的塑造和形成又是建立在良好的顾客评价的基础上的。

(2)良好的顾客关系体现饭店正确的经营观念和行为

顾客公共关系工作要求饭店企业将顾客的利益和需求摆在首位，通过满足顾客的需求和权利来换取饭店的利益。饭店的性质决定了它必然要通过经济活动去赢取利润；而公共关系的经营思想认为，利润不应该是企业贪婪的追求，而应该是顾客接受、赞赏和欢迎企业的产品和服务所投的信任票。只有赢得顾客的心、获得顾客的信任与好感的饭店，才可能较好地获得自己的利润。

2.处理顾客关系的对策

饭店要想外求发展，必须妥善地处理与顾客公众之间的关系。

(1)树立“顾客就是上帝”的经营思想，即饭店的一切政策和行为都必须以顾客的利益和要求为导向。在公关活动中要树立“顾客永远是正确的”观念，一切从顾客的需要出发，在政策、法律、道德许可的范围内，尽组织所能为顾客办实事、办好事。在公关活动之后要善于总结顾客的反馈信息，吸收顾客的建议，反思顾客的批评，不断地加以完善。正如日本松下电器公司的创始人松下幸之助先生所说：“身为制造厂商，我们的社会责任就是顾客购买、使用、满意我们的产品……因此，我们每天都要测量顾客的体温。”

【案例 4-4】

微信+外婆家：掌上餐饮时代已到来

微信不仅能点菜结账，还可1分钱抽取优惠券？继海底捞借微信支付完善餐饮O2O之后，浙江外婆家餐饮有限公司联合微信支付推出的“1分钱享外婆美食”活动4月在深圳试点启动后，5月在上海也正式启动，成为又一家借微信支付的连接力，创新移动用餐体验的餐饮连锁机构。即日起，用户在外婆家上海12家门店享受美食，只需关注“外婆家”微信公众账号，微信支付1分钱，即可抢得最高减免30元的优惠资格。

“外婆家是比较时尚、会接受新鲜事物、走在行业前面的餐厅，我们想借微信支付引入移动支付体验餐厅”，外婆家信息部部长王伟在腾讯“微信公开课”杭州站活动现场表示。外婆

家正在大力推广微信点餐及支付场景,"当用户排队等位的时候,微信能自动推送订餐信息,然后进行支付,自动下单,顾客排到号时就可拿着入口牌进去享用美食了,不需要进去之后再点餐。"

在线点餐与POS端打通　共创线上支付新体验

据介绍,本次活动优惠券金额为6～30元不等,用户参与活动的方法也非常简单方便。关注"外婆家"微信公众账号后,微信支付1分钱,可获得优惠资格。通过该公众账号在线点餐功能点餐,微信会将点餐编号推送到店内终端上,服务员通过该编号下单。用户在买单时会自动下发含支付链接的微信消息,点击即可微信支付买单,此时,优惠信息会自动减免。

此外,为了更好地吸引和留住顾客,"外婆家"(微信号:waipojia888)利用微信开放的接口功能,创新了诸多移动用餐服务。如定位查找身边的餐厅信息,通过优惠活动了解餐厅动向,如果有喜欢的菜品,可以直接在线下单,无需到店点餐,俨然一个随时在握的掌上移动餐厅。

CRM体系下的差异化服务

"很多第三方的支付平台,不能和POS结合起来,形成一个好的闭环",王伟表示。传统商家借助微信平台实现O2O落地,不仅可以提升用户的消费体验,还可为商家带来系统的用户信息管理。"外婆家希望通过微信支付,把中餐做成快餐化,让用户的移动用餐消费更加便捷、优惠"。

"微信是天然的CRM体系,O2O闭环,"王伟认为,会员系统只是对会员进行归类,CRM包括顾客的引导、顾客的身份识别,以及对顾客的分类,获取到顾客的信息之后,进行进一步、深层次的营销。将微信的CRM系统和企业的会员系统对接,就可以知道顾客的身份信息,对不同会员等级的顾客提供针对性的服务,这样可以更好地服务顾客、留住顾客。

通过王伟在"微信公开课"现场对运营外婆家公众号的心得解读,我们依稀能够看出外婆家地推活动的下一步走向。这是否意味着,外婆家在不久的将来或许可以实现这样一种场景:我通过微信下单后,得到一个等位牌号,快轮到我时,微信自动推送消息提醒,如果这一天是我的生日,外婆家还有可能有额外的"照顾"?

据介绍,目前外婆家会向会员推送节日关怀、生日关怀等消息,还会通过消费订单送积分。未来这类有针对性的营销将会做得更细分化,让用户体验到更高品质的差异化服务。业内人士认为,O2O不仅是一种新的营销模式,更重要的是为客户带来前所未有的消费体验。只有服务差异化,才能吸引更多的消费者到实体店消费。

"餐饮业要找准餐饮行业的痛点才能做好,就像腾讯做精品一样,外婆家正是通过微信建立核心竞争力,树立品牌形象,提高知名度的代表",微信事业群微信支付部总监刘鹏表示。王伟也对"外婆家"公众账号的未来表现出了极大的信心,他表示,除了正在进行地推活动的上海门店和4月下旬已上线的外婆家深圳店,后续还将接入北京、杭州等超过20家门店,更便利的移动餐饮消费体验已在眼前。

(资料来源:《论坛》,2014-05-28,驱动中国)

(2)向顾客提供优质的产品和服务,尤其是提供良好的售后服务。我国属于发展中国家,顾客的消费水平还比较低,加上席卷全球的金融风暴的影响,大部分饭店必须调整好自己的市场定位。事实上提供优质廉价餐饮、客房等方面的服务是每位顾客的梦想,饭店应为此努力。同时,饭店在有目的的商品生产和销售后能连续性地为顾客提供各种服务,这是形成饭店与顾客之间良好关系的重要途径。

(3)搜集顾客信息，了解顾客心理。做好市场调查和预测分析，把握顾客的消费需求及其发展的总体趋势，实施有针对性的引导。美国纽约《华尔街日报》的一篇文章中有这样几句话：没有人比妈妈更了解你，可是，她知道你有多少条短裤吗？乔基公司知道。妈妈知道你往每杯水中放多少块冰吗？可口可乐公司知道。妈妈知道你在吃椒盐饼干时是先吃口袋中的碎块儿呢，还是先吃整块儿呢？还是去问问弗里托莱公司吧，他们知道。从这几句话我们可以看出，在市场竞争日趋激烈的今天，谁最了解顾客，谁才能赢得顾客，谁才能更好地生存。

【案例4-5】

宾馆的义务宣传员

有一天，有一位北京旅客住进了广州的一家宾馆，到宾馆后，这位旅客放下行李就外出办事了，当他晚上回到宾馆时，却惊奇地发现从灯光、窗帘、台布到床罩，全部换成了红色，这位北京旅客欣喜若狂，忙问服务员小姐怎么知道他喜欢红色，服务员小姐笑笑说：“您进我们大厅，我就注意到您拎的包是红色的、领带是红色的、皮鞋是红色的，所以我猜您一定特别钟爱红色，我就给您这个房子重新布置了一下。您还要什么帮助，请尽管吩咐。”这位旅客对此赞不绝口，回北京后逢人便说这件事，成了该宾馆的义务宣传员。

（资料来源：夏年喜，《世界上最迷人的公关大师》，工商出版社）

(4)要注意区分不同的顾客公众，采用不同的方式进行交流。例如，高档饭店的顾客公众大致有三类：一类是观光者。著名的饭店常被当作当地的一大景观，经常有一些穿戴朴实、不愿多花钱的客人慕名而来，参观游览。他们希望饭店以礼相待，热情介绍。第二类是贵宾。他们人数不多，但作为社会名流、新闻人物，其影响之大是其他客人无法比拟的。接待贵宾要周密准备。贵宾到达时，可以举行欢迎仪式；在适当的时候，陪同参观，介绍饭店成就。有的还要根据来宾的个人生活特点重新安排室内装饰，准备专门服务。第三类是常客、散客。他们有的常来常往，有的长期生活在饭店，甚至在饭店安家。饭店应当根据他们的文化背景和习惯、爱好，设置合适的娱乐场所，组织有感情色彩和纪念意义的活动。

3.顾客关系异议及处理

顾客异议是一种最常见的公众异议。造成异议的原因不外乎以下几种：饭店的产品以次充好，以假充真，服务不到位、不协调，使顾客的利益受到伤害；饭店在宣传介绍产品服务时言过其实，使顾客受到一定程度的欺骗和伤害；服务机构不守承诺，态度蛮横、粗暴，使顾客人格受到伤害。

面对顾客公众的异议，积极处理是唯一的办法。一般情况下，饭店在与顾客公众充分交换意见、交流信息之后，彼此从激烈的对抗趋向一致的和解。这就为饭店处理异议提供了有利时机，此时，饭店的公关人员要以较高的姿态，在权衡饭店利益的基础上，做出必要的道歉，争取社会公众的理解认可，为饭店在今后的活动中与社会公众和谐相处奠定基础。

【案例 4-6】

三岁男童被扎伤 酒店拒绝赔偿

一名3岁男童同家人在沈阳某酒店就餐期间,由其父陪同去酒店内厕所时,不慎被毁坏的把手处裸露的螺丝钉将左眼眉骨上方扎伤,当即血流不止。家长指出酒店应该完善店内设施,并提出赔偿3000元的要求。酒店经理称须与有关人员商讨,表示两天后答复。两天后,当家长再次找到经理时,经理只是表示遗憾,不愿赔偿。家长十分不满,很快向当地新闻媒介反映了此事,并邀请记者同去该酒店核实情况。该酒店经理并不否认孩子被扎伤一事,但仍坚持原处理意见。此后,多家新闻传媒对此事进行了曝光,一时反响很大,酒店形象受到严重损害。

(资料来源:旅游新闻网·酒店新闻)

3岁的孩子被扎伤,本身就是一件令人心痛、心忧的事,无论谁之过,作为出事地点的酒店,都应该想顾客之所想,急顾客之所急,伸出援助之手,积极主动地协同家长处理,尽可能地去降低家长内心对孩子的负罪感,以化解家长对酒店的不满情绪。然而,酒店却抱着"事不关己"的态度,试图把全部责任推卸给孩子家长一方,结果导致顾客与酒店之间矛盾激化,最终酿成危机,损害了酒店的形象。酒店发生的形象危机,完全是由于缺乏思危意识而导致的自身行为不当所致。建树良好的饭店形象,需要饭店的全体成员长期树立形象意识,时刻注意和检查自身行为。一旦发现有误或有公众反映,要及时调整自身行为。饭店的每一个成员都应主动地去调整饭店形象,塑造饭店形象,维护饭店形象,防止形象扭曲,避免因自身行为不当而走入绝境。

(二)媒介关系

饭店常常是重要事件发生的场所。名人贵宾下榻、重要活动的举办,都会受到全社会的瞩目,引起新闻界的兴趣。因此,饭店必须高度重视媒介关系的处理。

媒介关系也称作新闻界关系,即饭店与新闻传播机构(报社、杂志社、广播电台和电视台)以及新闻界人士(记者、编辑等)的关系。媒介公众是饭店公关工作对象中最敏感、最重要的一部分。

一位酒店职业经理人说:"我的成功七分得益于酒店,三分得益于媒体。"以塑造组织形象为基本目标的公共关系活动,历来被喻为是一种公关人员应该熟稔的必修课。必须指出,媒体以其传播迅速而广泛的特点,能在广大公众面前建立舆论导向、施加正负影响,甚至制造商机和瓦解声誉。

所以,媒体对于公众人员来说具有双重意义:一方面,它是实现公关目标的重要媒介;另一方面,它是公关活动必须努力争取的重要公众。换言之,饭店不仅要获取编辑、记者的好感,而且要依靠、凭借编辑、记者获取更多公众的好感。当然,如何同媒体打交道,不仅是一个认识问题,也是一个操作问题。

1. 建立媒介关系的意义

(1)好的媒介关系等于好的舆论关系,良好的媒介关系有利于形成良好的公众舆论。新闻传播机构及人士是社会信息流通过程中的"把关人"(Gatekeeper,传播学中亦称为"守门人”），他们决定着各种社会信息的取舍、流量和流向，决定公众舆论的中心议题，能够赋予被传播者特殊的、重要的社会地位，即具有“确定议程”和“授予地位”的功能。饭店的管理、服务、人物或产品如果成为新闻界报道的热点，便会成为具有公众影响力的舆论话题，获得较高的社会知名度；而且，一个信息通过新闻界做客观的报道，容易获得公众的信任，有利于美誉度的提高。饭店公共关系的一项重要任务，就是为饭店创造良好的公众舆论，争取舆论的理解和支持。因此，与“把关人”建立良好的关系，有助于争取媒介报道的机会，使饭店的有关信息比较顺利地通过传播过程中的层层关口，形成良好的公众舆论环境。

(2)建立良好的媒介关系是饭店运用大众传播手段的前提。大众传播是饭店公关工作中最主要、使用频率最高的手段。饭店要实现大范围、远距离的沟通，就必须借助于各种现代大众传播媒介。大众传播借助于现代印刷、电子等传播技术，大量地、高速度地复制信息，跨越时间和空间的限制，实现大范围、远距离的传播。这是现代公共关系的主要手段之一。但是，大众传播媒介一般不是由饭店内部的公共关系人员直接掌握和控制的。有关饭店的信息能否被大众媒介所报道以及报道的时机、频率、角度等等，要取决于专业的传播机构和人士。除花钱做广告之外，饭店公共关系对大众媒介的使用必须通过新闻界人士才可能实现。因此，与新闻界人士建立广泛、良好的关系，是饭店运用大众媒介、争取媒介宣传机会的必要前提。与新闻界关系越多，饭店组织有关信息的报导数量就越多；与新闻界关系越好，饭店组织有关信息的报导质量就越好。媒介关系的这种公关传播性之强，是其他公众对象难以比拟的。

2. 如何处理媒介关系？——制造新闻

【案例 4-7】

明星效应与“美国美食周”

当高莉莉小姐就任上海金沙江大酒店公关部经理时，该酒店还默默无闻。同年秋天，高小姐从她的记者朋友处得知，著名的日本影星中野良子将偕她的新婚丈夫来北京、上海访问。她马上意识到这是酒店开展公共关系活动借以提高知名度的好机会。于是，她立即采取了一系列措施争取到了接待客人的机会。然后又直接给尚在北京的中野良子打电话请她来上海时下榻“金沙江”。对方应允后，高小姐立刻带领工作人员进行策划和准备。

客人晚上到酒店，等待他们的是一个洋溢着浓烈的喜庆气氛的“迎亲”场面。在一片热烈的鞭炮声里，中野良子夫妇被40多位中外记者及酒店上百名员工簇拥进一个中国传统式的“洞房”——正墙上大红“喜”字熠熠生辉，两旁的对联上写着“富士山头紫燕双飞白头偕老，黄浦江畔鸾凤和鸣永结同心”。在笑声、掌声此起彼伏的“闹洞房”仪式中，新婚夫妇还品尝了象征“甜甜蜜蜜”、“早生贵子”的哈密瓜、桂圆、红枣等，在异国他乡度过了一个难忘的欢乐之夜。

当晚，在场的记者们纷纷报道了这则饶有情趣的新闻，上海金沙江酒店也随着这些报道在一夜之间扬名海内外，特别是在中国公众和日本公众中留下了深刻而美好的印象。

两年后，高莉莉调到上海华亭宾馆。针对企业急需提高知名度的实际情况，她又策划推出题为“美国食品周”的公关专题活动。“食品周”期间，中外宾客同当地市民一起品尝了火鸡、小羊肉、开胃菜、小甜饼等美国风味小吃，还兴致勃勃地观看了同时展出的好莱坞西部片中那老式吉普车、汽油灯、马鞍、竹筐等。虽然当时正值酷暑，但情趣盎然的异国情调吸引着一批又一批的公众流连忘返。一时间“美国食品周”成了大众传媒报道的热点新闻，与此同时，华亭宾馆也成了上海公众津津乐道的热门话题。

（资料来源：万国邦、李荣新，《公共关系教程》，机械工业出版社）

制造新闻，又称策划新闻，它是饭店争取新闻宣传机会的一种技巧，即在真实的、不损害公众利益的前提下，策划、举办具有新闻价值的事件或活动，制造新闻热点，吸引新闻界和公众的注意力，争取被报道机会，使饭店成为新闻的主角，以达到提高知名度、扩大社会影响的目的。

制造新闻并非哗众取宠、无中生有地编造新闻，而是饭店有计划地利用一些具有新闻价值的由头（创意）引起新闻界关注的行为。饭店在制造新闻时必须遵循新、奇、好三项原则。

“新”：是指创意新颖，而不是重复和模仿别人。第一次有人吃螃蟹是新闻，第二次、第三次就是普通事件了。因此，在策划新闻时，一定要注意想人所未想、做人所未做，这样才能真正为饭店带来新闻效应。

“奇”：就是指策划的新闻事件必须具有新闻价值，能引起媒体记者的关注。

“好”：是指策划的新闻事件必须具有正面的、积极的意义，符合社会文明和进步要求，能产生良好的社会效应。

新闻策划是一种技巧性、艺术性很强的公共关系实务活动，需要充分发挥策划人员的创造性和智慧，有时更需要策划人员的偶然灵感和直觉，并无固定的模式。但这并不代表新闻策划无规律可循，事实上，通过系统地分析大量公共关系案例，我们还是可以找出一些带有普遍意义的技巧和方法的。

（1）与新闻界建立良好的合作关系。因为有新闻机构参加的活动更容易上报、上镜、上视，这也是新闻记者及新闻从业人员比别的行业人员获得更多联谊活动机会的秘密所在。此外，饭店还可以主动地向媒体提供新闻稿件来增加亮相机会。据有关资料统计，在国外的媒体上，超过1/4的新闻是由工商企业公关人员直接提供的。

（2）抓住热点问题，制造新闻。每一时期都会有每一时期的热点问题。在中国，每年的3月“两会”召开时，就会形成一个个热点：海南建省、深圳特区、上海浦东开发、西部大开发等都先后成为国人关注的焦点。世界杯足球赛和奥运会更是牵动亿万球迷、体育迷的心。到了春节、中秋、端午等传统节日，与家人、朋友团聚，叙亲情、讲友情又成为人们的首选话题。因此，饭店如果能把自己的活动与这些热点有机地结合起来，就会对一大批公众产生影响，从而引起新闻媒介的关注。如南京金陵饭店也于2008年奥运会结束后积极争取奥运冠军的下榻而再次在媒体上风光无限。

（3）有意识地把所在饭店与社会名流、明星或权威人士等联系起来。社会名流、明星、权威人士往往是媒体的宠儿，他们的一举一动都会成为媒体追逐的对象。因此，如果能把组织策划的新闻事件和名流、明星、权威人士联系起来，被报道的机会就会大增。如长城饭店借里根总统名扬世界，2010年春节联欢晚会前夕位于北京海淀区的御宴海鲜酒店因赵本山宴请小虎队而声名大振。

（4）事先制造一些悬念或热烈气氛。在媒体高度竞争、“眼球稀缺”的今天，要想成为新闻并不容易。因此饭店在制造新闻时，应有意识地制造一些悬念以吸引公众和媒体的注意力，或者事先就制造一些热烈气氛，使公众有一种先入为主的感觉。

饭店在"制造新闻"的实际操作中还应该注意以下几点：第一，"制造新闻"必须依据客观事实，这些事实通常是偶然事件或突发事件；第二，这些事件都能被公关人员挖掘出其蕴含的与公共关系目标之间的某种联系，然后再对其进行有效利用。日本女影星新婚来中国访问是确有其事；美国食品及西部开发也属客观实在。两则新闻事件的"制造"过程都是公共关系人员根据自己所在组织的公关目标，凭借强烈的公关意识和熟练的公关技能，针对有价值的事实，通过精心策划，巧妙地加工处理，使其增添戏剧性色彩，从而达到引人注目的效果。"金沙江"从默默无闻到在上海林立的大酒店中异军突起占据一方；华亭宾馆成为中外宾客向往的地方，这些都说明，"制造新闻"带有浓厚的人为色彩，它既表现出公共关系活动的计划性，又体现出专业人员的策划能力。

3.其他处理媒介关系的注意点

在处理媒介关系时，饭店还必须注意：

(1)掌握新闻规律，尊重新闻机构；

(2)善于结交媒介，并经常联系，保持沟通，增进新闻机构对组织的了解；

(3)了解新闻机构的特点，有针对性地选送新闻稿件；

(4)以礼相待，热情友好，提供必要的帮助；

(5)以诚相待，不夸大事实，不掩盖真相，更不制造假新闻；

(6)正确对待新闻媒介传播的不利于本组织的信息。

总之，饭店要与媒介友好合作并充分利用媒介，防止一味迎合新闻界而丧失饭店的利益和基本立场，也反对只要新闻界为我所用而不顾其地位的独立性。

(三)政府关系

由于特定的经济与政治环境，我国的饭店业一贯受到政府部门的规制。任何饭店都必须面对和接受政府的管理和约束，内容涉及市场进入、价格、投资等诸多方面。可以说，政府公众是任何饭店的公关对象中最具有社会权威性的公众。因此，饭店公共关系必须处理好与政府公众之间的关系。

规制饭店业的部门不仅包括国家旅游局这一行业行政主管部门，还包括国家工商行政管理总局、商务部等调整市场秩序的部门，甚至还有以国家烟草专卖局为代表的、看上去与饭店业毫不相关的部门。因此，政府公众包括政府各行政机构及其各级官员、行政助理和各职能部门(如工商、人事、财政、税收、审计、市政、交通、治安、法院、海关、商检、卫检、环保等)工作人员。

1.政府关系的重要性

与政府保持良好沟通的目的，是争取政府及各职能部门对本饭店的了解、信任和支持，从而为饭店的生存和发展争取良好的政策环境、法律保障、行政支持和社会政治条件。对饭店而言，积极处理政府公共关系的具体意义如下。

(1)政府的认可和支持是最具权威性和影响力的认可和支持

政府掌握着制定政策、执行法律、管理社会的权力职能，具有强大的宏观调控力量，代表公众的意志来协调各种社会关系。一个饭店的政策、行为和产品如果能够得到政府官方的认可和支持，无疑将对社会各个方面产生重大影响，甚至使饭店的各种渠道畅通无阻。

(2)与政府建立良好关系能够为饭店形成有利的政策条件、法律保障和社会管理环境

政策、法律、管理条例是一个饭店决策与活动的依据和基本规范，饭店的一切行为都必须保持在政策法令许可的范围之内。通过良好的政府关系，饭店能够及时了解到有关政策的变动，能够较方便地争取到政策性的优惠或支持，能够对有关本饭店的问题在进入法律程序或管理程序之前提供建议，使之对饭店的发展有利。

2.处理政府关系的对策

饭店与政府部门之间的关系，是饭店在自身发展过程中所形成的一种不可忽视的外部关系。饭店的发展能否得到政府的支持和帮助，对饭店而言是十分重要的。处理好与政府部门之间的关系，主要做到以下三点。

(1)严格遵守国家的各项方针政策和法令

各类饭店在自身发展的过程中，必须注意全面收集国家已经出台的各项相关政策和法令，认真地学习领会，并将其作为制定和推动自身各项工作的依据。具体应做到四点：

①严格按照国家的政策和法规安排饭店的各项活动，做到有法必依，依法发展，做一个合格的"公民"。

②饭店应积极地同国家有关政策法律部门建立稳定持久的联系，使政策法令一经出台，饭店就能得到国家有关部门的帮助和指点，吸收和借鉴对饭店开展各项活动有直接帮助的内容，避免发生不必要的偏差。对于国家出台的有关方面专门的政策条例，饭店也可以邀请政府机关的有关人员进行专门指导或举办专门讲座，解答饭店的各种问题。

③根据需要，也可以从政府机关的有关人员中聘请一些有法律专业知识、有丰富实践经验的人担任饭店的荣誉员工，利用业余时间为饭店提供各种帮助。

④创造性地贯彻执行政府的有关政策和法令。对于政府下达的宏观调控方面的条例要求，与饭店自己的工作重点相一致的，饭店要积极地加以采纳，在深刻理解之后形成自己的实施方案。对于政府下达的宏观调控方面的安排设想，如不太适合饭店发展的实际，饭店应仔细地加以分析并有程序地向上级有关部门做出反映。

(2)实施名牌战略，引起政府的重视

要得到政府部门及其领导者的重视和信任，必须形成饭店的自身竞争优势和核心竞争力，实施名牌战略，不断提高饭店的社会地位。

(3)搞好宣传，扩大饭店在政府部门中的信誉和影响

除保持必要的沟通外，各级饭店还应抓住周年庆典、开业剪彩、新产品或新技术问世等机会主动邀请当地政府主管部门的领导同志出席，并请他们给予指导，从而密切饭店与政府部门之间的关系。

(四)社区关系

饭店的社区关系亦称区域关系、地方关系、睦邻关系，指饭店与自己所在地域内的其他社会群体和社会饭店的关系，如当地的权力管理部门、地方团体、饭店、学校、机关、商店、医院、左邻右舍的居民百姓等。

1.社区关系的重要性

社区是饭店赖以生存和发展的基本环境，是饭店生存和发展的根基。饭店一切活动的正常进行，都要依赖于社区提供的各种社会服务，例如供水、供电、交通、治安、通信、消防、物资供应、孩子上学和就业等。没有一个良好的社区关系，饭店便难有立足之地。因此，创造一个良好的社区关系非常重要。

(1)社区关系直接影响饭店的生存环境，搞好社区关系是饭店生存的需要

社区如同扎根的土壤，没有良好的社区关系，饭店就会失去立足之地。社区公众是由特定的活动空间所确定的，区域性、空间性很强。地方性饭店的活动直接受社区公众的制约，社区关系便直接影响着饭店其他各方面的关系，如员工家属关系、本地顾客关系、地方政府关系和媒介关系等等。跨区域性的饭店也不能脱离特定的社区，甚至要善于同各种不同背景的社区公众打交道，以争取社区提供各种地方性的服务和支持，使跨区域性饭店能够在各种完全不同的社区环境下生存和发展。因此，饭店需要将社区作为自身发展的一个组成部分，将社区公众视作“准自家人”。

(2)社区关系直接影响着饭店的公众形象，搞好社区关系能够获得良好的口碑

社区公众涉及当地社会政治、经济、文化、教育等各个方面和阶层，类型繁多，涉及面广，对饭店客观上存在着各种不同的感受、要求和评价；由于处在同一社区，对饭店的某一种评价和看法又极容易相互传播，形成区域性的影响，从而形成饭店的某一种公众形象。很显然，饭店的社区关系好坏直接影响着饭店的社会公众形象。比如一家企业，即使产品很好，远销海外，但如果社区关系恶劣，所形成的不良形象最终也会影响到市场的销售。一个饭店如果连左邻右舍的关系都处理不好，就很难在社会获得良好的名声。饭店要提高自身在社区中的地位，就要树立一个“合格公民”的形象，主动承担必要的社会责任和义务，像爱护自己的家业一样爱护社区，在社区的物质文明和精神文明建设方面发挥中坚作用，为社区造福，为社区公众多作贡献。

而且社区是饭店劳动力的主要来源，社区为饭店提供必不可少的社会服务，社区公众是企业较稳定的顾客，社区为饭店员工提供正常的生活条件，等等。

因此，发展良好的社区关系不仅可以争取社区公众对饭店的了解、理解和支持，为饭店创造一个稳固的生存环境，而且还能体现饭店对社区的责任和义务，通过社区关系扩大饭店的区域性影响。

【阅读材料 4-1】

拉面馆的左邻右舍

兰州有个拉面馆，馆内干净清爽，经营的拉面极富西北风味，碗是大号的，里面放满了拉得均匀细致的面条和各种作料的汤汁，面上则是一层较为厚实的牛肉片，令人胃口大开，恨不得赶着热腾腾的气儿一口气吃进去。可是，馆内很少看得见顾客，有时也只是几个陌生的旅客。原因何在？原来在馆的左边有一个专门出售花圈、寿衣、香烛的店子，经营死人用品；而馆的右边是一个闻名的中药店。馆的左右两边人头攒动，不能说这里人流量不大。然而，这拉面馆一边是为死人而经营，一边是为病人而开张，这一死一病中间，谁敢进馆大嚼大喝牛肉面？即使不迷信的人，也觉得里面阴气沉沉，纵然窗明几净也觉得那里的阳光底气不足。因而，推销活动与周围的环境有重要关系。

2.处理社区关系的对策

鉴于社区公众在饭店发展中的重要意义，饭店必须注重睦邻之道，积极参加社区建设，支持社会公益事业，维护社区公众的利益，力争做一个合格的社区居民，使社区公众接受、认

同并引以为荣。

(1)树立公民意识,承担应尽义务。饭店作为社区的一员,应该自觉遵守社区的各种规定,服从社区公约、行为规范,承担社区应尽的各种义务。

(2)加强信息交流,保持正常联系。饭店生存于社区之中,对社区公众的信息交流应该是经常的、充分的。信息交流是一个双向的过程。饭店可以组织社区公众参观酒店、组织联谊会等,让社区及时了解饭店的政策、业务状况、主要的经营活动、能够提供的新产品或服务、对社区事务的态度以及饭店自己所存在的实际困难、需要提供的帮助等等。同时,还要经常深入社区,了解社区公众对饭店的意见和要求。

(3)支持社区活动,主动承担社会责任。除了向社区提供满意的新产品或服务外,饭店还可利用自身的经济实力,大力支持社区公益事业的发展。这不但可以表示酒店的社会责任感,而且可为酒店赢得较好的社会声誉,如举办联谊会、赞助公益事业、参观互访、召开研讨会、组织经验交流以及其他的交流活动,特别是帮助社区发展文化、教育、艺术事业等。饭店对于社区活动应给予适当的投资,要恪守合同与承诺,搞好社区服务,通过对社区活动的贡献以引起社区公众的注意,增进对饭店的了解,进而使社区成为饭店各项活动开展的良好伙伴。

(4)维护社区的生态环境。随着全球对环境危机的日益关切以及政府对环境问题的日益重视,生态环境问题已成为当前各组织所面临的一项重大问题,而社区的环境直接关系到社区公众的生活和健康。因此,社区居民对社区内饭店的最基本要求是保证社区环境不被污染。饭店要积极参加保护社区环境的各项活动,特别是对本饭店可能产生的各种污染要积极预防,对已经发生的污染义不容辞地承担起治理的责任,满足于社区公众的基本要求,以赢得社区公众对饭店的好感和喜爱。饭店还可结合酒店业“绿色饭店”的理念,倡导绿色消费,开发绿色饭店产品(主要是指绿色客房和绿色服务),维护社区生态环境。

(5)注意实施全员公关。全员公关是指教育和动员全体员工积极地为饭店外部公共关系作贡献。饭店的员工与社区有密切的接触,广泛地渗透在社会公众之中。要教育职工树立全员公关的基本思想,注意自己的言行规范,让社区公众通过与饭店员工的接触感受到饭店的良好形象;同时通过员工的个体接触及时了解饭店所需的各种信息,以便更好地改进饭店的各项工作。

(6)积极解决矛盾和冲突。饭店与社会公众的矛盾和冲突总是存在的。饭店一方面要及时向公众解释饭店的政策和行为,回答批评意见,平息社会公众的不满,化解由于饭店运行给公众带来的不良影响;另一方面要密切注意环境中不可控因素的变化,分析变化发展的趋势,及时采取有效的防范措施,防患于未然。

(五)竞争者关系

对饭店业来说,竞争者公众对饭店的影响具有两面性:一方面,他们是饭店生存和发展存在的潜在的或现实的危险;另一方面,他们也无形中促进了饭店的生存和发展。

因此,饭店不仅要积极发展与经营伙伴的关系,还要十分注意和竞争对手的关系。对于竞争者不仅要注意搜集对方的信息,运筹、谋划竞争战略,与之抗衡,同时还要注意积极提高自身素质,创造优质的产品和服务,公平、平等竞争。当然,同业之间不仅有竞争,还可以合作——携手共荣,变对手为伙伴,变“冤家”为“亲家”,相互支持、相互联合、相互促进发展。例如,异地的饭店之间可以联合成一条龙式的服务链条,共同得益。本地的饭店之间也可以交流经验，互相取经，共同提高经营管理水平；还可以互相介绍客人；遇到特殊情况，也可以互相支援。协商好与同业者之间的关系，是饭店公共关系工作不可缺少的内容。

（六）名流关系

【案例4-8】

“名人效应”助酒店提升知名度

越来越多的酒店用优惠的条件吸引明星办婚礼或是度蜜月，“名人效应”也成了酒店行业全新的营销方式。

酒店赞助明星婚礼。明星下榻酒店的方式一般有两种：一是明星自掏腰包入住，另一种是酒店为明星提供赞助。对于后者，明星会事先与当地旅游局或者酒店谈好相关置换条件，比如酒店在对外宣传时可以提及接待事宜、事先为名人安排哪些酒店个性化餐饮及入住服务。这种赞助合作的形式在酒店市场上已经越来越多，从酒店营销效益上来说，赞助房间的成本要远低于邀请明星用其他营销方式所需要的费用。

2011年6月8日，孙俪和邓超在上海丽思凯尔酒店举办婚礼。酒店为两位新人开出了“史上最低价”优惠的同时，婚宴规模也由邓超自曝的70桌缩减为50桌。如此一来，据估计，婚宴的酒席成本不会超过100万元，而这个价格在同等级明星婚宴中堪称低廉。酒店之所以愿意给出传说中的“史上最低价”，是看中孙俪、邓超二人为酒店带来的“明星效应”。一场婚宴无疑间接地炒红了举办婚宴的酒店，这其中“无形”的广告效益对于酒店来说简直是捡了个天大的便宜。

2011年3月，大S和汪小菲在海南三亚康莱德大酒店举办了婚礼。据相关报道，所有的房间都由酒店无偿提供，新人只支付了工作人员的“辛苦费”。

对于那些声名显赫的名人而言，选择酒店的基本前提当然是酒店应该有一个知名的品牌，而在他们进行了选择之后，他们的名气又赋予了酒店新的品牌竞争力，名人效应得以传递给了其他消费者，这种选择和被选择的过程，使得品牌的效应接力传播。

（资料来源：中国经营报（北京），2014年8月9月，徐昊）

利用名人的光环效应影响公众，是饭店公关工作的一大创新技巧。如一提到北京长城饭店，人们就会立即想起美国的里根总统。

名流公众指那些对公众舆论和社会生活具有较大的影响力和号召力的有名望人士，如政界、工商界、金融界的首脑人物，科学界、教育界、学术界的权威人士，文化、艺术、影视、体育等方面的明星，新闻出版界的舆论领袖等。这类关系对象的数量有限，但对传播的作用很大，能在舆论中迅速“聚焦”，影响力很强。

1. 名流关系的重要性

建立良好的名流关系的目的，是借助名流的知名度扩大饭店的公共关系网络，扩大饭店的公众影响力，丰满饭店的社会形象。其意义和作用如下：

(1)借助名流的知识和特长、经验，为饭店的经营管理决策和处理各种复杂的社会问题提供咨询意见。

社会名流往往见多识广，或是某一方面的权威，饭店的管理人士能够在与他们交往的过程中获得广泛的社会信息或宝贵的专业信息，无形中使企业增添了一笔知识财富、信息财富。

(2)借助社会名流的关系网络，进入更广泛或高层的社交圈子，建立更重要的沟通渠道，为饭店的生存发展创造更多的机会。

与社会名流建立良好关系，能通过他们良好的社会关系网络为企业广结善缘。有些社会名流虽然不可能为本饭店直接提供所需的专业信息或管理咨询，但由于他们与社会各界有广泛的联系，或对某一方面的关系有特别重大的影响，饭店便能通过他们与有关公众对象疏通关系，扩大社会交往范围。

(3)借助社会名流的知名度，实际上是利用个人长期积累起来的传播资本与无形财富，利用公众崇拜名流的社会心理，来增强本饭店对大众传媒和公众的吸引力，强化本饭店的公众形象。

借助于社会名流的知识和专长与社会名流建立良好关系，能借助他们较高的社会地位，或具有某方面的权威性，或由于他们对社会的特殊贡献、突出成就等等，而具有较高的知名度。另一方面，一般公众存在"崇尚英雄"、"崇拜明星"的社会心理。饭店与社会名流建立良好关系，就将本饭店的名字与社会名流的名望联系在一起，利用公众崇拜名流的心理，提高了本饭店在公众心目中的位置。

2.处理名流关系的对策

利用名人进行公关，要注意以下工作必须到位。

第一，注意收集名人(尤其是已经预订住宿的名人)的信息资料并加以整理。

第二，积极结交名流并保持良好的关系，如聘请名流做饭店的顾问、管理者、名誉职工等。

第三，邀请名流参观或参加饭店的一些活动，对名人进行超常服务以获得他(或她)对酒店的最佳印象。

第四，借助名流开展公关。邀请他们讲学，培训饭店的管理者和员工；或做广告，或参加公关活动等等；或是通过住店吸引新闻媒介大力渲染传播，以影响公众。

(七)国际公众关系

国际公众指一个饭店的产品、人员及其活动进入国际范围，对别国的公众产生影响，并需要了解和适应对象国的公众环境的时候，该饭店所面对的不同国家、地区的公众对象，包括别国的政府、媒介、消费者等等。国际公众对象具有与本饭店完全不同的社会和文化背景，因此传播沟通活动具有显著的跨文化特征。

搞好国际公众关系的目的是争取国际公众和舆论的了解、理解与支持，为本饭店及其政策、活动、产品和人员塑造良好的国际形象，创造良好的国际声誉。

1.发展国际公共关系，为对外开放服务

我国实行对外开放政策，企业发展外向型经济，参与国际经济大循环，极需要发展国际公共关系。一方面，需要通过公共关系方法及时、准确地了解国际市场动向，了解有关国家的政治、经济、文化、社会等方面的信息，了解国外的投资者、合作者和客户等等；另一方面，需要运用国际公共关系手段，向国外的公众、舆论和市场传播自己的信息，树立自己的形象，介绍自己的产品和服务，提高自己的国际知名度和国际信誉。即使不出国门的企业，在对外开放的条件下，也要运用国际公共关系，为来华投资、经商或合作的外商以及来华旅游参观的外国客人提供信息服务，做好接待工作等等。

在文化、艺术、科学、教育、医疗、体育等方面的国际交流中，也需要接触许多国际公众对象。良好的国际公共关系有利于促进这些方面的交流与合作，有利于树立中国在世界上的良好形象。

2.运用跨文化传播手段，促进饭店形象的国际化

参与国际性活动的饭店需要建立国际化的形象，即能够适应别国公众、获得各国人民接受和欢迎的形象。这就需要注意研究和适应别国公众的社会和文化差异，调整公关的政策和方法。国际公共关系是一种跨文化传播，与国内公共关系有很大不同。在信息的传播和对外交往方面，不仅要懂得运用外国的语言文字，还要了解对象国的历史文化、风俗习惯、公众心理，以及了解国际商法和对外交往的国际惯例，使传播的信息尽量符合对象国公众的习惯。

国际公共关系要成功，还必须善于运用国际新闻传播和广告传播手段。不仅要运用我国的对外传播工具，更要了解对象国及国际上知名的新闻媒介和广告界，与国外的新闻机构和广告业建立联系，懂得如何为他们提供新闻资料和广告资料。国际公共关系界早已进入中国。我们的企业及各类饭店一定要抓住机遇，运用国际公共关系帮助自己走向世界。

正如良好的人际关系是一个人取得成功的一种资源一样，饭店处理好与不同公众对象的关系也可以获得他们的支持、帮助甚至嘉奖，从中就可获得更多的信息、资金、技术、人才、先进设备等竞争中不可或缺的资源要素，从而增强饭店的竞争力。饭店公共关系的目标公众也并不止以上七种，因此饭店需要根据自己的特长具体分析研究，以便采取合理的应对措施。

实践活动

实训目标：让学生了解酒店公众的分类情况，按照不同指标、过程对公众进行分类；掌握认知公众的具体方法，便于更好地为公关活动明确方向；在分类的基础上，针对不同公众进行较好沟通；掌握一些方法以利于形成良好的关系。

实训组织：成立实训小组，4～6人为1组。分组时考虑男女搭配、成绩搭配，实行组长负责制。

情景设置：叶璇惨遭酒店驱赶：最低消费600元你给得起吗？

据香港媒体报道，叶璇近年在内地事业飞跃，由演员升级为制作人，吸金有道兼有自设工作室，但前晚在上海仍惨遭侍应白眼！

13日，叶璇在微博自曝前晚和内地女星莫小棋等一班人打算做客上海外滩一间餐厅，竟被服务生公然挑衅“吃不起”！她写道：“服务态度实在太差啦！晚饭吃饱了，9点钟不让我们进去喝饮料，还态度很凶地说：你们现在进去必须每人点600元以上的主菜，你们给得起吗？”叶璇搞笑称难道是莫小棋穿得像乞丐所致？但她上传两人的合照，明显打扮得体。微博发出后，大批粉丝马上留言为叶璇抱不平。

昨晚，叶璇与杨幂、张震及张梓琳等出席华谊之夜派对，叶璇提起遭白眼事件仍余怒未消。被问到是否觉得被人看不起？她说：“是！其实可以态度好的！我们一群人都很尴尬，最后当然走了，之前对这家餐厅的印象都很好，但现在会列入黑名单！”

（资料来源：21CN 娱乐，http://et.21cn.com/gundong/a/2015/0615/09/29674145.shtml,2015-06-15）

实训步骤：

第一步：对情景材料中的公众进行分类，指出叶璇等明星在本案例中扮演了哪几种不同的角色（以发展的状况标准不同进行分类）。

第二步：综合考察。认知公众要视其貌，听其言，观其行。请用综合观察法，认识分析材料中的叶璇等明星。

第三步：材料中的服务生应该采用什么样的方法与叶璇等明星沟通，才能既不伤害叶璇等明星的自尊，又能了解她们的消费水平？

第四步：材料中的叶璇等明星受到服务生的言语伤害后，公关部经理应当怎样巧妙地平息她们的怒火？

实训成果：以小组为单位制作实训报告及 PPT，选派代表进行课堂汇报，小组其他成员进行补充汇报。

评价方案评分标准和内容

评价内容	小组自评（30%）	其他小组评分（30%）	教师评分（40%）	综合评分
分类准确（20 分）				
对策、方法实用、可操作性强（40 分）				
观点鲜明（10 分）				
思路清晰（10 分）				
PPT 制作（10 分）				
语言表达（10 分）				

本章小结

公众是饭店公共关系工作的对象，是饭店赖以生存和发展的基础。因此，饭店公共关系的开展必须围绕公众进行，必须明确：饭店公众的形成是因为与饭店就某一个共同问题发生了关系；饭店公众具有同质性、多维性、互动性和可变性等特点；饭店公众是一个极其复杂的网络系统，从不同的角度来看，饭店公众就会有不同的分类方法。而饭店在开展公共关系活动之前，必须学会根据不同的需要，从不同的角度、按不同的方法对复杂而且广泛的公众进行准确分类，把握其内在规律性，明确各类公众在公关中的价值，从而有的放矢地确定公关目标，制订公关计划，开展有针对性的公共关系工作；明确内部公众关系的处理是公共关系工作的起点，而外部公众关系，如顾客关系、媒介关系等，是饭店公共关系工作的重点，必须能够正确处理常见的几种公众关系。

课堂讨论

公共关系理论一方面强调公众至上观念，要求饭店认真地、公平地对待每一个公众；另一方面又要区分首要公众、次要公众，受欢迎公众、不受欢迎公众等，并且分别对待。是否有矛盾呢？

思考与练习

1. 什么是饭店公众？它具有哪些特征？
2. 饭店公众分类的方法有哪些？
3. 哪几类公众是饭店的重要目标公众？
4. 饭店公关人员应该如何协调和员工的关系？
5. 饭店公关人员应该如何协调和顾客的关系？
6. 饭店公共人员应该怎样协调和新闻媒介的关系？

第五章　饭店公共关系传播

学习目标

知识目标

1. 熟悉大众传播的含义与特点；
2. 掌握主要大众传播媒介的特点；
3. 熟悉新闻传播的特点及展开步骤；
4. 了解人际传播与组织传播的形式与特点；
5. 熟悉饭店公共关系广告的特点与类型；
6. 掌握饭店公共关系广告的制作步骤。

能力目标

1. 能够在公共关系活动中运用人际传播、组织传播、大众传播进行有效的沟通；
2. 能够灵活运用饭店公共关系广告塑造饭店的形象；
3. 培养建立并维护媒体关系以及有效沟通的技能。

案例导入

如何做好酒店微信公众平台推广

酒店建立自己的官方微信公众平台已经成为酒店业的“新常态”。在全民网络时代，为企业形象宣传和市场营销推广，微信起到了一定的积极作用。当然，微信公众平台的开通，对酒店的经营能起到锦上添花的作用，但是如果指望它来扭转乾坤是不现实的！即使如此，看到某些酒店的微信文章点击率可怜巴巴地徘徊在两位数，也是相当失败的。想尽快地增加长期有效的粉丝量和点击阅读量也是有一定技巧的！结合我酒店官微成功和失败的微信文章推广，总结如下，以此与同行共勉，也许对于非同行也有借鉴意义。

增加微信阅读量和粉丝量，一个颠破不烂的真理是：内容取胜。以此为本，建议如下：

一、热点。你的受众群体最关注什么，你就整合发送什么，使受众成为你官微的粉丝，说白了就是你的微会员。近期微会员最关注的热点是什么呢？负责官微的人要多思考。成为你的微会员会享受到什么样的让利？会有什么样意想不到的惊喜？折扣和抽奖就可以死死地捆牢你的粉丝。

二、时效。每天推送文章的时效性很重要。什么样的节日推送什么样的内容，过了今天这个节日，明天就不存在了，再点击阅读还有什么意义呢？所以，提前关注时事、重大节日，甚至24节气，做好文章整合，实时推送，才会有人点击捧场。

三、新颖。微信功能及附属开发功能甚是强大。题材新颖是一方面，图片、音乐、动感配合也很重要。围绕微信开发的软件，诸如兔展、易企秀等可以作为补充使用，从各方面来讲都是很有创意和有益的。

四、实用。心灵鸡汤这类文章已经做烂，实用的生活小技巧和健康小常识是永恒的主题。偶尔穿插其中，也可以换换读者口味。而且这类短文的收藏率很高哦！

五、转发。自己酒店的官微，如果自己人不去转发，怎么指望别人来帮你宣传呢？所以，部门管理者要强调全体员工来转发自己酒店的官微，尤其是促销推广酒店活动的微信。大家必须齐心协力，才有宣传效果！

当然，十个字无法完全诠释酒店微信公众平台推广成功的渠道，每个酒店各不相同，用心琢磨，及时调整内容方向才能起到更好的推广效果！

（资料来源：http://www.hotel.hc360.com 慧聪酒店网，2015年03月10日，黄鹏岳）

思考：

1. 据2015年5月份的数据，微信的用户数量超5.49亿，并成为中国网民不可或缺的日常工具。那么，微信属于哪种公共关系传播媒介？

2. 酒店行业是否应该都开通自己的微信公众平台？该如何操作呢？

关键概念

传播 (communication)　　大众传播 (mass communication)

人际传播 (interpersonal communication)

组织传播 (organizational communication)

公共关系广告 (public relations advertising)

传播，作为饭店公共关系的三大构成要素之一，是连接饭店公共关系主体与客体这两个要素的桥梁。公共关系活动的过程，就是组织与公众之间进行信息传播和相互沟通的过程。饭店公共关系职能机构及其工作人员的预期目的能否实现，很大程度上取决于能否切实有效地创造和使用适当的传播手段。从公共关系角度来看，根据公共关系传播的方式和内容，其传播主要有三种类型，即大众传播、人际传播和组织传播。

第一节　大众传播

大众传播，主要是指职业信息传播机构和人员通过广播、电视、电影、报纸、期刊、书籍和网络等大众媒介和特定的传播技术手段，向范围广泛、为数众多的社会人群传递信息的过程。大众传播是随着科学技术的发展而实现的远程通信与大批复制信息的技术。它使信息传递的规模和速度空前发展，它一经产生就成为社会发展的强大动力。

一、大众传播的特点

（一）传播主体高度专业化

大众传播是一种有组织、有计划的活动，其传播者往往是一个拥有现代化传播媒介的组

织机构，比如报社、电台、电视台等。传播者通常也以组织化的个人，如记者、编辑等形式出现，并由他们完成专业传播机构中的具体事宜。公共关系人员必须通过这种专门的传播机构来实现向广大公众进行传播沟通的目的。经过专业化的设计，传播的内容与社会观念、行为规范有着直接关系，加上多媒体媒介的运用，大众传播在社会上形成了巨大的影响力。

（二）传播信息大众化

大众传播是以满足社会上大多数人的信息需求为目的的传播活动。由于传播的对象众多，覆盖面广，传播信息为背景各异的公众所共享，因而大众传播具有其他传播形式所无法企及的广泛渗透力，受传者可以根据需要进行选择，决定拒绝或接受。

（三）传播手段技术化，传播信息迅速

大众传播借助现代信息工程技术、现代化的高科技设备，把在短时间内搜集到的大量信息以最快的速度复制出来，传递出去，让最广大的公众分享信息。传播的速度非常迅速，社会影响面非常广泛，其影响的深度也不可低估，常常能达到改变公众观念和态度的作用。

（四）传播的目的具有不确定性

与人际传播和组织传播相比较，大众传播的传播者与受传者之间距离较远，传播者难以确切了解受传者的意见，很难满足每一个受传者的要求。信息源来自专门的传媒机构，大众只能在被提供的范围内进行选择，信息接收具有相当的被动性，这样，传播者有时很难完全实现自己的既定目的。

（五）信息反馈缓慢、间接

大众传播是一种单向性很强的传播活动，覆盖面极广，受众多且分散，难以建立程序化的信息反馈渠道。虽然公众可以以读者来信、电话、短信等方式参与一定的信息交流，但毕竟涉及面太窄，而且大部分反馈还是事后的，即时性和直接性较差，并且大众传播的效果需要较长时间验证。

（六）传播信息的商品属性

大众传播作为生产信息产品的产业，其产品价值必须通过市场得到实现。大众传播这种市场运行机制，决定了它是一种有偿的信息传播过程，一方面公众获取信息需要支付相应的费用，另一方面组织需要通过大众传播来传递与交流有关信息时也需付出大量成本，这在一定意义上限制了大众传播信息影响的强度。

二、主要大众媒介的特点

大众传播媒介是开展公共关系活动的主要中介体。大众传播媒介主要包括报纸、杂志、广播和电视。这四大媒介可分为两大类：印刷媒介和电子媒介。报纸、杂志称为印刷媒介；广播、电视称为电子媒介。它们向大范围内的公众传播各种信息，对公众产生广泛的影响，具有报导、教育、娱乐等多种功能，而不同的传播媒介由于具有不同的特性和效能，也就会给传播活动带来不同的效果。它们都具有各自的优势和不足。如果二者配合使用，形成优势互补，将能最大限度地发挥优势。网络是最新兴的一种传播媒介。据中商情报网讯：2015年1—3月，移动互联网用户总数规模近9亿户，使用手机上网的用户数再创历史新高，总数达到8.58亿户。目前网络传播和网上公共关系成了国际公共关系界的一个新的热门话题。

（一）报纸的特点

报纸是以刊登新闻为主的定期连续地向公众发行的印刷媒介。报纸作为一种信息传播

的媒介，将人与人、社会各组织联系了起来。报纸的基本特点是内容新、涉及面广、读者最多，是影响面比较广的文献信息源，可见报纸在信息传播中不可忽视的影响作用。

(1)报纸在信息传播中的优点：①报纸传播的信息量大，公众对报纸上的信息有选择性。②报纸不受时间范围和地域范围的限制，读者携带方便，可随时随地接收信息。③报纸以多种新闻体裁传播信息，可给公众以深刻的印象和记忆；报纸可以运用文字将信息化作不同的体裁，可繁可简，可深可浅。④报纸可以使公众重复地接收信息。报纸通过文字记载了信息，并有时间系列，公众感兴趣的信息可以几次重复阅读，以便加深理解。同时，报纸上的信息资料便于查找和检索。⑤报纸可以提高信息传播者的威信与信息的影响力。

(2)报纸在信息传播中的不足：①报纸对读者的文化素质和识字率有一定的要求，文化水平较低的读者可能对报纸所传递的信息的理解有偏差。②接收信息的公众有一定限制，有的公众愿意接受视、听媒介的信息，不习惯阅读报纸。③报纸传播信息的速度较之电子类媒介慢。报纸是印刷品，受出版周期、发行环节和印刷条件、交通运输条件的限制和制约。④报纸传播信息的生动形象不足。

(二)杂志的特点

杂志也称期刊，是文图并有定期书刊的印刷媒体。

(1)杂志在信息传播中的优点：①杂志本身有一定的专业性，各有特定的读者。与报纸对比，杂志有其相对固定的读者公众，因而传播的信息针对性强，易于根据公共关系的目标公众传播信息。②杂志可以容纳较大的信息量。③杂志有长期保留信息的价值。因为杂志具有学术性质并涉及广泛的知识领域，有可供长期运用的资料，一般读者愿意保存起来以备查找。④杂志的印刷质量较高，图文并茂，感染力强，对读者产生比报纸更大的吸引力和感染力。

(2)杂志在信息传播中的不足：①传播信息的速度较慢。杂志都有一定的出版周期，如月刊、双月刊、季刊等等。它反映的是该周期的信息，不能及时反映当时的信息。②杂志的专业性强，限制了公众的传播范围。③杂志在形象地反映信息方面有一定的限度。

(三)广播的特点

广播是以无线或有线广播所传送的声音为媒介的一种信息传播工具。广播作为一种传播信息的工具，在当前的世界上已相当普及。

(1)广播在信息传播中的优点：①传播迅速，覆盖面广。②以语言和声响作为传播的主要手段。③传播方式灵活。④成本低廉，最易推广，而且收音机是最普通的传播媒介，易于购置。

(2)广播在信息传播中的缺点：①广播传播信息稍纵即逝，听众稍不注意便无法找寻，内容无法保存。②有效利用的电波频道总是有限的，不能像使用印刷机那样，可以无限量地增加。另外，听众自由选择节目的范围毕竟有限，不能任意改变收听的时间、顺序，比较被动。③广播通过音响传播，没有图像，不能展现图片、图表和形象，在这方面不及报纸、电视和电影。

(四)电视的特点

电视被认为是人类至今发明的威力最大的一种大众传播媒介。随着人民生活水平的逐渐提高，电视拥有量将与日俱增。

(1)电视在信息传播中的优点：①电视使观众可以兼收声色之美与视听之妙，能给观众以真实和亲切的感觉，最接近面对面的个人传播，最给人以现场感，使人觉得身临其境，增添了电视新闻的可信性和权威感。②电视传播速度快，在时间上具有播放的同时性，在空间上具有同位性，电视节目能掀起巨大的社会舆论。③电视将多种艺术手法熔于一炉，博采各种新闻媒介之众长，综合地运用文字、图片、动画、电影、声响等各种技巧。

(2)电视在信息传播中的缺点：①电视传播稍纵即逝，没有记录性，不便查找。一般家庭没有录像设备，因此，信息不易保留。②观众的选择余地小，电视播放的时间和内容都是既定的，固然有临时增删内容的自由，但总的说来，观众处于被动收看的地位，观众选择的机会很少。③电视节目从制作到播放，耗时费时，不能迅速将信息变为节目；另外，播放、接收的设备比较昂贵。

(五)网络的特点

自 1994 年 10 月 4 日，美国著名的《热线杂志》首开网络广告先河以来，网络广告就迅速席卷欧美大陆，成为当今欧美国家最为热门的广告宣传形式，并且正在迅速地扩展到世界其他国家和地区。随着中国网络用户的增多，电子商务的迅猛发展，网络广告也将高速度阔步向前，而微信、微博、APP、手机端官网构成了酒店移动互联网布局的基石。

(1)网络在信息传播中的优点：①网络媒体具有很好的开放性以及很高的信息共享度，普通的网络使用者都可以为互联网络提供信息，它承载信息的扩充性是无限的。②网络媒体具有便捷检索性和互动性，人们在浏览互联网查阅信息时，最直接的好处就是根据自己的需要去主动地查找信息资料，各取所需，受众可借助交互工具发表自己的看法，回馈给传播者。③互联网打破地域的界限，具有极为广泛的传播面。④网络媒体兼具信息传播的同步性与异步性。⑤网络媒体还具有极强的时效性，很多大的新闻事件，反应最快的常常是网络媒体。⑥网络媒体是将文字、图片、声音、影像视频数据等多种信息形式融合在一起的综合信息传播方式。⑦网络媒体的信息发布过程简易，运营成本低廉。

(2)网络在信息传播中的缺点：①网络媒体的新闻仍是以转载为主，原创稿件较少，权威性小。②有用、无用甚至无关的信息堆积在一起，让受众眼花缭乱。③过于追求时效性的同时，使网络媒体信息发布语言不精炼、要旨不突出，量大而质差。④阅读网络媒体，前提是电脑、网线或无线网卡，缺一不可，门槛较高。

【阅读材料 5-1】

张强：酒店微信营销九大心得

2014 年被界定为传统行业互联网转型的元年。在此背景下，包括酒店在内的商家纷纷瞄上了具有渠道资源属性的“微信”，这是传统行业在互联网思维冲击下做出的一次转型尝试。

日前，迈点网在酒店业内发起“酒店该如何开展微信营销”的讨论，各位业内精英纷纷建言献策，分享各自心得。本人所从事的酒店，早在 2012 年就建立了新浪微博及微信平台，通过两年的运营，对此略有心得，愿和各位业内精英探讨。

1. 酒店为什么要建立微信平台？

首先，微信平台具有零成本品牌宣传、营销推广的绝对优势；其次，微信平台以朋友圈的形式传播，可快速获得本地客户资源的关注，以及间接实现粉丝积累；最后，微信平台具有将粉丝转化为会员（消费者）的能力。一言撇之，微信平台具有商业价值产出的潜力。

2. 微信粉丝和微信会员有什么区别？

微信粉丝并不等于微信会员。粉丝只是关注者，会员才是潜在客户。客人通过关注酒店微信账号，即成为酒店微信粉丝。而酒店吸纳粉丝的目的，是为了获得粉丝更多的信息，并将其发展成为会员。于是，酒店微信要求粉丝须通过姓名、联系方式等数据信息的注册，才能成为微信会员。粉丝成为会员后，可享受酒店提供的注册礼包及其他优惠折扣待遇。

3. 微信粉丝为什么要成为你的微信会员？

从消费者角度看，没有任何好处，我为什么要关注你，为什么要传播你，为什么要参与你？没有利益诉求，消费者是不可能向酒店交换个人信息的。酒店大多会以打折促销、派发代金券、发布优惠活动、抽奖、会员积分等方式，引导并刺激粉丝注册为会员。

4. 微信会员和实体会员是否需要区别对待？

这是一个最容易发生分歧的问题。很多人认为，酒店实体会员是在有大宗消费、经常性消费、储值性消费背景下才产生的；而微信会员是在没有任何消费背景的情况下，仅凭关注企业微信平台、注册姓名和联系方式而成为的，从这个角度看，微信会员有点“干指头蘸盐（空手套白狼）”的意味，所以，酒店在给微信会员的待遇上远远差于实体会员。

这样做有问题吗？似乎没有问题。可是，换位到微信会员的角度看，如果我在你的微信平台上订房、订餐，远没有携程、艺龙等平台订房便宜，那么我为什么要成为你的微信会员？

我们知道，实体会员客户体系的建立经过了培育、筛选、沉淀这样的过程，同样，微信会员也必然会经历这样一个过程。相比之下，微信会员发展的优势是覆盖面广，而其劣势则是各种消费能力的微信会员都将存在，其中也不乏僵尸类，含金量不高，目标客户不易确立。

出现这种问题的根本原因在于酒店发展微信会员的定位。如果是撒网式发展微信会员，求多多益善，这种现象自然不可避免。如果是定向发展微信会员就不一样了，比如，将实体会员、协议类客户资源发展成首批微信会员。我们知道，微信会员是在朋友圈内传播信息的，实体会员及协议类客户资源的朋友圈，才是酒店寻找微信客源的目标市场。

要做到这一步，还需要解决一个问题，那就是要摸清楚你的销售骨干、公关业务人员的微信里，究竟有几个客户是微信好友？不突破这一点，发展微信会员可能将流于形式，流于口号。

5. 如何加强酒店微信公众号的影响力？

还是强调一下老问题，微信是在朋友圈内传播的。而第一批关注企业微信账号的，往往是企业内部人员。所以，微信的首次传播幅度，决定了微信公众号的影响力。换句话说，如果员工没有积极参与、热情转发，企业的微信营销就是空谈。

6. 酒店微信平台可以有多少功能？

酒店做微信营销的最终目的是商业价值的产出，所以，如果微信平台没有开通在线支付，不能实现在线订房、订餐，仅仅作为酒店新闻资讯、优惠活动的发布平台，这对于酒店微信营销来说意义不大，和酒店OA（办公自动化）系统几乎没什么区别。长此以往，自然会出现持续“掉粉”的现象。

微信服务号只要认证成功，就会有自定义表单；而订阅号要实现自定义表单，必须实现关注用户500人以上（酒店发展500人关注并不难）。

很多酒店都会在服务号平台进行二次开发，即开发酒店微官网、订房系统、订餐系统、微社区、互动游戏等功能。微官网平台的功能越多，微信营销的方式也就越灵活。出于系统安全方面的考虑，酒店也许不会让微信订房和酒店订房系统打通，这就需要设置专人专岗，负责跟进微信预订服务，及时回复微信会员的预订信息。通过以上这些工作，基本实现微信"营"与"销"的结合。

7. 微信营销最核心的内容是建立会员体系。

开展微信营销的目的是拓展营销渠道，实现会员发展和积累。微信会员的实际消费是微信营销的最终目的。如何不掉粉，不流失会员，取决于微信平台解决"粉丝黏性"的能力。

解决"黏性问题"，各酒店根据自身的业务形态，手段也多种多样，常见的方法为：会员积分计划、代金券发放计划、优惠券派送计划、礼品券抽奖计划，以及积分兑换政策。通过以上方式，可以起到提高粉丝黏性、周期性唤醒消费的作用。

酒店微信会员系统还应有相应的消费跟踪、管理功能，便于酒店综合分析各项数据，掌握消费者的差异化需求，及时调整各类营销措施。

微信会员卡还应该与实体会员卡打通，彻底实现实体会员即时享受酒店促销性优惠活动，同时创造微信会员向实体会员转化的可能。微信会员与实体会员是辩证统一的关系，两者并不矛盾，只有做到这一点，微信会员的发展才会有意义。

8. 酒店微信公众号能在消费者手机上存在多久？

自微信被传统企业运用以来，很多企业的实际操作都走进了"微信平台是资讯平台"的误区。诚然，在微信平台发布企业文化信息、优惠活动信息没有问题，可以起到宣传推广的作用。我们常常会基于常理而做出错误的判断，比如，我们认为微信内容应该对消费者有实用价值，基于这样的判断，传统企业的微信平台里经常出现心灵鸡汤、天气预报、社交新闻、搞笑段子等信息。企业为了最大范围地收获"朋友圈"的关注，发布的信息远远超越企业自身能提供服务的范围。

试问，一家酒店的业务和"心灵鸡汤"有多大关系？

消费者关注你，是为了发现对自己有价值的东西，通俗地讲，就是了解可以收获什么样的好处。消费者关注酒店，更在意的是酒店的产品和价格，而不是满手机飞的"心灵鸡汤"。

再次强调，微信账号在消费者手机上存在的时间，和酒店的会员管理政策有直接关系。微信的后台管理系统可以看到粉丝增减的相关数据，每天的掉粉现象，就是在提醒酒店，你的业务跑偏了！

9. 微信营销与酒店去OTA(在线旅行社)化的路有多远？

很远！对于单体酒店来说，更远。

首先，我们应该正视微信对于酒店营销的实际作用。说破天，它也只是酒店实现分销渠道的一次尝试，虽然它有十分广阔的前景，但这种依赖腾讯微信对于在线支付的安全保障、企业开展微信营销活动的技术支持和舆论造势，只有消除消费者安全保障方面的顾虑，大环境下消费者逐渐开始接受运用微信订房、订餐，微信营销的爆发力才会有具体体现。

其次，OTA享有的渠道资源、商家资源、客户资源在短时间内不可能被微信等自媒体取代，OTA也不会对企业微信营销行为坐视不理。百度糯米的零佣金、携程的预付买断房间数计划，都将影响酒店微信等自媒体渠道的发展。

可喜的是，酒店目前不但可以充分利用好OTA的渠道资源，还有机会扎实开展微信等自媒体的会员发展。

（资料来源：迈点网，2015-02-07，张强）

三、新闻传播

公共关系中的新闻传播，是一种覆盖范围最广、传播速度最快、最具有可信性的传播手段，也是一种与政治、文化、经济等社会生活的各个方面联系最紧密的传播形式，同其他传播手段相比，它对传播对象的吸引力是其他手段无可比拟的。这是由新闻的社会地位和其自身的特点所决定的。因此，了解有关新闻传播的意义、特点，熟悉新闻传播的操作过程，学会自觉地运用新闻媒介进行新闻宣传，是每一个公共关系工作者必须掌握的基本功。

（一）新闻在公共关系传播中的特点

对于公共关系传播中的新闻宣传，按照组织公共关系的目标和组织在公共关系中的新闻宣传的实际内涵，新闻在公共关系传播中的特点如下。

1. 公开性

一个组织在公共关系中的新闻宣传，应该从宣传的深度和广度两个方面去追求最大的社会效益，提高组织的知名度和美誉度。这种宣传必须是面向大众和社会的，并且受众人数越多越好，越广泛越佳。

2. 真实性

抛开新闻本身的规律，从新闻受众的角度来看，他们接受组织的新闻宣传是为了了解组织的真实面貌，以便选取对策，决定行动；而如果组织任意夸大或缩小、扭曲事实，不仅达不到希望的知名度和美誉度目标，反而是对受众的欺骗和伤害，会产生副作用，使组织的声誉丧失殆尽。

3. 针对性

新闻就总体来说是面对整体公众的，但在公共关系中，就组织需要的某一特定的新闻而言，却又是针对不同的公众的。组织传播的新闻不能不顾自己的公众对象的差异而千篇一律，而应该有的放矢，根据特定公众对象的心理兴趣和生活需要来确定该说什么，怎么说，说到什么程度。

4. 时宜性

新闻的基本特点是要求“新”，追求时效是新闻竞争的主要方面之一，因而，公共关系新闻传播也要力争在第一时间内将组织的信息迅速传达给公众，通过新闻的及时传递，以达到最佳的宣传效果。但同时新闻宣传又不是唯时间性的，还要把握时机性，要与组织的实际目标相配合。

（二）新闻活动的展开

1. 公关新闻传播的基本原则

（1）目的性要明确

所谓目的性，也就是在新闻的传播之前要知道新闻传播的内容所要达到的目标。应根据这个目标来进行新闻的策划、发现、写作、传播。

（2）了解传播对象

要了解传播对象的范围、年龄、性别、职业等自然客观情况，也要了解传播对象的文化程度、经济状况、素质修养等主观情况。应让公众接受你传播的信息，并对这些信息产生认

同感。

(3)熟悉本组织情况

如果对本组织的情况了如指掌，就能随时抓住新闻由头、新闻事件进行及时传播，而且还有可能深入发掘新闻事件的内涵，最大限度地利用组织的新闻资源。

2.公关新闻传播的内容确定

每一个要着意进行新闻传播的组织，都不可能把组织的所有信息、所有情况都不加选择地和盘端给新闻媒介，传播给大众，而是在一般情况下都要对所要传播新闻的内容进行选择和确定。就是特殊的情形，比如组织无法控制的、让新闻媒体进行批评的报道和不利于组织危机的新闻传播，事后也要想办法补救，补救的内容则更要精心地选择确定。因而，新闻传播的内容选择如何，就构成了公共关系新闻传播中最重要的内容。新闻传播内容的选择和确定，主要应该注意以下几个方面。

(1)有利于组织社会形象的内容

凡是有助于社会公益事业、有助于社会公德建设、有助于社会道德推广发展的新闻事件，有利于组织树立良好社会形象适宜进行传播的内容，都应该纳入新闻传播时的选择范围。

(2)有利于组织知名度的内容

只要组织发生了有利于知名度提高的新闻事件，就要及时和媒体沟通，迅速传播。

(3)有利于组织品牌推广的内容

每个组织都会创建自己的品牌，组织形象和品牌形象几乎不可分割。因而，只要有利于品牌推广的内容，也必须作为传播的重点。

(4)有利于展现组织优势的内容

组织的新闻传播内容要在凸显其优势特点上下功夫，通过独特的内容角度来让社会知晓自己的优势特点，从而让公众了解组织，信任组织，支持组织，选择组织。

(5)有利于组织美誉度形象的内容

美誉度是组织形象的更高一层的传播，美誉度越高，组织发展的空间就越广阔。

(6)有利于组织文化内涵形象的内容

企业文化是以组织整体价值观为核心的规范总和，有极其丰富的内涵，它反映组织内部的工作关系和特有的价值观。通过媒介传播让社会和公众了解组织的文化内涵，也让组织内部的员工形成自己的文化内涵，对于组织的形象推广具有十分重要的意义。

3.公关新闻传播的时机把握

时机把握得好，可以使公共关系活动或传播的内容引起公众的注意，激起公众的兴趣，使组织形象更具迷人的魅力。一般来说，公共关系新闻传播的时机有以下几个方面。

(1)遇到庆祝和纪念日时

组织遇到如庆典、更名、合并、搬迁、获得荣誉和成就等等的日子，借此开展各种刻意创新的公共关系活动，并借机传播，就会使组织的形象更具影响力。

(2)推出新产品、新服务时

公共关系人员必须抓住推出新产品、新服务的时机，向公众大力介绍和宣传新产品、新服务。在提高新产品、新服务知名度的同时，也提高了组织的形象，让新产品、新服务和组织一起在公众脑海里留下深刻的记忆。

(3)在组织知名度不高或下降时

公共关系人员必须抓住时机开展有效的公共关系活动制造轰动的新闻事件，以创造良好的社会效应，提高组织的知名度，扩大产品销售。

(4)组织出现失误或被公众误解时

公共关系人员必须在突发危机事件时主动积极出击，采取措施进行矫正性公共关系活动，并大力传播，以挽回声誉，重塑形象。

(5)遇到一些重大社会活动时

在遇到重大的政治、军事、经济、科技教育、文化体育活动等新闻事件时，公共关系人员要提高敏锐性，随时捕捉这种天赐良机，充分地利用这些机会扩大自己的知名度，提高自己的美誉度，树立或强化自己的形象。

4.公关新闻传播的策划新闻

新闻策划与策划新闻是两个不同的概念。新闻策划是从新闻本身如何进行报道的一种规划，只不过这种规划比较实际、比较有新意而已，而不介入新闻事件的过程，不对新闻进行参与。而策划新闻则直接介入了新闻的过程，参与了新闻的发生和发展，让新闻按自己的需要、自己的意图来发生。策划新闻是一种设计如何发生新闻，控制新闻如何变化的策划。说白了就是让新闻按照自己的需要、自己需要的时机来发生，以吸引新闻媒介报道传播来推出的新闻“制造”活动，也有人称作“媒介事件”。对于一个急于宣传自己的组织来说，如能不断地制造一些新闻，让媒介为自己进行免费的宣传，是传播中的上策。策划新闻的层面可以从宏观、中观、微观上来入手。

(1)策划新闻的宏观层面

要在最大的范围内从政治、社会、公益等公众特别关注的事件入手，例如赞助公众关心的社会公益事业，与这些方面发生最大的关联，最大限度地吸引媒介，以找到最佳的传播载体。

(2)策划新闻的中观层面

要在较大的范围内，最巧妙地把组织的目的融入极具社会公益性的事件之中，以引起较大范围内的媒体关注并传播，在提高组织社会形象的同时，也提高了其产品的形象。

(3)策划新闻的微观层面

在一定的范围内，确定某一具体的特定事件或活动，作为新闻报道的切入口和突出的亮点，以获得在一定范围内对新闻媒介的吸引，赢得在一定范围内的新闻传播，以提高组织的公众知晓和信任度。

5.公关新闻传播的媒介选择和运作

现代世界媒介成了人们须臾不可离的工具。对于一个组织来说，在进行新闻传播时，选择什么样的媒介是很有讲究的。媒介选择适合，就会以最低的代价达到组织最高的目标；反之，就会以极大的投入而收效甚微。应根据不同环境、不同地域、不同时段、不同目标等情况，进行不同的媒介选择。

(1)根据目标选择不同地域覆盖范围的媒介

人民日报等全国性的媒介，其覆盖范围是全国性的；各省、市的机关党报、经济类报，覆盖的范围是某一省、市的区域性的；行业、专业类的媒介范围是条条性的纵向覆盖；晚报类的媒介覆盖面是以市民为主的区域性群体。除了特殊的需要，一般的媒介选择应当是当地媒介，特别是与公众联系广泛，能进入家庭的媒介。

(2)根据实际需求选择不同形式的媒介

媒介的形式很多，前面已有介绍，选择什么形式的媒介也要首先看组织的实际需求。

(3)根据目标人群定位媒介选择

例如比较专业的信息，就要选择专业类的报纸杂志；面对市民和最广泛的大众的信息，就要选择晚报类进入家庭的印刷媒介、最普及的电视媒介等；需要政府关注的信息，最好选择党报类媒介；针对特定人群的信息，就要选择特定的媒介。如针对妇女的要选择时尚杂志、家庭杂志，电视报刊、娱乐报刊，电视综艺节目栏目、煽情的电视剧时段等媒介；针对儿童的，要选择儿童类报刊。

(4)综合运作媒介

媒介虽然有分类，但对于组织来说，并不是要固定到一种或一类媒介上进行传播，而是要对媒介进行组合、综合运作，以求达到最大的目标。

第二节 人际传播与组织传播

一、人际传播

人际传播又称人际沟通，是指个体与个体的沟通交流。这种信息间的交往即我们日常讲的“人际交往”、“人际关系”，这是最常见、最普遍，渗透人类生活一切方面的一种最基本的传播方式。这种方式方便易行，不拘条件，而且效率高，所以被人们广泛使用。

公共关系需要的主要是群体之间关系的建立。但是在公共关系工作中，公共关系人员也不总是面对整体意义上的公众或社会组织，因为任何一个群众和组织都是由个体组成的，对每一个公众的重视和传播从来都是公关工作的起点，赢得每一个社会公众的认可，进而形成整体意义上的公关规模，是公关工作的基本规律。因此，公关人员虽利用人际传播方式，但并不意味着是一种私人性质的交往活动，而是作为一个社会角色和组织的代表来从事人际传播活动。

(一)人际传播的特征

1. 情感性

这是就面对面的人际传播而言的。在这种情况下，人与人的传播可以察其颜，观其行，而且表现形式灵活多样，加之表情和动作，很富有人情味。对受传者而言有身临其境的感受，在传播者情的感染、理的引导下，很容易使双方形成共鸣，产生共识。这就为传播、沟通的成功奠定了心理基础。从这个意义上说，人际传播是一种高质量的传播活动，尤其是在说服和沟通情感方面，其效果要优于其他传播形式。

2. 快速性

这是就人际传播的反馈而言的，传播和反馈速度都很快，最能体现传、受双方互为信源、信宿的循环式传播特点。在这种传播中，每一个个体既是传播者又是受传者，一方发出信息的同时也接收对方的反馈。

3. 灵活性

人际传播是一种随时随地的传播，在时间和空间上都有很大的自由度，并且传播者可以随时得到受传者的反应，及时调整传播的内容、态度和方式，并且随时明确自己的传播效果和直接影响。所以组织或个人处理重要而紧迫的事情，一般都采取面谈的方式，就是借助人际传播这一优势。

4.针对性

人际传播因为是针对具体对象的，所以往往目标明确，传播双方都具有明确的自我意识和对象意识，他们都清楚自己的身份特点和对方的身份特点，可以根据不同的具体个人和具体特殊的环境展开传播。

5.局限性

人际传播的范围小，在较短时间内不可能引起较强的社会反响，不宜用于扩大组织知名度的公关传播。因此，人际传播适合“点对点”的深度信息交流。当信息需要大面积告之时，应运用其他传播形式。

（二）人际传播的类型

人际传播有两种类型：一种是直接的人际传播即面对面传播；另一种是间接的人际传播即非面对面传播。

面对面传播是人们之间亲身的、直接的信息交流，包括语言传播（如说话、讨论、演讲等）和非语言传播（如手势、感情、姿态等）。在大多数情况下，这种面对面传播中的语言传播和非语言传播是互相补充、交替使用的。

非面对面传播是指传播者与受传者之间使用文字媒介（如书信往来、图片等）、电子媒介（如电报、电话、录音机、录像机等）进行信息交流的一种传播形式。随着现代科技的发展，这种人际传播形式表现得越来越突出，在公共关系活动中也经常发挥举足轻重的作用。公关人员要格外注意对这种传播的控制和引导，否则也会带来公关危机。

（三）人际传播对社会组织的作用

1.有效的人际传播是培养组织内部“家庭氛围”的必备条件

如果人际传播和沟通工作做得好，就能够形成和谐、融洽、一致的人事环境，使人们感到置身于组织中就犹如置身于自己的家庭中一样，把组织当成自己的家，从而形成良好的家庭氛围。

2.有效的人际传播是增强群体凝聚力和向心力的重要因素

在一个组织里，通过有效的人际传播和沟通，可以营造和谐、融洽的人际关系，从而使人们健康合理的心理需求得到不同程度的满足，个人心情舒畅，群体宽松和谐，组织的向心力和凝聚力不断增强。

3.有效的人际传播是提高工作效率、实现人生价值的内在要求

如果人际传播和沟通搞得好，大家相互配合，群策群力，心往一处想，劲往一处使，必然有利于提高工作效率，从而也就为人的价值实现创造了条件。反之，不善于人际传播和沟通，人与人之间猜疑、妒忌、冲突，把大量的精力浪费在错综复杂的人际内耗中，势必影响工作效率的提高和群体目标的实现，同时对个人的价值实现也形成了极大的障碍。

（四）人际传播的基本技巧

有效沟通，是公共关系活动中进行人际传播的基本目的。而有效的人际传播需要根据人际传播特点以及组织与公众的特点来进行。公共关系中运用人际传播技巧应注意以下几点。

1. 以开放、平等、积极的心态和行为进行人际传播

所谓开放，就是对人讲心里话，坦率诚恳地表白自己。另外，平等地进行人际传播也是实现良好沟通的重要一环。与人际传播的平等性同样重要的是人际传播的积极性。公共关系人员只有对公众表现出积极的关切，才能够培养出人际传播的良好氛围。

2. 全面正确地运用人际吸引的手段

人际传播中，恰当地运用人际吸引手段是取得成功的重要方面。首先，应根据人们态度的类似性进行人际吸引。其次，应根据人们交往的互补性进行人际吸引。第三，应通过提高交往的频率提高人际吸引力。一个人对他人的接触次数越多，就越容易加深别人对他的印象和了解。

3. 顺应人际传播特点

人际传播有着区别于人类其他传播形式的共同点和区别点。在人际传播过程中，应当顺应这些特点实施和操作。这种在人际传播中的随机应变，有利于提高传播的有效性。在人际传播过程中，应当根据组织需要和公共关系计划的需要，在实施过程中，不拘泥于固定的时间和地点限制，只要有利于传播内容的传递就应当扩大人际传播场所，利用各种适当的时间，不失时机地进行传播沟通。

二、组织传播

组织是人们依照一定的规范和目的所进行的社会组合。它是公共关系的承担者、实施者、行为者。组织作为公共关系的主体，需要把自身的公共关系行为和公共关系机制通过一定的可控制的职能系统体现出来，使公共关系按照组织的总体目标和需要发挥作用。任何组织都是一个传播主体，都具有传播的功能。组织传播是通过组织所控制的媒介与公众进行的信息传播活动。它是具体组织或社会固定机构所展开的信息活动。其具体形式包括展览、庆典、广告、文体活动和具体宣传等公共关系专题活动。在公关范围内的组织传播往往是传播主体即社会组织与其成员及环境之间的信息交流和沟通活动。

（一）组织传播的特点

1. 传播主体的组织化

组织传播的实施者是组织机构而非个人。传播活动受组织目标和计划的制约，为组织的利益服务，是组织经营管理的一种手段。组织传播的内容也是体现组织意志的信息。

2. 传播对象广泛

组织传播的对象比人际传播更为复杂和庞大，既有内部的沟通对象，又有外部的公众环境；既有近距离的沟通，又有远距离的沟通。无论哪一种距离的沟通，无论公众的规模有多大，组织传播都是在具体目标制约下有选择地施加影响于特定对象的过程。

3. 组织内部的传播活动具有双重性

组织在内部信息传播活动中，同时存在着正式的组织传播和非正式的人际沟通形式。正式沟通以正式传播的方式达到主要目标；非正式沟通则以情感为润滑剂，辅助正式沟通形成富有弹性的人际沟通环境，从而达成组织目标的最大化实现。

4. 组织外部的传播形式多样

由于面对的外部公众各式各样，组织在传播过程中必须综合运用人际传播、小团体传播、公众传播和大众传播等方式，组织可以出面举办演讲会、展览会、报告会、新闻发布会、记者招待会、联谊活动、展销活动等，广泛开展传播活动。

（二）组织传播的类型

1. 组织正式传播

组织正式传播是指以正式组织形式，或较为正规的组织形式进行的传播，是为工作进行的沟通，具有明显的贯彻组织意图，服务于组织某种任务或目标的色彩。这种类型的具体传播方式较为多样化，既可以通过文件、指令方式来进行，也可以通过座谈会、汇报会方式来进行，还可以通过班组会等方式进行。

2. 组织非正式传播

组织非正式传播是指组织内不按“职能路线”进行的信息传播活动，是以感情沟通为着重点的传播行为。新型的工作关系是一种有着坚实感情基础的关系。联络感情的方式多种多样，目的都在于增进相互了解，密切人际关系，避免或缓解人际冲突。

（三）组织内部传播的主要形式

以组织内部信息沟通为主要内容的组织传播，从传播方向和流通走向上看，主要有三种形式。

1. 自上而下的传播

这种传播是指透过组织内部的各个层面，组织上层决策信息往下传递的过程。组织的规范、传统，领导者的权威大多是靠这种自上而下的传播来维持和发展。自上而下的传播一般是通过一定的媒介来进行信息交流。

2. 自下而上的传播

这种传播是指在组织中，下级人员向上级表达意见和态度、反映情况、汇报工作的过程。这种传播主要通过两种途径：一是组织成员或下级部门定期或不定期地以书面报告、口头汇报方式向上级传递信息；二是上级领导以召开会议或亲临现场的方式，向下级部门或组织成员索取信息。

3. 横向传播

这种传播是指组织内部机构之间、成员之间的同级同类的横向信息交流，例如部门之间、科室之间、车间之间、班级之间、员工之间的信息交流。这种交流是协调关系和行动、解决实际工作中的问题的有效渠道。同时，这种传播交流与前两种相比，有简化办事手续、节省交流时间的优点，亦可提高工作效率，并有助于培养组织的集体主义精神和建立组织成员之间的亲密关系。

在实际公共关系工作中，组织传播的这三种形式时常交替进行，共同构成组织的一个有机信息传播网络。三种传播形式相辅相成，互为反馈，对组织既定目标的实现及发展前途产生直接影响。

（四）组织传播的功能

1. 内部功能

这是组织的一项基本功能，主要表现为以下几方面。

（1）激励功能

通过组织传播，调动员工的工作积极性、学习积极性和参与积极性，激励员工把组织的目标看成是自己的目标。

（2）导向功能

社会组织通过准确及时和充分地传递命令或指示，使员工对自己的职责有明确的方向感和责任感。

(3)应变功能

社会组织及时传递信息，使自身能更好地适应内、外部环境的变化。良好的组织传播，能对社会环境的变化及时、适度地做出反应，并采取相应的措施。

2.外部功能

组织传播不仅具有创造舆论、告知公众，强化舆论、扩大影响和引导舆论、控制形象的宣传推广功能，而且还具有开展社会沟通、建立和谐环境的协调功能。

(五)组织传播的要求

1.排除组织障碍

组织障碍就是组织中妨碍人们有效沟通的不合理的组织结构。主要的障碍有传递层次过多、信息传递单向、信息通道不畅等。排除这些障碍，就应对症下药：在组织机构上减少层次和环节，保证信息沟通的及时性和准确性；着力健全多种信息传递渠道，下级善于向上级发表意见和建议，上级善于听取下属的意见和建议；建立畅通的信息渠道，固定与明确传播通道、途径。

2.建立信息网络

把组织内部的正式渠道与非正式渠道结合起来，形成大容量的信息网络。具体来说，既要建立健全依托组织机构的“官方”信息传输线路，又要利用组织之间不以职位所拘束的“民间”信息联系线路。

3.提高传播技巧

在组织传播中，要经常利用对话、开会、访谈等传播方法，上下级之间、同事之间、管理者和直接劳动者之间展开交流沟通。交流的最大技巧就是开诚布公，尊重他人，平等待人，以诚待人，客观公正，努力构造组织内部成员之间畅所欲言、知无不言、言无不尽的氛围。

第三节　饭店公共关系广告

现代社会中，广告无处不在，报纸杂志、广播电视、互联网络、手机短信、路标路牌无不渗透着广告的痕迹，广告通过它特有的无所不用其极的方式将大量信息灌输到我们的大脑里。广告是商品经济的产物，也成为现代社会的一种重要传播方式，在社会经济生活中起着越来越重要的作用。公共关系广告是运用大众传播媒介沟通信息，宣传和塑造组织形象的一个重要形式。

公共关系和广告有一个共同的目标，就是树立组织的良好形象。因此，人们需要正确认识其功能和价值，并在公共关系传播活动中借助广告来营造组织的美誉度和扩大组织的知名度。美国市场营销协会(AMA)给广告下的定义为：广告，是由可以识别的倡议人用公开付费的办法，对产品、服务或某项行动的建议、设想进行任何形式的、非人员性的介绍。饭店公共关系广告是以广告的形式开展公共关系工作的一种方法，目的是通过广告提高饭店的声誉和知名度，建立良好的形象。

一、饭店公共关系广告的特点

广告分为商业广告和公共关系广告。商业广告是一种增进公众对组织某种产品或服务的了解，促进产品销售的广告。公共关系广告则是一种设法增进公众对组织的总体性了解，提高组织知名度和美誉度，使组织活动得到公众信任与合作的广告。它们都是进行公共关系宣传、树立组织形象的方式，都需要支付一定的费用，通过购买大众传播媒介的使用权来传播广告信息。以下分析饭店公共关系广告与一般商业广告的主要区别，以找出饭店公共关系广告的特点。

（一）饭店公共关系广告与一般商业广告的主要区别

1. 宣传目的不同

饭店公共关系广告与一般商业广告的目的不尽相同。一般商业广告的直接目的就是推销产品，通过介绍产品各方面的情况，促进消费者购买，商业色彩明显。饭店公共关系广告则不直接劝说人们购买某种特定商品，而把主要目标放在宣传饭店上，使社会公众对饭店有全面的了解，以谋求他们对饭店的认可和赞许，获得良好的声誉。因此有一种说法指出了两种广告的区别："一般广告是推销商品，公共关系广告是推销组织。"也就是说，一般商业广告的目的在于使人购买商品，而饭店公共关系广告则是要创造购买的气氛。

2. 宣传内容不同

饭店公共关系广告在宣传的内容上也与一般商业广告有区别。一般商业广告直接性强，总是开门见山地列举产品的购买信息，如产品名称、商标、质量、功能、价格、购买方法和购买地点等内容，说服或煽动人们购买；而饭店公共关系广告则迂回性强，总是说一些看似与产品无关，仔细想来却又相关的话题，比如饭店的发展目标、经营方针、职工素质、获得的各种荣誉等组织形象方面的信息，间接地介绍饭店和产品，以获取公众的好感和信任。因而有人认为，一般商业广告旨在说服，饭店公共关系广告则意在教育和启发。

3. 宣传效应不同

一般商业广告诉求具有直接性和短期性，通过广告增加产品销售额、服务收入额、利润额等；饭店公共关系广告则追求间接性和潜在性，通过广告提高组织的知名度和美誉度，从而间接提高经济效益。一般商业广告是使公众通过产品来认识和了解企业组织，而饭店公共关系广告则是让公众通过饭店来了解产品。如果一个企业或机构在各界公众心目中的美誉度高，公众就会比较乐于购买该饭店的产品或接受其服务。

4. 传播手段不同

一般商业广告在传播时往往要集中归类，占用媒介的广告节目时间，对组织的宣传是主观的，具有直接的引导性；饭店公共关系广告通常以专题节目、赞助大型活动等形式出现，对饭店的宣传则是客观的，让人们意会评价的，具有间接的引导性。从这一点看，公共关系广告的间接作用要优于直接的广告传播，因为人们的心理作用是相信客观的传播优于主观的传播。

（二）饭店公共关系广告的具体特点

1. 广泛性

饭店公共关系广告的内容十分广泛，各类饭店都可以运用公共关系广告做宣传，以引起社会公众对饭店的注意，激发起社会公众的兴趣，达到"推销"饭店的形象、显示出饭店自身

的能力和实力、扩大组织知名度和美誉度的目的。

2. 长期性

一个饭店，无论生产何种产品或提供何种服务，其自身都需要长期稳定地发展下去，这就决定了公共关系广告的目标要着重于长期的、长远的利益。

3. 间接性

公共关系广告并非直接劝告人们去购买商品或享受服务，而是通过间接的手段让公众了解饭店并产生好感。

饭店公共关系广告在宣传内容和传播手段等方面的独特性，使其在广告宣传中越来越受到人们的重视。国外许多公共关系专家说，如果一个广告只是单纯促进产品销售而不改善企业形象，那是极大的浪费。因此，现在越来越多的饭店开始把商品推销广告和饭店公共关系广告结合起来，把饭店公共关系广告与新闻传播结合起来，促使饭店建立信誉的工作从“创名牌产品”推进到“创名牌企业”。

二、饭店公共关系广告的类型

饭店公共关系广告的目的是树立饭店形象，其具体形式多种多样，总体来说可以分为以下四大类。

(一)饭店形象广告

这类广告主要是介绍饭店各方面的情况，目的在于传播饭店自身的各种信息，让更多的社会公众了解饭店，树立良好的饭店形象。其主要形式如下。

1. 宣传饭店的价值观念

把饭店的价值观念、管理哲学、企业精神等鲜明地体现在广告口号上，使它成为一个企业基本的象征或信念，使之对内产生凝聚力，对外产生感召力，使公司的形象连同它的观念和口号深入人心。著名的马里奥特酒店优质服务的声誉来自马里奥特创立并长期秉承的传统。该酒店简单的服务目标“食物好，服务好，价格合理”和香格里拉的“在每一次同客人接触时，令客人喜出望外”都是这方面的典范。这样的价值观念的广告宣传，既是产品的宣传，也是公司的宣传；既体现了产品质量，也体现了服务理念，其内涵非常丰富，传递的信息范围十分广泛，让人很难分得清是产品的广告还是公共关系的广告，兼而有之，一举多得，用低投入换来了最大的传播效应。

2. 介绍饭店的实力

主要介绍饭店的规模、历史、服务、人员素质等等，有的饭店集团还别出心裁地列举该饭店建立的立体的、无界限的世界一体化营销网络和全球网上客房预订等等，这将会产生该饭店人才济济、技术力量雄厚、值得信任的效应。现在我国的许多大型饭店集团开始做这样的公共关系广告。

3. 信誉广告

信誉广告传播社会公众对本饭店的好评、赞誉以及饭店开展个性化服务的情况。即饭店以公众之口来做广告，以增加广告内容的客观性。

4. 声势广告

借助开业、落成、周年纪念等庆典性大型活动创造声势，以唤起公众的注意、兴趣。这种广告侧重于饭店知名度的提高。

（二）响应广告

这类广告旨在强调饭店与社会生活各方面的关联性和公共性，争取各界公众的理解和支持。其主要形式如下。

1. 对政府的某项政策措施或者当前社会生活中的某个重大主题，以公司的名义表示响应

这样做表示了饭店对社会生活的融入，对国家或社会大局的参与。2010 年上海世博会开幕前，上海世博会事务协调局和上海市旅游局向 155 家酒店和酒店式公寓授予了“中国 2010 年上海世博会参展者接待指定酒店/公寓”的铜牌。这 155 家酒店借此将自己的产品形象和企业形象向世界各国传播了出去。

2. 祝贺性的广告

当某饭店新开张或周年纪念时，以同行的身份刊登广告以表示祝贺。这类广告可收广告良缘之效，因为它表示愿意携手合作，共同繁荣，同时欢迎正当竞争。

3. 情感广告

强调和实施公众与饭店之间情感的双向交流，用真实的时间、地点、人物事件来反映公众对饭店的态度，公开表达公众对饭店或产品服务的信任，从而起到公众与饭店远距离、大面积的沟通与理解。

4. 公益广告

公益广告也叫服务广告，旨在为公众提供免费服务，从而显示饭店对社会公益事业的支持。这种广告的内容不一定与饭店机构直接相连，但与社会公共事务有直接的关系。

（三）特殊形式的广告

这类广告往往采取一些比较特殊的方式，以达到出奇制胜的效果。其主要形式有以下几种。

1. 创意广告

创意广告即以饭店的名义发起某些社会活动，或提倡某种有意义的新观念等，并以此为主题制作广告，动员大众关心与参与，从而树立本饭店领导社会新潮流的形象。

2. 征询类广告

通过征询公众意见和建议，提高饭店在公众中的记忆度和熟悉度。征询内容一般有饭店的名称、徽标、商标、品牌、专题稿件、答案、对联、广告语、饭店歌等等。这种广告可以吸引公众对饭店的注意力，增强他们的兴趣，有时把这种征求变为有奖征答，收到的效果更好。

3. 赞助广告

用对某项公益性、慈善性事业提供物资或资金赞助的方法，来宣传饭店的社会责任和道义感。这是一种新兴的公共关系广告形式，用以显示饭店的实力，以提高知名度和美誉度。

4. 谢意广告

用广告形式向顾客、合作者等公众致谢。这既是一种商业礼仪，又是显示饭店注重与公众之间感情的表达手段。目前这种形式的公共关系广告在我国已十分普遍。

5. 歉意广告

歉意广告用来承认错误、消除误解，求得公众的谅解；也可以以退为进，用谦逊的方式表达饭店已获得的进展和进一步的发展。

(四)新闻广告

这种广告也是近年来才形成的一种公共关系广告形式,也称为记事广告、软广告。用新闻的形式来表达饭店的历史、发展状况、对社会的新贡献,或具体参与某一社会文化、体育活动的来龙去脉与过程等内容,结合公众的兴趣,将这些内容编辑成新闻报道、专题报道、消息综述、故事、通讯、报告文学等新闻体裁,以较大的篇幅或以连续的形式出现在大众传播媒介上。

三、饭店公共关系广告的基本原则

饭店公共关系广告宣传的主题内容可以不同,所追求的公关目标也可以不同,但饭店公共关系广告应遵循的原则相同。

(一)实事求是的原则

实事求是的原则,即饭店公共关系广告应展现企业的真实面貌,不能浮夸,更不能弄虚作假,要以事实为依据,真实地、客观地进行饭店公共关系广告的设计、编写与制作,以争取得到更多的社会公众的信赖。

(二)独具风格的原则

独具风格的原则,即应在特定的公共关系主题下形成饭店自己独特的风格,应明确其信念、行动宗旨、经营方式、服务措施及企业标识等,并运用文字推敲、象征比喻、情感调动等表现方式来达到形成饭店独特风格的目的,以引起社会公众对饭店的注意,加深公众对饭店的印象。

(三)富于创新的原则

富于创新的原则,即要求公共关系广告在具体内容、分析角度、运用手法等方面,新颖别致、富于创新意识,以给予社会公众一种清新的活力和奇特的美感。

(四)寻求佳时的原则

从某种意义上讲,最有利的时机也是能最大限度地发挥公共关系广告效能的时机,利用饭店开业、饭店状况的重大变动、重大节假日等时期大做公共关系广告能取得较好的宣传效果。公共关系广告必须时机选择得当,否则将导致事倍功半。

(五)避免商迹的原则

避免商迹的原则,即公共关系广告必须避免与商业广告雷同,应体现出公共关系活动的特点,应从维护社会公众利益的角度出发,树立饭店的形象,以给饭店发展带来长期的社会效益。

(六)注重效果的原则

注重效果的原则,即公共关系广告必须注重效果。这里的效果是指商誉目标的实现、饭店自身的发展和社会整体效益的扩大。

四、饭店公共关系广告的制作程序

一般来说,饭店公共关系广告的制作程序可分为确定主题、选择媒体、构思写作三个步骤。

(一)确定主题

制作公共关系广告时,要根据其内容确定主题,明确饭店公共关系广告的目标。以建立饭店信誉为主题的公共关系广告，其目的在于追求饭店的整体形象更好、更美；以公共服务为主题的公共关系广告，其目的在于扩大饭店的知名度，让社会公众相信饭店的经济实力和高尚的社会风格；以经济贡献为主题的公共关系广告，其目的在于加深社会公众对目前经济情况的了解，说明饭店经济活动的成就以及对国家、对社会的贡献；以追求特殊事项为主题的公共关系广告，其目的在于引起广大公众、社会有关人士和新闻机构的兴趣与好感。

（二）选择媒体

公共关系广告应用的主要媒体是报纸、杂志、广播、电视。选择广告媒体的目的，在于求得最大的经济效益和最好的社会效益，即依据媒体的量和质的价值与广告费用之比，力争少花钱、多办事、办大事，并求得传播信息的最大量和传播效果的最大范围。正确地选择媒体，一般要考虑以下因素。

1.媒体的性质

不同的广告媒体有不同的性质与特点。公关广告媒体选择得合适，公共关系活动的效果就会显著；反之，会弱化公共关系活动的效果。

2.广告内容的特性

公共关系广告所涉及的具体内容有其特点，应依据不同公共关系广告的内容选择不同的广告媒体，以保证特定的社会公众能够看到、听到、读到。

3.社会公众的习惯

不同的社会公众在工作职业、兴趣爱好、文化程度、知识结构及生活习惯等方面各具特点，从而形成了对媒体的不同接触习惯。企业在选择公共关系广告媒体时，要根据特定目标公众对媒体的接触习惯，选择他们愿意接触和接受的广告媒体。

4.广告目标的要求

饭店在选择广告媒体时，必须要考虑公共关系广告目标与饭店社会活动及经济活动的结合。

5.饭店自身的实力

各种广告媒体，其费用支出不尽一致，饭店在选择公共关系广告媒体时，应量力而行。可行的办法是依据饭店自身的财力来合理地安排公共关系广告活动，选择适当的传播媒介、适当的刊播时间、适当的刊播空间。

（三）构思写作

公共关系广告的写作需要很高的公共关系技巧。公共关系广告的结构一般分为三大部分，即标题、正文和结尾。

1.标题

公共关系广告对标题的要求是：醒目、通俗、自然、亲切，能吸引人。公共关系广告的标题切忌双关语、文学典故或晦涩文字的出现。

2.正文

正文是公共关系广告的主体，广告所要表达的一切意思都寓于正文之中。公共关系广告对正文的要求是：开门见山、直截了当、具体真实、热情友好、易于记忆、富于魅力。

3.结尾

更多的公共关系广告是没有结尾的，只有少数特殊的广告才有结尾。作为公共关系广告，如果有一个漂亮的结尾，将会使人们回味无穷。

实践活动

实训内容：为本地一家较高星级饭店10周年庆做一个全方位的公关传播策划方案。

实训目标：通过对该饭店现状进行信息搜集和整理，设计活动方案，选择公关传播推广方式及预算。

实训组织：成立实训小组，6～8人为1组。以小组为单位，利用课后时间完成实训任务。

实训成果：以小组为单位制作实训报告及PPT，选派代表进行课堂汇报，小组其他成员进行补充汇报。

评价方案：

1. 提交完整的实训报告一份。
2. 以小组为单位制作PPT，选派代表进行课堂汇报，小组其他成员进行补充汇报。

评价方案评分标准和内容

评价内容		小组自评（30%）	其他小组评分（30%）	教师评分（40%）	综合评分
酒店现状分析（20分）	酒店定位（5分）				
	细分市场（5分）				
	公关传播渠道（10分）				
公关传播方案设计（50分）	传播内容（10分）				
	传播目的（10分）				
	传播实施计划与步骤（30分）				
汇报得分（30分）	PPT制作（10分）				
	材料准备（10分）				
	语言表达（10分）				

本章小结

传播是连接饭店公共关系主体和客体的纽带，是信息和观念的分享。我们平时所说的“实施公关计划”、“开展公关活动”，实际上就是进行传播。饭店公共关系职能机构及其工作人员的预期目的能否实现，很大程度上取决于能否切实有效地创造和使用适当的传播手段。从公共关系角度来看，根据饭店公共关系传播的方式和内容，其传播主要有三种类型，即人际传播、组织传播和大众传播。了解和把握这三种传播方式及其与公共关系的联系，将有助于饭店公共关系人员从理论上认识人类信息传递的不同形式，从而更有效地利用传播解决实际问题。在饭店公共关系传播中，新闻传播是公共关系传播中的主要手段之一，也是最重要的手段之一。同其他传播手段相比，它对传播对象的吸引力，是其他手段无可比拟的。公共关系广告是运用大众传播媒介沟通信息，宣传和塑造饭店形象的一个重要形式。因此，正确认识公共关系广告的重要性，熟悉掌握广告技艺，便成为各类饭店开展日常公共关系工作的一个重要内容。

思考与练习

1. 主要大众媒介(报纸、广播、杂志、电视、网络)的优缺点各是什么？
2. 人际传播的特征有哪些？
3. 饭店公共关系广告与一般商业广告的主要区别是什么？
4. 您认为什么是好的公关传播？
5. 请举例说明效果较好的饭店公共关系广告并加以分析。

案例分析

酒店公关经理怎样“制造新闻”

某年某月，高莉莉就任上海金沙江大酒店公关部经理时，酒店还默默无闻。1987年秋，高莉莉从她的记者朋友处得知，著名的日本影星中野良子将偕她的新婚丈夫来北京、上海访问。她马上意识到这是酒店开展公共关系活动、借以提高知名度的好机会。于是，她立即采取了一系列措施争取到了接待客人的机会。然后又直接给尚在北京的中野良子打电话，请她来上海时下榻“金沙江”。对方应允后，高莉莉立刻带领工作人员进行策划和准备。

客人晚上到酒店，等待他们的是一个洋溢着浓烈的喜庆气氛的“迎亲”场面。在一片热烈的鞭炮声里，中野良子夫妇被40多位中外记者及酒店上百名员工簇拥进一个中国传统式的“洞房”——正墙上大红“喜”字熠熠生辉，两旁的对联上写着“富士山头紫燕双飞白头偕老，黄浦江畔鸾凤和鸣永结同心”。在笑声、掌声此起彼伏的“闹洞房”仪式中，新婚夫妇还品尝了象征“甜甜蜜蜜”、“早生贵子”的哈密瓜、桂圆、红枣等，在异国他乡度过了一个难忘的欢乐之夜。

当晚，在场的记者们纷纷报道了这则饶有情趣的新闻，上海金沙江大酒店也随着这些报道在一夜之间扬名海内外，特别是在中国公众和日本公众中留下了深刻而美好的印象。

后来，高莉莉调到上海华亭宾馆。针对企业急需提高知名度的实际情况，她又策划推出题为“美国食品周”的公关专题活动。“食品周”期间，中外宾客同当地市民一起品尝了火鸡、小羊肉、开胃菜、小甜饼等美国风味小吃，还兴致勃勃地参观了同时展出的好莱坞西部片中的老式吉普车、汽油灯、马鞍、竹筐等。虽然当时正值酷暑，但情趣盎然的异国情调吸引着一批又一批的公众流连忘返。一时间“美国食品周”成了大众传媒报道的热点新闻，与此同时，华亭宾馆也成了上海公众津津乐道的热门话题。

讨论题：

制造新闻应注意哪些问题？本案例中饭店公关工作的启发在何处？

第六章　饭店公共关系的工作程序

学习目标

知识目标

1. 了解饭店公共关系“四步工作法”的基本内容；
2. 掌握饭店公共关系调查的内容、程序和方法；
3. 熟悉饭店公共关系策划的原则和程序；
4. 掌握饭店公共关系实施的原则和过程；
5. 熟悉饭店公共关系效果评估的内容和过程。

能力目标

1. 能够对饭店公共关系现状进行调查并设计调查问卷；
2. 能够根据饭店实际情况对其具体活动方案进行项目策划。

酒店开业公关策划书

一、项目背景

融泉酒店为融泉集团在南充开办的一家四星级酒店。融泉集团为餐饮服务类企业，主要经济活动范围为华北、华东、华中、华南、东南的较大城市，在东北的沈阳、长春、哈尔滨、大连四市也有几家酒店。对于南充这样的中型城市，融泉集团看中的是南充的交通枢纽的重要性；作为一个新进入南充的企业，知名度不是很高，而且南充还有如南充万泰酒店、南充锦宏连锁酒店、南充安逸158连锁酒店等一些已有一定名声的竞争对手，所以要想在南充站稳脚跟，开业庆典是公关的第一炮，因此这次机会一定要抓住。

二、活动总主题

1. 融泉——您梦想的家园！
2. 给您回家的感觉——融泉酒店
3. 你我共建美好家园
4. 您的家园由我们来建设

三、活动目标

通过本次活动，让南充人了解融泉、认识融泉，对融泉有感性的认识。

四、活动方案

1.示牌宣传

(1)设置地点：以融泉酒店为中心、2千米范围内的主要道路上。

(2)设置形式：重新报建。如不允许，则租用现有合适的位于道路两旁的户外媒介(如公共汽车候车亭广告位)。

(3)数量：每个不同文案至少要求设置5个，共至少10个。

(4)大小、高度：视实际情况而定，文字能大就大，力求醒目。

(5)设计要求：要求使用融泉酒店标准的标识及标准字体。

(6)时间要求：于开张前10天设好。

(7)目的：提升知名度，引发好奇心，树立一定的美誉度。

2.开业公关活动策划方案

(1)主题：融泉酒店为您过生日！

(2)活动时间：开业当天。

(3)活动地点：融泉酒店。

(4)活动概况：给融泉酒店开业当天过生日的30位公民每人赠送一间包间，他可以邀请亲朋好友前来包间聚餐消费，所有费用最后由融泉酒店代为支付。

(5)活动细则、注意事项：

1)刊登活动广告：

A. 时间：开业前10天。

B. 媒介：《南充日报》、《新文化报》。

C. 版面：1/4版。

D. 文案内容：

标题：融泉酒店为您过生日！

正文第二段：为您过生日活动介绍——融泉酒店将于2015年06月18日正式开张营业，为庆祝融泉酒店的开业，特举办融泉酒店为您过生日活动，免费赠送30个包间消费。

报名条件：凡当天过生日，并在南充有固定居所的市民，均可报名参加。

报名登记日期：即日起至2015年06月16日止，每天上午8点至下午6点。

人额限制：限30名，先到先得，额满即止。

报名地点：融泉酒店一楼大厅办事处。

报名须知：凭本人身份证、户口本原件，亲临报名；未成年必须有监护人陪同；年老体弱的人必须有人陪护。

其余说明：进入时，必须衣冠整齐，否则主办单位有权拒绝入内；本次活动的一切解释权归融泉酒店。

2)先报名预订房间

报名时间：广告刊出后当天开始，至开业前一天截止。

报名须知：凭当天报纸广告，持本人身份证(或户口本，以防身份证有假)，亲临融泉酒店预先订房登记。

报名的其他条件：凡未成年人，应由其监护人陪同前来；年老体弱者，应由其亲戚陪护；

进餐时，需衣着整洁，否则有权拒绝入席。

菜谱限制：在限定的一类或几类菜单中选择当天的菜谱。

菜的数量：限定一个总的上限，如每人限2个菜，以避免浪费。

酒水限制：在限定的一类或几类酒水单中选择。

吃不完的处理：要告知若所点的菜吃不完，会有小小的惩罚，像吃自助餐一样，以避免浪费。

3）开张当天活动

A. 拍照留念：所有同天生日的来宾与融泉酒店管理层代表合影留念[如该照片需在某范围内（如融泉酒店）使用，则应与其签订肖像权使用协议]。

B. 举行融泉酒店请您定菜价，定价员抽取及聘收颁发仪式。

从当天参加的成年来宾中，通过抽签的方式（即抽即知）抽取30名定价员，发出聘书，邀请其于2013年07月01日来融泉酒店参加评菜价的活动。

4）软性文章

为配合本次活动，尽量于《南充日报》等美食版发表软性文章，以别开生面的开业庆典为题，通过反映南充餐饮业的精神文明新风貌，来达到宣传融泉酒店的目的。

（资料来源：职业餐饮网，2015年6月16日）

思考：

1. 在酒店开业、周年庆、节庆时，酒店都需要进行主题公关活动，那么公共关系的工作程序是怎么样的呢？由哪些步骤组成？

2. 在饭店公共关系的工作程序中，饭店公共关系策划这一步骤起着至关重要的作用。公共关系策划包含哪些要素呢？

关键概念

公共关系调查　(public relations survey)　　策划　(planning)

公共关系策划　(public relations planning)

公共关系评估　(assessment of public relations)

抽样调查法　(sample survey method)

第一节　饭店公共关系“四步工作法”概述

饭店公关部是现代饭店经营与管理中必不可少的组成部分。它担负着信息发布、环境监测、趋势预报、组织协调、决策咨询、教育引导等多项职能。任何一个饭店只有有意识地建立起自己的信息系统和信息网络，才能科学地、准确地了解本饭店公共关系的现状和历史，预测公共关系发展，检验公共关系活动效果，发挥公共关系工作应有的效能。

1952年，美国公共关系学的权威著作《有效公共关系》出版发行。在这本著作里，斯科特·卡特利普和森特提出了两大理论要点：一是“双向对称”的公共关系模式，二是公共关系的“四步工作法”。“四步工作法”说明公共关系运作的程序。它包括四个基本步骤，即公共关系调查研究、公共关系策划、公共关系实施和公共关系效果评估。一般来说，饭店公关工作必须遵循四步工作法，才能取得较好的效果。也就是说，饭店的公关工作，应以公共关系调查为起点，按照公共关系调查——公共关系策划——公共关系实施——效果评估的循环程序来进行，才能逐步积累成果，实现预定的公关目标。在公关工作的四步循环程序中，公共关系调查是起点，是基础；公共关系策划是关键，是公共关系实施的指南和效果评估的标准，离开了公共关系策划，公关工作就会漫无目标，不得要领，难以协调统一，成效甚微；公共关系实施是核心，是执行公共关系策划、取得公关成效的具体行动，离开了公共关系实施，再好的策划也只是纸上谈兵；效果评估是重要的反馈环节，也是下一轮公关活动的起点。这四个步骤的运作是否科学、有效将直接影响着饭店公关活动的成效及目标的实现。

一、饭店公共关系调查

公共关系调查是公共关系“四步工作法”的第一步，是组织卓有成效的公关活动的前提和基础。公共关系调查是社会调查的一种，是指组织采用科学合理的调查方法，准确地搜集有关组织形象、公众需求、社会环境及发展趋势等方面的信息，为组织实现公关目标、开展公共关系活动、制订公共关系计划提供科学的依据、条件和基础的过程。很明显，公共关系调查有两个主要的功能：一是搜集资料，反馈信息，客观真实地反映组织的公关状态；二是分析资料，透过现象看本质，从而揭示组织公关状态的发展趋势，并据此提出加强和改进组织公关的策略、方法和措施。公共关系调查是公共关系的基础性工作，发挥着情报功能。随着我国改革开放和现代化建设步伐的加快，以及社会主义市场经济的发展，公共关系已经渗透到社会的各个领域，因而，公共关系调查也正日益受到重视。

（一）饭店公共关系调查的意义

1.公共关系调查研究是饭店卓有成效地开展公关活动的前提和基础

调查研究是开展一项公关活动的首要环节，它为公关活动的其他环节提供前提条件。只有搞好了调查研究，探明事实真相，掌握与饭店的活动和政策相关联并受其影响的公众认知、观点、态度和行为，确定饭店所面临的问题，其他诸环节才有可能卓有成效地进行下去；否则，情况不明，乱抓瞎，其他环节根本无法进行。说是基础，是因为调查工作是一项基础性工作，它贯穿于整个公关活动的全过程，是开展公关活动的其他环节的基础。例如，事前的调查是制订公关计划的基础；事中的不间断调查是及时纠正偏差、保证公关活动顺利进行的必要条件；而事后的调查则是检查、评价公关活动成效的重要依据。

2.公共关系调查可以有效地进行信息沟通

公共关系调查是反映公众意见、希望和要求的过程，也是调查人员向公众介绍饭店情况，使公众进一步了解饭店的过程。因此，它本身就是一项沟通公众关系、塑造饭店形象的重要公关工作。公共关系工作中信息交流的重要特点，是注重双向信息交流，即在信息传播的同时，又有信息的搜集和反馈。为了准确、及时、有效地搜集和传递组织内部、外部的信息，公共关系人员必须掌握和运用公共关系调查方法，预测未来；采取恰当的对策，防患于未然，使饭店保持良好的信誉和形象。

（二）饭店公共关系调查的作用

1.有利于饭店准确地进行形象定位

公共关系调查可以使饭店准确地了解其在公众中真实的形象定位。饭店的形象定位是其形象在公众心目中定量化的描述。通过公共关系调查，可以将饭店设定的自我形象与饭店的实际形象进行比较分析，找出两者之间的现实差距，为缩短这个差距制定出有效的公共关系的目标。

2.有利于饭店确定公关目标和制订实施计划

饭店的正确决策来源于对实际情况的透彻了解和正确判断。公共关系调查的目的就是通过有步骤地观察饭店的公共关系现状，寻求公共关系存在的问题，预测民意的社会环境的变化，从而为饭店提供全面而详尽的材料，为领导者制定目标和实施计划提供事实依据。公共关系调查不仅能为饭店决策提供依据，而且能有效地预测和检验决策的正确性，可以克服领导者凭经验决策的不足，减少或避免决策过程中的不确定性因素。

3.有利于进行公共关系预测

公关计划是否符合实际，能否取得良好的效果，很重要的一点是取决于公关策划者对调查材料分析、综合判断、预测的能力，因为计划总是代表未来所要从事的工作。如果计划能顺利完成，那么就证明这个计划是有效的，预测是正确的，但同时这个计划也就不存在了，需要公关人员再制订新的计划。公关人员的这种预测不是凭空产生的，它是建立在对饭店历史和现状的深刻了解和分析的基础上的。

4.有利于饭店及时加强与公众的沟通

公共关系调查要及时地把握公共关系状态，而公共关系状态指的是饭店与公众关系的状况，反映公共关系状态的尺度是社会舆论和公众评价。因此，考察公共关系状态，就必须全面了解公众舆论和公众评价，了解公众的意见、看法以及公众的需要、爱好和习惯，确定存在的问题及其原因，促使饭店更好地制订与公众沟通的计划和措施。公共关系调查还有助于了解饭店内部成员的意见、要求，并付诸实施，为激发员工的工作热情、积极参与民主管理提供有效的途径。总之，公共关系调查有利于进一步加强饭店与公众之间的联系与沟通，为准确的形象定位打下基础。

5.有助于饭店提高公共关系活动的效果

饭店在开展某项公共关系活动之前，必须对从事公关活动的现有条件，包括人力、物力、财力进行充分调研。通过调研分析，全面地了解和掌握公关活动的客观条件，才能保证公共关系活动有充分的准备和切实可行的计划，并取得较好的效果。通过公共关系调查，饭店在掌握、分析信息的基础上，明确了本饭店公共关系的状态及其原因以后，就要确立公共关系工作目标和设计行动方案，也就是说要策划制订一个科学的、尽可能详尽的公共关系计划。

二、饭店公共关系策划

在完成了调查研究以后，公关活动就进入了制定策划阶段。所谓策划，就是根据各种情况与信息，判断事物变化的趋势，确定可能实现的目标和预期结果，再由此来设计、选择能产生最佳效果的资源配置与行动方式，进而形成正确决策和工作策划的复杂过程。可以说，策划既是决策的前提，同时也是决策的重要组成部分。这是公共关系工作中最富有创意的部分。

公共关系策划，就是公共关系人员根据组织形象的现状和目标要求，分析现在宏观和微观的条件，谋划设计出相应的公关战略，并筛选出最佳方案的过程。公共关系策划并不包括公共关系策划的具体实施过程。对公共关系策划的理解，国内有的学者将它大体分为广义和狭义。从广义的角度理解，公共关系策划包括了公共关系日常策划的全部内容，是公共关系工作程序中的第二大步骤。从狭义的角度理解，公共关系策划一般是指专项公共关系活动的谋划和设计，如制造新闻、重大公关活动的筹划、公关问题的解决、公关危机的处理等。公共关系策划过程，是运筹帷幄的过程，是工程建筑施工前的设计过程。

饭店公共关系策划可以分成战略策划和战术策划两个部分。战略策划指对饭店整体形象的规划和设计，因为这个整体形象将会在相当长的一段时间内连续使用，关系到饭店的长远利益。而战术策划则是指对具体公共关系活动的策划与安排，是实现饭店战略目标的一个个具体战役。制定公共关系策划，最根本的任务就是饭店形象的战略策划。在每一次具体公关活动中，公关部门究竟要完成什么任务，首先取决于在策划阶段的形象设计。只有在此基础上，饭店才能进一步策划具体的公关活动。换言之，离开了饭店形象的战略策划，具体的公关活动就失去了灵魂，变成了一种效益低下的盲目投资，有时甚至会产生负面的效果。

（一）饭店公共关系策划的意义

1.加强了饭店公关工作的整体性

通过公共关系策划，使公关目标与饭店的性质、目标、任务密切配合起来，使实现公关目标的活动成为饭店管理系统的一个有机组成部分，从而使饭店的政策和各部门的活动统一到树立良好饭店形象，提高饭店整体效益和社会效益上来，使饭店的每项公关活动都与一定的目标相联系，成为构成良好饭店形象这个花环上的一朵绚丽鲜花，从而发挥公关工作的整体效果。

2.提高了饭店公关工作的可控性

通过公共关系策划，形成一种长期与短期结合、创新与维持饭店形象相结合的公关目标体系，并以此为基础，妥善安排好日常工作、定期活动和专门活动的内容和项目，编制恰当的费用预算和时间预算，形成一张既积极主动又稳妥有序的公关活动进程表，以此作为控制公关工作、检查评价公关效果的依据，从而使公关工作在目标和策划的控制之下稳步开展，取得预期的效果。

3.可以增强饭店公关工作的预见性

通过公共关系策划，可以使公关工作建立在充分调查研究的基础上，依据大量的公众和环境资料，预测趋势，分析后果，区分轻重缓急，提出既主动又灵活的适应环境变化的有力措施，以此影响饭店的政策，争取饭店决策者对公关工作的支持，影响饭店各部门和全体人员的言行，争取饭店各部门和全体人员的合作，从而尽量减少危机事件，使公关工作主动超前，避免“救火”。

4.能够促进饭店公关工作的成熟性

通过公共关系策划，在情境分析的基础上形成目标、方案和预算，使饭店公关部门和人员有可能以此为依据，分析评价实现公关目标、执行公关方案和预算的情况，发现工作中的成绩，找出工作中存在的问题，从而分析原因，吸取工作中的经验教训，以指导今后的工作。总之，公共关系策划有利于明确饭店的公关目标、积累工作成果；有利于控制工作过程、评价工作效果；有利于增强工作的预见性，减少危机事件；有利于积累工作经验，提高工作水平，保证公关活动达到预期目标。

(二)饭店公共关系策划的作用

1.有助于公关人员明确公关目的

公共关系策划就是要以公共关系目标为起点,努力使公关工作或公关活动从无序化转化为有序化,从模糊变为清晰。公共关系策划能够帮助公关人员在杂乱不定的状态中明确问题和目标。目标越明确,公共关系活动越容易开展,公关目标也就越容易实施。

2.有助于公关人员明确工作进度

公共关系工作千头万绪,公共关系问题也往往错综复杂,涉及面广,工作任务重。而公共关系策划可以使公关人员面对复杂的问题处理起来井井有条,在公关任务繁重的情况下,分轻重缓急按公关策划进度努力完成。

3.有利于争取饭店内部的支持配合和外部各方的合作

公共关系的开展,需要饭店内部有关人员的了解、支持和配合。公共关系策划从制定和得到领导批准公布后,可以争取饭店内部各部门的支持帮助,为公关活动开绿灯。同时,公共关系策划还可以得到外部公众的合作,如政府、媒介、社区等为有效地开展公共关系活动提供有利的条件。

4.可作为公共关系活动评价的根据

公共关系策划可以为公关人员开展公共关系活动后,根据其内容、进度、效果进行总结与评价公关工作,有利于促进饭店的公共关系工作。

三、饭店公共关系实施

公共关系策划是公共关系工作过程的先导,而公共关系实施乃是整个公共关系活动的中心和关键环节。因为,策划是对未来行动的一种预见和设想,只有经过努力将它转变为现实,才有实际意义,否则,只是一纸空文。公共关系实施是将公共关系策划变为实际行动的过程,这个过程是公共关系“四步工作法”中的第三个环节,也是最为复杂、最为多变的一个公关计划实施环节。一项公共关系计划的实施,其重要性足以和制订计划本身相比,从某种意义上讲,甚至比计划的制订更为重要。公共关系实施的过程包括以下环节:首先是实施的准备阶段,它包括设计实施方案,制订对各类公众的行动、沟通计划,确定实施的措施和程序,建立或组成实施机构,训练实施人员;其次是实施的执行阶段,即实施机关按照已经设计好的实施计划的程序,落实各项措施;最后是实施的结束阶段,同时为下一阶段的效果评估做好相应的准备。

(一)饭店公共关系实施的特点

1.动态性

公共关系计划的实施是由一系列连续活动构成的过程,是一个思想和行为需要不断变化、不断调整的过程。这是由于:一方面,一项公共关系计划无论制订得多么周密、具体和细致,与实际情况总会存在或多或少的差异;另一方面,随着时间的推移、实施的进展、环境的变化,实施过程中仍会遇到一些新情况和新问题。因此,不断地改变、修正或调整原定的实施方案、程序、方法、策略等,则是实施活动中不可避免的正常现象。

2.创造性

由于计划的实施是一个不断变化和需要调整的动态过程,实施者需要依据整个实施方案中的原则按自己所处的环境和面临的条件确定自己的实施策略,如准确地选择传播渠道、媒介与方法，合理地选择时机，正确地分配任务，灵活地调整步骤等。公共关系计划实施的过程绝不是一个简单的照章办事的过程，而是一个由一系列不同层次的实施者发挥主观能动性的过程。实施人员应该充分地发挥自己的积极性、主动性和创造性。从这个意义上说，公共关系计划实施的过程不仅是一个对原计划进行艺术的再创造的过程，还是不断丰富公共关系实务经验的过程。

3.影响的广泛性

一项公共关系计划涉及众多的因素和变量，它会对各类公众产生广泛的影响。然而，公共关系计划所产生的影响在方案策划阶段还只是纸上谈兵，只有在计划实施后这种影响才能真正地体现出来。公共关系计划实施所产生的广泛影响主要表现在两个方面：首先，计划的实施会对众多的目标公众产生深刻的影响。一项公共关系计划成功实施后，常常会使该饭店的异己力量变为自己的合作者和支持者。其次，公共关系计划的实施有时还会对整个社会的文化、习俗产生深刻影响。

（二）饭店公共关系实施的意义

1.公共关系计划的实施是实现饭店公共关系目标的保障

公共关系的终极目的不是研究问题而是解决问题。公共关系调查研究、制订计划是发现问题、研究问题的过程，而计划的实施才是具体地解决问题、达到目标的过程。一个完美无缺的公共关系计划，如果不付诸实施，而是束之高阁，那么，它无论是对社会、饭店还是对公众都是毫无意义的纸上谈兵。

2.公共关系计划的实施决定了计划能否实现及其程度和范围

成功的实施，可以圆满地完成计划中确定的任务，实现计划目标，甚至还可以由实施人员创造性的努力来弥补计划的不足。这种实施活动的成功之处就在于实施人员能够选择最有效的途径和手段，采用多种方法和技巧在公众中树立本饭店的良好形象。实施的失败，不仅不能实现计划目标，有时还可能使计划中想要解决的问题更加恶化，甚至完全与计划目标背道而驰。从这个意义上说，实施这一环节不仅决定了计划能否实现，而且也决定了计划实现的效果。

3.公共关系计划实施的结果是制定后续方案的重要依据

一项公共关系计划的实施过程不论成功与否，它都会在社会上造成一定的影响和后果。因此，可以说，我们面临的社会现状，就是过去饭店开展公共关系工作所形成的结果。制订公共关系计划必须要以饭店所面临的现状为依据，特别是要注意将前一项公共关系计划实施后由各种渠道反馈回来的信息作为依据。以前一项公共关系计划实施的结果为基础，针对新出现的问题制订新的计划，可以说是公共关系计划制订过程中必须遵循的一个原则。因此，前一项公共关系计划实施的情况，对后续方案的制订具有重要的意义。

四、饭店公共关系评估

公共关系作为现代社会的一项管理方法，应当设计周密、有头有尾。公共关系评估是对公共关系工作作全面深入的研究，是公共关系“四步工作法”中的最后一步。所谓公共关系评估，就是有关专家或机构依据科学的标准和方法，对公共关系的整体策划、准备过程、实施过程以及实施效果进行测量、检查、评估和判断的一种活动。它在公共关系实践活动中起着不可低估的作用。公共关系评估是改进公共关系工作的重要环节，是开展后续公共关系工作的必要前提，同时，它可以使饭店的领导人看到开展公共关系工作的明显效果，从而更加自觉地重视公共关系工作。它是公关工作的最后一个阶段，是一个不可缺少的环节，具有重要的意义。

首先，可以保证公关科学程序顺利实施。公共关系调查研究所掌握的资料是否适应公共关系工作的需要，公共关系计划是否科学，目标是否合理，公共关系信息传播是否达到了预期目标，这些公共关系活动是否为建立良好的公关形象、树立良好的信誉奠定了基础，都要有待于公共关系效果的评估予以检验。事实上，缺少公共关系效果评估的公共关系工作是不完整的工作，只有在公共关系科学程序中，在调查研究、公共关系策划的基础上重视并做好公共关系效果评估工作，公共关系工作才能科学而顺利地发展。

其次，评估是开展后续公共关系工作的必要前提。从公共关系工作的连续性来看，任何一项新的公共关系工作计划的制订与实施都不是孤立存在和凭空产生的，它总是以原来的公共关系工作及其效果为背景。制订新的公共关系工作计划，要对前一项公共关系工作从计划的制订到实施、从效果到环境变化进行系统评估分析，即使是前后两项公共关系工作所要解决的问题各不相同，也应该和必须这样做。

再次，评估是鼓舞士气、激励内部公众的重要形式。公共关系工作实施的效果本身往往体现为一个复杂的构成，既涉及公众利益的满足，也涉及公众利益的调整；既涉及饭店形象的改善，也涉及饭店策略、方针的改进和修正。一般来说，内部员工很难对它有全面深刻的了解和认识。所以，当一项公共关系计划实施之后，由有关人员将该项公共关系计划的目标、措施、实施的过程和效果向内部员工解释和说明，可以使他们认清本饭店的利益和实现的途径，自觉将实现本饭店的战略目标与自己的本职工作紧密地联系在一起，并变为- 种爱岗敬业的行动。

最后，公共关系评估的另一重要意义还在于给饭店的领导人提供决策参考。通过公共关系评估，可以评估出经过公共关系活动之后的饭店形象状况，评估出饭店形象各因素（如员工素质、商品质量、服务方针等）与期望值的差距，揭示出饭店存在的有关问题，为饭店经营管理决策提供参考。

第二节　饭店公共关系运作的基本步骤

一、饭店公共关系调查

（一）饭店公共关系调查的内容

1.饭店基本情况调查

饭店的基本情况调查是公共关系调查的内容之一。公关人员要深入调研、分析、评估饭店自身的基本状况，做到对自己饭店的情况了如指掌，真正达到“知己”。饭店自身的基本情况包括以下四个方面。

（1）饭店经营管理情况。包括饭店的创建时间，饭店发展史上较有影响的重大事件，饭店制定的经营方针、经营目标、服务范围、职责任务、机构设置、层次结构、活动原则和程序等。

（2）饭店未来情况。如组织的发展前景、近期目标和长远规划等。

(3)饭店成员的基本情况。一般包括领导、管理人员和员工的基本素质，如员工的年龄结构、文化程度、专业特长、兴趣爱好、家庭生活，还包括对饭店的发展作重大贡献的成员基本情况以及饭店领导者的水平、作风、实绩、形象等总体情况。

(4)饭店的物质设备、技术革新的基本情况。一般包括饭店的生产设备的自动化程度和现代化水平，以及先进科学的采用等等。

2.公众意见调查

公众意见调查是公共关系调查的主要内容，其调查结果决定公共关系的效果、对策和发展。公众意见调查包括饭店形象、公众动机、活动效果、传播效果和内部公众意见等。

(1)饭店形象。对饭店成员形象、饭店管理形象、饭店实力形象、饭店产品形象等方面进行形象调查。

(2)公众动机。包括公众对饭店是否抱有偏见或特殊的喜欢，该饭店的工作方式、社会活动、产品服务等方面是否与公众的某种成见相冲突，或与公众的某种嗜好相吻合，或与某种社会上流行的东西相一致等。

(3)活动效果。了解公众对企业公共关系专门活动的评价。活动效果的好坏，标志着公共关系活动成功与否。活动结束后，公众是否满意，满意程度如何，公众如何评价，都需要通过调查得到答案。

(4)传播效果。了解饭店通过传播媒介(主要是宣传和新闻媒介)进行内外传播的效果，也就是公众接受传播信息后，在感情、思想、态度和行为等方面所发生的变化。包括调查某种媒介的覆盖面、受众构成、收视(或收听)率，对传播内容的态度和产生的行动等。

(5)内部公众意见。包括对本饭店及本饭店工作的评价、人际关系评价、领导行为评价、公众需要等。

3.社会环境调查

社会环境指组织外部周围与组织有一定联系或对组织存在某种影响的各种条件。它是饭店得以生存和发展的基础。公共关系部门和人员进行社会环境调查的目的，就是协调饭店和社会环境的关系，使饭店适应社会环境的变化，从而使饭店获得发展。社会环境一般包括政治环境、经济环境和社会文化环境。

(1)政治环境。是指调研党和国家的方针、政策、法律、法规、条例等对本饭店的影响；了解国家有关部门和地方政府制定的新政策、新措施对饭店生存、发展及前途的影响；调研国家、地方各新闻机构对国家政府制定的方针、政策的能力。

(2)经济环境。主要了解饭店在经营活动中应该达到的目标，了解饭店所生产的产品在市场中的竞争能力，了解消费者对饭店更新产品的态度及影响程度、饭店在市场中的占有率以及对待市场的应变能力和适应市场的能力。

(3)社会文化环境。主要了解传统文化对饭店公关活动方式的承受能力的影响情况，了解地方区域性文化风俗、习惯、民族传统对饭店或企业各种活动的影响；还应调研社会和政治思想、风气时尚、道德水准、文化程度对饭店精神风貌和基本信念的影响。

4.饭店形象调查

饭店形象是一个整体概念，是公众对饭店的认识、看法和评价，对于饭店的生存和发展至关重要。良好的饭店形象是饭店无形的财富，它不仅能提升饭店的知名度和美誉度，而且能大大地增强饭店在同业中的竞争能力，使饭店的各项活动都能在有利的条件下开展，在竞

争中立于不败之地。

(1)饭店成员形象调查。饭店成员形象是主体形象的直接代表,也是饭店形象的化身,饭店成员的形象直接影响和关系到饭店形象。饭店成员形象包括饭店领导者、管理人员和全体员工形象。领导者的形象是饭店成员形象的核心,领导是群体的代表,领导决定着饭店的总体目标,从而决定着饭店形象的定位,决定着公关的政策与策略。领导者的价值观念、精神状态、行为方式直接影响着饭店的形象。管理人员形象一般说来都能较全面地反映饭店内部管理的规范程度。管理人员形象调查重点了解他们的精神状态、职责权统一情况、工作实效、对制度的落实情况,以及他们对饭店的态度、要求和对饭店领导提出的总目标的支持程度等等。员工形象调查包括对员工的政治品德、文化素质、职业道德、业务能力、言谈举止、行为方式、服饰要求等的调查。

(2)饭店实力形象调查。饭店实力形象一般包括饭店自身的物质基础和技术力量。饭店实力形象调查,首先是饭店物质基础的调查。物质条件是饭店实力的基础,饭店是否有较大的生存空间,宽敞、舒适的工作环境,先进的技术设备,现代化的办公用品,工作效率、社会效益的明显提高,都将反映着饭店实力形象。其次是饭店成员的工资待遇和劳保福利的调查。饭店成员的工资收入、福利待遇、住房分配、奖金发放的情况,都能显示饭店的经济实力,也最能使员工得到实惠,达到满意的结果。

(3)饭店产品形象调查。良好的饭店产品形象可使饭店获得公众的信任和好感。饭店产品形象是通过生产和经营的产品反映出来的形象。通过对物质产品的直接观察,了解饭店产品,收集公众对于饭店生产的产品和服务的意见,从而使优质产品达到树立产品的良好形象的目的。

(4)饭店文化环境形象调查。饭店文化环境形象,是指通过饭店的整体文化素质及饭店所在空间环境、设施展示的形象。文化环境形象包括饭店外观设计、办公设施、精神风貌、价值观念、行为准则、工作态度、职业道德等。通过对文化环境的塑造,可以努力创造饭店特定的文化氛围,充分显示饭店发展的整体形象。

(二)饭店公共关系调查的程序

公共关系调查和其他任何工作一样,必须遵循一定的科学程序。所谓饭店公共关系调查的程序,一般地讲,指的是对饭店客观存在的公共关系现象进行科学调查的基本过程。公共关系调查的一般程序可以分为以下五个基本阶段。

1.调查准备阶段

调查准备是调查工作的开端。调查准备阶段的工作内容主要是确立调查任务、开展调查设计、准备调查条件,还包括调查对象的选择、调查途径与方法的确定、调查时间的安排、预算的制定等。

2.资料搜集阶段

资料搜集阶段也称为具体调查阶段,是整个公共关系调查过程中最为重要的阶段。这个阶段的主要任务是根据调查方案和计划要求,系统地搜集各种资料和大量数据,确保资料的完备与客观。公共关系调查信息资料的来源可分为原始资料和现成资料两大类。

3.整理分析阶段

整理分析阶段也称为研究阶段。它是运用科学的方法,对资料搜集阶段搜集得来的各种调查资料进行审核、整理、分析与综合等,也就是科学统计、反复比较、去粗取精,得出与饭店实际情况相符合的结论。整理分析阶段是公共关系调查从感性认识到理性认识的飞跃阶段。它不仅能为解答饭店的公共关系问题提供理论认识和客观依据，而且能为公共关系学理论的发展作出贡献。

4. 报告写作阶段

在公共关系调查中，当完成了调查资料的整理分析后，一般还要写调查报告。所谓调查报告，是指用以反映公共关系调查所获得的主要信息成果或初步认识成果的一种书面报告。客观存在的内容一般包括前言、主体和结论三个部分。前言部分包括调查的意义和目的、调查的对象和范围、调查的方式和方法、调查的日期及进程等说明；主体部分包括对调查所获材料的分析和说明；结论部分是调查者提出的结论和建议，以及调查报告的总结。

5. 总结评估阶段

总结评估阶段可以说是公共关系调查过程中不可缺少的重要步骤。通过总结评估，公共关系调查至少可以取得三种新的收获：其一，可以了解到本项公共关系调查的完成情况如何；其二，可以了解到本项公共关系调查所取得的成果怎样；其三，可以了解到本项公共关系调查的经验教训何在。

（三）饭店公共关系调查的方法

在公共关系调查中，要根据调查的目的和调查对象的特点，选择行之有效的调查方法。公共关系调查的方法主要有以下几种。

1. 观察法

观察法是指饭店中的公关人员通过有目的、有计划地借助于自己的感官直接对调查对象进行观察，以搜集资料的方法。它分为参与观察和非参与观察两种。参与观察是指观察者扮演一定的角色和被视察者一起活动，从活动中了解有关信息。非参与观察是调查者作为旁观者而了解有关信息的调查方法。观察法的优点是不会干涉公众原有的活动，可真实地了解他们的心态，能够增加观察人员的感性认识，以验证第二手资料的真实性和准确性，且操作较简单、费用较省，但容易渗透个人主观，搜集的资料有时缺乏说服力，影响公共关系调查的效果。

2. 访谈法

访谈法是指调查人员通过访问和谈话的方式与调查对象进行面对面的信息交流，以获取有用信息的一种调查方法。访谈法一般有个人访谈法、集体访谈法和来信来电访问法。访谈法灵活性较强，可以获得更多、更新、更有价值的内部信息。访谈法的调查形式是多种多样的，可以在个人与个人之间进行，也可以采取座谈会的形式集体进行访问座谈；可以采取走出去上门访谈，也可以邀请进来访谈；可以是初步、浅层次的访谈，也可以是具体、深层次的访谈。在公共关系调查活动中，采取什么样的访谈方式，应根据调查内容及公众对象的需要而定。访谈虽然具有灵活性的优点，但也存在效率低、标准化程度低、费用高，并对调查员的个人素质要求较高的缺点。访谈效果在很大程度上取决于调查员的表达能力、人际交往能力、分析判断能力等。

3. 文献资料调查法

文献资料调查法是指搜集与调查对象有关的各方面的文献资料，以进行全面深入研究分析的方法。也就是说要充分利用现成的第二手资料进行分析和研究。第二手资料包括各类文字资料（报纸、杂志、书籍、有关文件、统计资料、赠言、题字、群众来信等）和各种声像资料(广播、电视、录音、图片、电影等)。调查人员将这些信息资料进行数量、质量、时间、频率等方面的统计分析。文献资料的搜集研究虽然不如第一手资料那样直接、适用,但搜集相对容易,据此分析研究也较为方便。搜集和利用文献资料,对于公共关系计划的制订和活动的策划可提供重要依据。

4.抽样调查法

抽样调查法是指从调查的对象总体中按照一定的方法抽取一部分样本加以调查,用对这部分样本的调查结果来代表调查总体的情况的方法。抽样调查可分为随机抽样调查和非随机抽样调查两种。随机抽样调查是在总体中按随机抽样原则抽取一定数目的个体进行调查,不加入人为安排的抽样方法。随机抽样又分简单随机抽样、等距抽样、分层抽样、整体抽样、分段抽样等方法。非随机抽样不是根据概率原理抽样进行调查,而是指按照调查者的主观意愿,有意识地在总体中选择一些单位作为样本进行调查的方法。非随机抽样有判断抽样、定额抽样、偶然抽样等方法。采用抽样调查这种方法,一般来说,投入的人力、物力、财力较小,但由于用部分推断整体,有时结论不够准确。

5.跟踪调查法

跟踪调查法是指由调查人员选择一些固定的调查对象和固定的问题,进行定人定事的连续、深入调查。一般做法是将印好的调查表定时发给被调查者,然后由调查人员定时收回或由被调查者定期寄回。这种方法的主要优点是调查对象固定,资料比较可靠和系统,可比性强,费用较低,省时、省力,回收率高;缺点是持续时间长,易使被调查者产生疲沓厌烦情绪或产生某种心理负担而影响真实性和回收率。

公共关系调查的方法很多,在公共关系调查方法的具体运用过程中,应根据调查目的、对象的特点,选择适当的调查方法。在调查中既可以选择一种方法进行,也可以几种方法同时结合使用。

二、饭店公共关系策划

(一)饭店公共关系策划的原则

饭店公共关系策划是饭店公共关系工作的中心环节,饭店形象管理工作是否有效,在很大程度上取决于策划的成败。因此,公共关系人员在进行公共关系策划时,不可随心所欲,应遵循以下原则。

1.实事求是原则

公共关系人员在策划过程中,要始终坚持以客观事实为依据,尊重客观事实。这是公共关系策划的一条基本原则。公共关系策划必须建立在对事实的真实把握基础上,以诚恳的态度向公众如实传递信息,并根据实事的变化来不断调整策划的策略和时机等。实事求是的原则对于不利情况下的组织尤为重要,敢于承认不利的事实,才可能理智地进行策划;企图掩盖事实真相的策划,只能使组织走向自己愿望的反面。

2.公众利益第一原则

把公众的利益放在第一位,这是公共关系策划的一条重要原则。要求饭店在考虑自身利益与公众利益时,始终把公众利益放在首位,才能赢得公众的好评与社会的支持,才能使自身获得更大、更长远的利益。公众利益第一,不仅是公共关系工作的指导思想,同时也是公共关系人员所应遵守的职业道德标准。

3. 系统性原则

系统性原则是指在公共关系策划中，应将公关活动作为一个系统工程来认识，按照系统的观点和方法予以谋划统筹。公共关系是一项有计划的持久性的工作。为了实现公共关系的某一个目标，需要执行数个或一系列的计划。在编制计划时，既要考虑计划之间的衔接，又要注意单个计划的实施周期不宜过长。

4. 独创性原则

独创性是饭店形象竞争的需要。公共关系策划必须打破传统、刻意求新、别出心裁，使公关活动生动有趣，从而给公众留下深刻而美好的印象。如果公共关系策划不能随着形势的发展而不断创新，就会丧失生命力。

（二）饭店公共关系策划的程序

结合卡特利普和森特的“四步工作法”，我们拟将饭店公共关系策划程序定为：确定目标；确定公众；选择媒体；确定活动方式；经费预算；提出方案；优化方案；审定方案。

1. 确定目标

确定目标是饭店公共关系策划中重要的一步，目标一错，便一错百错。所谓饭店公共关系目标，是根据饭店发展总方针的要求和目前公共关系的状态及问题，提出在公共关系活动中所要完成的主要任务及应达到的水平。公共关系目标是公共关系全部活动的核心，它是公共关系策划的依据，是公共关系工作的指南，是评价公共关系效果的标准，是提高公共关系工作效率的保障，也是公关人员努力的方向。确定公共关系目标还必须科学合理、明确具体，既具有先进性和现实性，又具有可行性和操作性。

2. 确定公众

任何一个饭店都有其特定的公众对象，确定与饭店有关的公众对象是公共关系策划的首要任务之一。只有确立了公众，才能选定需要的公众人才、公关媒介及公关模式，才能将有限的资金和资源科学地分配使用，减少不必要的浪费，取得最大的效益。在确定目标公众时，首先要注意饭店利益与公众利益的协调与平衡；其次要注意分析目标公众的权利要求，区别对待；最后要注意分析目标公众的权利要求的共同性与差异性，特别是了解分析目标公众的特殊要求，尽可能地反映和满足各类目标公众的权利要求，以塑造各类目标公众欢迎的有效饭店形象。

3. 选择媒介

媒介的种类很多，有人际媒介、组织媒介和大众媒介之分。大众媒介又可分为电子类传媒和印刷类传媒。各种媒介各有所长，亦各有所短，只有选择恰当的媒介，才能取得良好的效果，才能与公众进行顺利的沟通。

4. 确定活动方式

公共关系活动的方式多种多样，不同的问题、不同的公众对象、不同的饭店都有相应的公关活动模式，没有哪一种公关活动模式可以解决所有问题。究竟选择哪一种公关活动模式，要根据公关的目标、任务，公关的对象分布、权利要求，具体确定。常见的公关模式有以下几种：交际型公关活动方式、宣传型公关活动方式、征询型公关活动方式、社会型公关活动方式、服务型公关活动方式、进攻型公关活动方式、防御型公关活动方式、建设型公关活动方式、维系型公关活动方式、矫正型公关活动方式。

5. 经费预算

为了少花钱、多办事，在有限的投入内获取最大的社会效益和经济效益，就要进行科学的公共关系预算。公关计划的经费预算必须与活动的规律和效果相适应。公共关系活动的开支构成大体包括固定费用、变动费用、专项费用和临时费用。固定费用是相对较为稳定的费用，如公共人员工资、各项公共关系办公费、房租费、固定资产折旧等。变动费用指随公共关系活动规律变化而形成的费用，如设施材料费、专家咨询费、活动执行费、交际费、设备购置费、宣传广告费等。专项费用指饭店某项专项性公关活动所需的活动费用，如大型调研活动、庆典、赞助、重大专项设备购置等费用。临时费用指开展应急公关活动，允许饭店临时挪用的其他费用或申请追加费用。

6. 提出方案

在确定了策划目标与公众，选择了合适饭店的媒体，确定了活动方式并进行经费预算后，饭店公共关系人员就要根据以上情况开始提出一套最初的策划方案。这套方案是公关人员最初步的设想，内容并不非常确定，需要后面的论证。

7. 优化方案

初步的策划方案是否切实可行、是否尽善尽美，这就有赖于对方案的分析评估和优化组合。对公关方案评估的标准只有两条：一是看方案是否切实可行，二是看方案能否保证策划目标的实现。如果方案实施成功的可能性大，又能保证策划目标的实现，便可认可方案；否则，便要对方案加以修正优化。方案的优化过程，是提高方案合理性的过程，就是尽可能地将公关方案日趋完美、合理化，要花最少的时间、精力及费用获得最大的利益，要注意增强方案的目的性，强化方案的可行性，努力降低活动耗费。常见的方案优化法是综合法，即将决策出的各种方案加以全面评估，分析其优点和缺点，然后将各方案的优点移植到被选上的方案中，使被选上的方案好上加好，达到优化的目的。

8. 审定方案

公共关系策划经过分析评估、优化组合，最终形成书面报告，交给饭店的领导决策层，以最终审定决断，准备实施。任何公共关系策划方案都必须经过本饭店的审核和批准，使公关目标和饭店的总目标一致，以便使饭店的公关活动和其他部门的工作相协调，从而得到决策层和全体员工的积极配合支持。策划方案一经审定通过，便可实施了。

三、饭店公关方案实施

（一）饭店公关方案实施的原则

公共关系实施过程中的动态性、创造性及影响的广泛性构成了实施活动的复杂性。为了在复杂的实施活动中不偏离既定的公共关系战略目标，公共关系人员在实施计划的过程中一定要按科学规律办事，遵循以下几项原则。

1. 目标导向原则

所谓目标导向原则，是指在公共关系计划实施过程中，保证公共关系实施活动不偏离公共关系计划目标。目标导向要求公共关系人员能够掌握实施进程中的“轨迹”，控制活动的范围，一切行动计划均要紧紧围绕计划目标而展开。执行目标导向的原则实际上是加强控制的一种手段。从广义上说，控制就是掌握住事物的发展及进程，不使其任意活动或越出范围。控制也被看做是管理的一个职能，而且多是与实施活动联系在一起的，比如管理科学中的五要素说（计划、饭店、指挥、协调、控制）和三种有机职能说（计划、饭店和控制）。实际上，公共关系计划的实施过程也离不开控制。控制过程就是实施人员利用目标对整个实施活动进行引导、制约和促进，以把握实施活动的进程和方向。因此，目标导向原则也叫目标控制原则。不同的控制有不同的控制主体、客体和手段。目标控制的主体是实施公共关系计划的社会饭店，客体是社会饭店的公众，其手段就是目标本身。

2.时效性原则

所谓时效性原则，是指在实施活动中善于把握利用有利时机，以最大限度地发挥公共关系的作用，提高公共关系效果的原则。忽视时机这一因素，常常会导致实施的失败。在实施过程中要正确对待这几个时机：第一，要避开或利用重大节日或事件。凡是同重大节日或事件没有任何联系的活动都应避开，以免被其冲淡。第二，开业之机。饭店成立、开业是开展公共关系活动的大好时机。由于新的饭店在公众心目中还是一张白纸，如能抓住这一时机实施公关活动，就可为饭店塑造形象奠定良好的基础。第三，拓新之时。一般而言，公众对饭店推出的新产品或增加的新项目一开始往往持观望态度。公共关系人员及时地运用各种形式的活动对其进行宣传和介绍，可以尽快地消除公众的观望心理，促成他们进行新的尝试。第四，失误或被误解之时。饭店一旦产生失误或被公众误解，造成“形象危机”，就应当立即通过公共关系手段消除“危机”，取得公众的谅解，维护饭店的声誉。

3.整体协调原则

整体协调原则就是在计划实施过程中使工作所涉及的方方面面达到和谐、合理、配合、互补、统一的状态。协调强调实施过程中的各个环节之间、部门之间及实施主体与其公众之间相互配合，不发生矛盾或少发生矛盾，当矛盾产生时，也能及时加以调节解决。最普遍、最常见的协调有两类：一类是纵向协调，是指上下级之间的协调。为了保证此类协调的效果，须注意以下几点：第一，上级部门对下级部门要有充分的了解；第二，上级部门提出的新行动措施不可在下级部门毫无思想准备的情况下突然付诸实施；第三，实施计划中的主要目标和措施必须告知下级部门及全体实施人员；第四，下级部门必须实事求是，如实反映情况。另外一类是横向协调，是指同级部门或实施人员之间的协调。横向协调通常采用当面协调、文件往来等形式沟通信息，从而达到协调的目的。协调的目的，是要使全体实施人员在认识和行动上取得一致，保证实施活动的同步与和谐，提高工作效率，减少或杜绝人力、财力和物力的浪费。

4.针对性原则

这是指根据目标公众的特点，有针对性地开展活动，以获得良好的公共关系实施效果的原则。只有目标公众理解并接受了饭店的公关意图，公共关系活动才能取得成功。

5.反馈调整原则

反馈是控制论中的一个重要概念，也是公共关系计划实施中的一个重要概念。所谓反馈，就是把施控系统的信息作用于受控系统（对象）后产生的结果再输送回来，并对信息的输出产生影响的过程。由于人们通常要用这种反馈后所获得的认识来调整公共关系计划的实施活动，所以又称之为“反馈调整”。由于公共关系计划实施的环境和目标公众的情况是复杂而变化的，因而，在实施过程中，必须不断地把公共关系计划在客观环境中实施的结果与公共关系目标相对照，如有偏差，应及时对计划、行动或目标做出相应的调整。要依靠各种形式的信息反馈渠道，把方案实施的各种信息及时、准确地搜集汇总上来，经过研究分析，作为采取调整行动的依据。这里应该说明：一项公共关系计划的制订与实施，并非作一次反馈调整便可解决一切问题。它需要经过多次循环往复的反馈、调整，使实施不断完善，直至完成公共关系计划，实现战略目标。

(二)饭店公关方案实施的过程

1.选择实施日期

由于客观环境，包括面对的公众都处在不断地发展和变化之中，若实际的公共关系形势乃至企业面临的整个形势与计划发生出入，就要根据实际情况对计划进行必要的调整。同时，公共关系计划实施的时机选择也是公共关系工作的重要技巧问题。经验丰富的公共关系人员在实施计划时一定经过周密而全面的考虑，考虑到一切影响行动时机的因素，以将无法控制的因素化为可控制因素，将不利因素化为有利因素，抓住一切机会，主动开展多种公共关系活动，努力使公共关系计划目标实现。

2.选择传播媒介

公共关系活动实际上是针对目标公众而进行的信息传播活动。要想使这种传播活动取得最好的效果，必须使发出的信息全部或大部分为目标公众所接受，这就需要通过对象公众所惯常使用的传播媒介或渠道来传递信息。根据对象公众的国别、居住地区、职业、教育程度、社会经济地位等特征，可以大体上判断出他们喜欢或习惯阅读的报刊、收听的广播和收看的电视节目等，并查明上述报刊、广播电台、电视台的情况及有关编辑、记者的情况，以便针对这些情况开展广告、宣传活动，使企业的信息能够通过适当的媒介被对象公众所接受。

3.制作公关信息

根据调查研究和计划过程中所了解到的对象公众的文化、社会心理等方面的特点，公共关系人员在设计制作信息时就可以参照这些特点，使自己写出的新闻稿件、广告稿、演讲词、展览说明、小册子等等能够适合对象公众的特点，激发他们的兴趣。同时，公共关系人员在制作将要提供给新闻媒介的信息时，还要考虑到新闻媒介的特点，以及针对目标公众或对象公众的那些新闻媒介的具体情况，使企业发出的新闻稿件尽可能地被有关编辑、记者选中作为新闻发表，或作为进一步采访的线索。

4.排除沟通障碍

在实施公共关系计划过程中，可能出现各种矛盾和问题，对此要防患于未然，不能等到事情闹大或问题堆积才想到去解决，应该把矛盾和问题消除在萌芽状态。这样才能扫清实施公共关系计划过程中的一切障碍，使公共关系计划得以顺利实施。

四、饭店公关效果评估

(一)饭店公关效果评估的内容

饭店公共关系效果评估有三大要素：一是把活动的效果与公关目标相比较，分析有哪些效果和差距；二是分析成功和失败的原因；三是提出响应的对策，为下一轮次的公关实施指明方向。具体评估内容包括下列方面。

1.公关活动效果评估

这包括日常公关活动、专项公关活动和年度公关活动效果评估三方面。日常公关活动寓于饭店内部各个方面、各个环节之中，需要饭店内部全体员工的共同努力。因此，饭店在对日常公关活动效果进行评估时，必须分部门、分环节进行，并使各部门、各环节的公关活动目标与组织的整体目标保持一致。专项公关活动效果的评估是通过公关专项计划开展的公关活动，一般均属重大的公关活动。这样的公关活动效果对饭店今后的发展影响甚大，必须予以高度重视。年度公关活动效果评估是指对计划年度内所有公关活动进行总体评估，以总结经验，吸取教训，找出存在的问题，提供下一年度公关计划的依据。

2.对传播效果的评估

对公关信息传播效果进行评估，是通过公共关系调查掌握了大量的信息传播资料后进行的。即通过对大量的信息传播调查资料所提供的情报和数据进行分析评估，看其是否实现了公关信息传播的目标，及通过公关信息传播目标的实现来判断是否保证了公共关系计划方案的贯彻落实。对信息传播效果的评估主要有内部信息传播效果的评估和外部信息传播效果的评估。外部信息传播效果评估包括公关广告评估、大众传播媒介评估、新闻发布会和商品展览会评估等。

3.对形象效果的评估

这包括饭店形象目标效果评估、职工形象目标效果评估和环境形象目标效果评估。饭店形象目标效果评估是指将公关方案中所设计的在一定时期内所要实现的主要形象目标与通过公关工作所达到的实际形象目标进行比较，看其实现程度如何。职工形象目标作为饭店形象的又一分目标，它表现在职工的精神风貌、工作作风及劳动态度等方面。对职工形象效果进行评估，主要是依据职工的自身表现、劳动态度、完成商品购销额、服务质量、积极参与饭店的各项活动以及社会公众对职工的多方面反映等给予的评价。环境形象的好坏直接影响到职工的劳动情绪和其他工作人员的情绪，它是保障职工身心健康的一个重要的客观条件。同时，它也影响外部公众对饭店印象的形成。环境形象目标效果的评估主要依据目标值的实现程度，即通过环境建议的目标完成率给予评估。

此外，还应该对公关其他项目目标、公关协作情况、公关活动的措施等进行评估。

（二）饭店公关效果评估的过程

要对公共关系实务效果进行评估，必须遵照一定的程序以保证公共关系实务效果评估不偏离方向，做到又快又好。

1.建立统一的评估目标

这一评估目标主要就是饭店的公关目标，统一的评估目标是检验公共关系工作的参照物。有了参照物才能通过比较来检验公共关系计划与实施的结果。评估目标确定了，就可以保证评估工作顺利进行，提高评估效率，还可以保证在公共关系调查中掌握有用的资料，避免无效劳动。另外，还要详细规定调查结果如何运用。如果目标不统一，则会在调查中搜集许多无用的材料，影响评估的效率与效果。

2.取得饭店最高管理者的认可以及公关部门的一致意见

评估不是公共关系计划的附属品或计划实施后的事后思考和补救措施，而是整个公共关系计划的重要组成部分。因此，对评估应该给予足够的重视，对评估的方法、程序等方面予以充分的考虑和周密的筹划。这必须取得饭店最高管理者的认可。另外公关部的负责人要认识到，即使是公共关系人员本身也不能一下子就把公共关系活动没有实物性结果的性质和它的可测量效果联系起来。要给他们足够的时间认识效果评估的作用和现实性，并允许他们通过自己的亲身体验加深这一认识。

3.拟订评估提纲

所谓评估提纲，就是指评估者怎样开展评估活动的打算，也是最后撰写评估报告的内容要点。评估提纲的要点是：第一，目的要求，即指评估的基本目的和要求，评估要说明的主要问题。第二，论点，即指从哪些方面论证，有什么初步打算、看法。第三，论据，即为论证和说明问题应搜集哪些资料。

4. 接受反馈信息

有了目标和提纲，接着就是具体地搜集信息、反馈信息。信息是评估效果的基本材料。因此应该把公关活动中的信息，尤其是重要的信息以最快的速度、最准的手段、最好的方法反馈到公共关系部门。公共关系部门平时就应做好信息反馈、信息积累工作。在评估时，还应围绕评估提纲的要求，继续接受信息反馈。

5. 搞好综合分析

所需要的信息搜集齐全后，就要加以整理，进行综合分析，这是整个评估的重要一环。面对大量的数据、实例，评估者要认识它、理解它、分析它，并作出取舍，从中引出自己的观点。进行综合分析要注意两个问题：第一，必须遵循信息处理的基本原则，即将丰富的材料加以“去粗取精，去伪存真，由此及彼，由表及里”的改造制作。“去粗取精”，就是对材料进行选择，去掉那些粗糙的东西，把反映本质的材料留下来；“去伪存真”，就是对材料进行鉴别，分辨真伪，去掉假的，保存真的；“由此及彼”，就是把握事物间的内在联系；“由表及里”，就是透过现象看本质，把握事物发展的规律性。第二，要特别注意纵观全局。经济现象是错综复杂的，是互相联系的。公共关系活动涉及方方面面，是饭店整体行为的综合反映。因此，按照经济发展过程中各个环节的内在联系结合起来观察，以求比较全面地揭示事物的本质。

6. 撰写评估结果报告

撰写评估结果报告就是要将公共关系的成效以文字形式报告给饭店领导者，以取得重视和支持，这也符合公共关系原则原理。撰写评估结果报告要注意“五忌”：一忌数字不准确，情况失实；二忌数字文字化，没有观点，或者满纸陈述，没有数据、实例；三忌油水分离，观点和材料不统一；四忌报喜不报忧；五忌穿靴戴帽，套话连篇。

(三)饭店公关效果评估的方法

公共关系实务效果与其他经营活动效果，如销售成果、财务成果相比，比较难以评估。其原因：一是公关工作成效不会在短时间内显现；二是公关工作成效很难用具体数字表示；三是饭店的工作成效往往是优质商品、优质服务等营销活动和公共关系共同努力的结果。因此，公共关系实务效果的评估方法就得多种多样，有定性、有定量，要用多种方法进行评估。评估的方法主要有以下几种。

1. 专家意见法

专家意见法又称“德尔菲(Delphi)”法，是一种综合专家意见，就专门问题进行定性预测的方法。此方法稍作修改即可用于不易量化的公共关系效果的评估。其步骤是：首先，由主持人拟好调查评估项目，并给出评价标准。如公众舆论的变化可分为呈好转、略好转、原状、略恶化、恶化五个标准。其次，邀请专家若干名。一定要聘请那些知识丰富、熟悉情况的专家。再次，请专家们匿名、独立地就拟订项目发表意见。若意见分散，则将上一轮意见汇集整理，反馈给每一位专家，请他们重新发表意见，直至意见趋于一致。最后，汇总出能代表大多数专家意见的结论，作为专家集体对公共关系活动的评判。

2. 目标管理法

目标管理法是指在饭店公关工作中建立目标体系，每个环节、每个部门、每个个人都有自己的目标和措施，在计划实施之中和之后进行评估的一种评估方法。采用这种方法，应在制订计划时就考虑到效果评测，即用量值方法对目标进行分析，判定通过方案实施之后是全部达到目标，还是部分达到目标。这里对目标评定多采用列表法，通过列表把目标分解成为一些具体项目，每个项目还可以分成若干个子项目，再按项目在目标中的重要程度列出一定的比例，在活动实施后，根据目标达标情况打分，从而确定目标达标程度，衡量和评价出公共关系的效果。

3.公众调查法

在一系列公共关系活动之后，对主要目标公众进行调查，了解其对组织评价的变化，分析公共关系活动。这种方法在公共关系评估中运用得较为普遍。这种方法的基本做法是，按抽查法的要求在选定的公众群体中选择一定数量的测验对象，用问卷、表格等方式征求他们对指定问题的意见、态度、倾向，再作出统计、说明，分析公共关系活动的效果。公共关系人员还可以通过与公众代表的对话，征询广大公众的意见和观点。

4.饭店形象地位评估法

饭店形象地位评估法是指评估人员以饭店知名度、美誉度作为两个基本变量，评估饭店形象的方法。饭店的知名度是社会公众对饭店认识、知晓和了解的程度。饭店知名度高是饭店被社会公众知晓得多，反之则知晓得少。饭店美誉度是社会公众对饭店的信赖和赞誉程度。饭店美誉度高即是饭店在社会公众中的信誉度高，反之则是信誉度低。可见一个饭店形象在社会中的好与不好，取决于饭店知名度和美誉度的高低。

实践活动

实训内容：为本地一家五星级饭店的康乐部设计一个“开展全民健身”的策划书。

实训目标：通过对该饭店康乐部经营现状进行信息搜集和整理，设计“开展全民健身”活动方案。

实训组织：成立实训小组，6～8人为1组。以小组为单位，利用课后时间完成实训任务。

实训成果：以小组为单位制作实训报告，选派代表进行课堂汇报，小组其他成员进行补充汇报。

评价方案：

1. 提交完整的实训报告一份。

2. 以小组为单位制作PPT，选派代表进行课堂汇报，小组其他成员进行补充汇报。

评价方案评分标准和内容

评价内容		小组自评（30%）	其他小组评分（30%）	教师评分（40%）	综合评分
饭店康乐部经营现状分析（15分）	盈利状况（5分）				
	客户资料（5分）				
	提供项目（5分）				

评价内容		小组自评（30%）	其他小组评分（30%）	教师评分（40%）	综合评分
公关活动策划方案设计（70分）	活动目标（10分）				
	实施公众（10分）				
	传播实施计划与步骤（10分）				
	选择媒体（10分）				
	确定活动方式（10分）				
	经费预算（10分）				
	方式优化与审定（10分）				
汇报得分（15分）	材料准备（5分）				
	语言表达（5分）				
	队员补充（5分）				

本章小结

组织与公众的良好关系必须经过精心的策划，必须经过特定的步骤和过程。公共关系的工作程序包含了公关活动的全过程，即公共关系调查研究、公共关系策划、公共关系实施和公共关系效果评估四个基本步骤。在公关工作的四步循环程序中，公共关系调查是起点，是基础；公共关系策划是关键，是公共关系实施的指南和效果评估的标准，离开了公共关系策划，公共关系工作就会漫无目标，不得要领，难以协调统一，成效甚微；公共关系实施是核心，是执行公共关系策划、取得公共关系成效的具体行动，离开了公共关系实施，再好的策划也只是纸上谈兵；效果评估是重要的反馈环节，也是下一轮公关活动的起点。这四个步骤的运作是否科学、有效将直接影响着饭店公关活动的成效及目标的实现。本章在全书中起到承上启下的作用。

思考与练习

1. 饭店公共关系调查的内容和方法是什么？
2. 简述公共关系策划的含义及程序。
3. 公共关系方案的实施应把握哪些问题？
4. 开展公共关系效果评估活动有哪些意义？

案例分析

首创公务酒店的品牌形象——广州大厦旅游饭店业公关案例

一、案例背景

广州大厦的前身是广州市人民政府的接待基地——榕园大厦。为了适应改革中的广州市政府对接待基地的需求，广州市政府办公厅于1993年在榕园大厦的基础上按四星级标准建成了现在的广州大厦，并于1997年9月28日开业。广州大厦起步之初聘请酒店管理公司管理，管理公司将大厦定位为商务酒店，拟仿照商务酒店的经营管理模式立足市场。由于市场定位的不准确和经济大气候的影响，大厦的经营一直难以打开局面，1997年9月28日至1998年9月30日，经营利润只有4.3万元。广州大厦的经营陷入了困境，管理公司只好提前撤离，由广州市政府办公厅组建了以邝云弘女士为领导核心的新班子，接手大厦的管理。新领导班子决定通过重新确立酒店定位，树立品牌形象来争取社会和顾客的支持。

二、公关项目调研

广州大厦新班子在做了大量市场调查的基础上，对自身的基本情况作了全面的分析，认识到：广州商务酒店星罗棋布，传统的招待所也为数甚多，广州大厦要想异军突起，必须寻找全新的市场定位；广州大厦拥有独特的酒店资源和接待资源，应重新整合这些资源；一个全新的概念应运而生——创立全国首家公务酒店的品牌形象。这一全新的品牌形象拥有不同于商务酒店的独特优势：

第一，公务酒店占有独特的公务酒店市场，对于公务消费者而言，公务酒店有更强的适应性，更具信任感、安全感。这无疑是公务酒店独特的细分市场。

第二，公务酒店有一整套完整的适应政务接待、公务活动和其他商务活动的设施设备、人员和程序。

第三，公务酒店背靠政府，依靠与政府职能部门的密切关系，能为客人提供更多的政治、经济等方面的咨询和服务。

第四，公务酒店承担着政府对外联络的职能，它所发挥的“窗口”和“桥梁”作用，是商务酒店无法替代的。

三、公关项目策划

1. 公关目标：重塑广州大厦品牌形象。

2. 公关策略：

第一，密切联系目标公众，创造良好的人际传播渠道；

第二，全面强化公务公共关系，拓展公务市场；

第三，在服务中传播，在传播中营销。

广州大厦确立以全国首家公务酒店为自己的品牌形象。这一形象的释义为：以公务客户、公务活动为主要目标市场，以规范化的酒店服务为基础，以鲜明的公务接待为特色的酒店。

四、公关项目实施

重塑品牌形象是广州大厦宏观的公关策略，广州大厦以综合治理的方式，全面推进了这一计划的实施。

1. 发挥自身优势，重塑品牌形象

广州大厦作为公务酒店拥有不同于商务酒店的独特优势，在充分把握这些优势并对酒店资源和接待资源进行有机整合和利用的基础上，努力做出了公务酒店的品牌和特色。

2. 强化自身品质，提升品牌形象

广州大厦人深深认识到，形象的传播，主体是大厦的员工，是酒店的优质服务，因此广州大厦首先从强化管理入手，全面实施大厦由商务酒店向公务酒店转型的策略。

3. 利用各种途径，宣传品牌形象

在总体的形象策略确定后，广州大厦推出了一系列的宣传活动：首先，选取曾经是广州市市花并被人们誉为英雄花的红棉花作为大厦的形象标志，还选取绿色作为企业形象识别色彩，旨在推行绿色管理，普及环保意识。其次，广州大厦的宣传活动先从内部做起，强化企业形象。大厦在大堂、电梯等公众场所制作了一批有着人情化、个性化的鲜明服务特色的精美宣传画，一方面美化大厦的环境，另一方面在潜移默化中让客人接受大厦的品牌形象。最后，有针对性地选择公众媒体宣传企业形象，在广州地铁沿线投放了以“我在广州有个家”为主题的企业形象广告；还在广九直通车站出口处最醒目的位置上设立了大幅的灯箱广告，让踏进祖国南大门的宾客第一时间就感触到大厦的形象。

五、公关项目评估

1. 参与公务活动，强化品牌形象

广州大厦定位为公务酒店，这就决定了大厦必须主动参与各类公务活动，同时强化与政府部门的长期沟通和合作。于是，争取广州市市委、市政府领导的大力支持成了大厦公务公关的基础。

2. 在服务中传播，在传播中营销

广州大厦创建公务酒店品牌形象的一年来，没有投放太多的资金在大众传播媒介上做宣传，而是把传播形象的工作与日常的服务工作融合在一起，在服务中传播。广州大厦将有限的资金投入技术改造，投入培训，逐步形成安全、优质、快捷的服务规范，并将这种服务特色推而广之，在大厦推行“顾客完全满意”的概念，努力提升公务酒店品牌形象。

3. 首创公务酒店，实现品牌更新

广州大厦在公务酒店这面旗帜下，在政务、公务、会务接待方面做出了人情化、个性化的风格和特色，得到目标公众群的认同和支持，特别是广州市四套班子的公务活动几乎都安排在大厦举行。一年来，大厦完成了400多项接待任务，其中属省市、中央、跨国的重大接待50多项，成功地将公务酒店的品牌形象推向市场，实现了品牌更新。

4. 在短期内迅速提高了大厦的知名度

公务酒店这一全新品牌的确立，引起社会各界特别是行业内有关人士的高度重视，尤其是在《人民日报》和《接待与交际》杂志刊出《广州大厦拓展公务酒店市场》以及采访录《我们正经营中国第一家公务酒店》、《请与我同行——携手共创公务酒店市场》等文章以来，在国内引起强烈的反响。广州大厦提出的公务酒店品牌形象的概念及创建公务酒店网络的设想，得到同行和社会各界的关注和呼应。

5.有效地拓展了公务酒店的市场

广州大厦积极推行“顾客完全满意”的概念，努力提高服务质量，做出了属于公务酒店的风格和特色，获得了公众的认同。慕名而来的公务客人及外宾大幅增加，1999 年共接待了近 10 万人次，年均开房率较 1998 年提高了 9.83％，成功地拓展了自己的市场。

6.赢得了良好的经济效益

推行公务酒店品牌形象的一年来，由于形象突出，营销策略得当，广州大厦在完成各项接待任务的同时，经济效益大幅攀升。1999 年营业利润达 2065 万元，与 1998 年相比，提高率高达 513％，创造了良好的经济效益。

7.营造了良好的公共关系

随着广州大厦人的努力，广州大厦知名度的提高，公务酒店形象的被认同，特别是公务酒店品牌含金量的提高，大厦不但赢得了公众的理解和认同，取得了良好的经济效益，还营造了良好的公共关系。

讨论题：

1.结合案例谈谈酒店业公关的主要内容是什么。

2.结合本案例分析广州大厦的公关策略是如何围绕公关目标展开的。

第七章　饭店公关形象

学习目标

知识目标

1. 熟悉饭店形象的含义与构成；
2. 熟悉饭店形象的主要类型及设计原则；
3. 掌握饭店形象设计的内容与程序；
4. 掌握饭店形象塑造的策略及步骤；
5. 掌握饭店形象状态测量的方法。

能力目标

1. 能够对饭店形象内容进行初步设计；
2. 能够根据饭店实际情况对其进行形象状态测量。

案例导入

世界十大饭店塑造饭店形象的秘诀

美国《公共事业投资者》杂志每年要评出世界 40 家最佳饭店，从以下评出的世界十大最佳饭店的评语中，我们可以了解塑造饭店美好形象的秘诀是什么。

曼谷东方饭店：它有 406 个房间。从宾客到达时供应一杯鲜橘汁开始的数不清的其他细小服务，包括：每个房间都有一篮当地出产的水果，并伴有说明书；都有专门播放古典音乐的音响设备；担任叫醒服务的话务员在几分钟之后再一次用电话询问宾客是否真正醒来。

香港文华饭店：每一个新到的宾客都会得到一篮水果或一束鲜花作为饭店经理对客人表示的敬意。在这家有 580 间客房的饭店里，全部电话均装有"不打扰"的自动装置。那些随后就要去中国大陆旅行的客人，可以得到一个"中国用具袋"，里面装了一些在中国大陆不易得到的基本用品，并可在饭店办好登上飞机的一切手续。

东京大仓饭店：它有 900 间客房。该饭店的电子计算机记录着各个宾客的一些特殊爱好，诸如房间式样和喜欢哪种食品、饮料与报纸等。饭店有夜间熨衣服务，还有一个办公服务大厅，为宾客提供翻译、打字服务。饭店里还有图书馆，备有商业出版物和录像带，并提供幻灯机和电影放映的会议室，可免费使用。

瑞士苏黎世大道尔德饭店：这家有 198 间客房的饭店，可以眺望苏黎世湖。每天供应鲜花，代客贮存物品和提供熨衣服务。经理说：这些服务项目全是理所当然的。他认为重要的是做好日常工作，保证有良好的床垫，按时叫醒客人，以及从白脱油的供应方式到擦皮鞋的鞋油质量等都加以关注。

新加坡香格里拉饭店：它有700个客房，每个房间内都放有鲜花，浴室里也放有鲜花。有洗衣服务，还备有面包车接送宾客到附近的植物园去，以便他们早上能在清新的空气里散步。

巴黎丽斯饭店：它有210间客房和46套套房。在套房的会客室里，可以根据客人要求安装直接的电传线路设备。有24小时服务的餐厅。常住宾客可以得到特别的台布、床单、玻璃器皿和瓷器。每逢年底饭店开设一个特别的商务中心，为所有客人提供电传、打字、电报服务和懂得各种语言的秘书人员服务，语种包括日文、中文和阿拉伯文。

德国汉堡维尔吉立瑞泰饭店：该店保存了每个宾客居住该店的历史，宾客喜欢住哪个房间和有一些什么样的特别要求，诸如需要什么样的枕头（硬的、软的或不要用羽毛的），喜欢用被子还是羊毛毯，是否需要在床上用膳等。饭店在汉堡郊区有自己的农场，专为饭店供应鲜肉、蛋、新鲜蔬菜和鲜花。为了使宾客在洗热水澡时不致烫伤，浴室内还备有洗澡水温表。

香港半岛酒店：当客人来到这家有340间客房的饭店时，服务员马上送上一杯中国茶。每当客人返回房间时，就会发现哪怕客人只在床上打了一个瞌睡，床单也已经被换上新的了。没有放到衣柜内的皮鞋，服务员就会主动擦净上油。一有下雨的迹象，雨衣就送到客房里备用，还提供头发吹干机或电气保暖垫。此外，客人可以要求住不准吸烟的房间。这种房间对气味进行过特别处理，而且都在同一层楼上。

西班牙马德里的丽斯饭店：它有158个房间。饭店备有高尔夫球和狩猎用品，如枪、鞭、猎网等，以便客人在适当的季节中使用。经理还为看斗牛的人们准备了特别的野餐食物篮。饭店还有一个特设的熏房，专门生产熏火腿、腌肉以及各种西班牙香肠。

伦敦克勒来尔饭店：饭店对于经常来住的客人喜欢和不喜欢的事情，均备有详细的记录。例如宾客不希望把两张单人床换成双人床，希望另加书桌或要求不断供应矿泉水或早餐要有特制牛肉等。饭店还提供许多个人服务项目。

（资料来源：http://www.doc88.com/p-6955520844724.html）

思考：

1. 世界十大饭店塑造自身美好形象的秘诀究竟是什么？
2. 你认为还可以通过哪些方法来塑造饭店美好的公关形象？

关键概念

形象 (image)　　形象设计 (image design)
知名度 (popularity)　　美誉度 (esteem)
形象塑造 (image-building)　　形象识别(CI)
理念识别(MI)　　活动识别(BI)
视觉识别(VI)

第一节 饭店形象概述

饭店的公共关系目标，就是要建立饭店企业的良好形象。饭店形象的概念，是饭店公共关系理论的一项核心概念。一个饭店的形象可以通过知名度和美誉度来反映。饭店的公共关系活动可为饭店提高知名度与美誉度，创造知名度与美誉度的和谐统一，从而为饭店企业的经营和发展创造良好的内外部环境。

一、饭店形象的含义

要了解饭店形象的含义，必须首先了解形象的含义。“形象”有三种含义：

第一种是指事物的外部形状，如我们平时所说的形象思维、形象教育中“形象”一词的含义；又如长相好的人或扮相好的演员，我们也说他“形象好”。

第二种是指文艺作品中塑造的人物的精神风貌和性格特征，如贾宝玉、林黛玉的“形象”，播音员、主持人的“形象”等，这是一种艺术形象。

第三种是指人们对某种事物的形状、性状、形态的抽象，是从前两种含义中衍化而来的，组织形象中的“形象”一词应属于这第三种含义。

这样看来，饭店形象就是指社会公众对饭店企业在经营活动中的行为特征和精神面貌的总体印象以及由此所产生的总体评价。

在现代社会中，企业形象直接作用于企业的生存和发展，可以说，它是企业最重要的无形且无价的资产。虽然良好的饭店形象不能直接产生利润，但它却可以间接开辟市场，通过良好的社会效益带来较大的经济效益。因此，饭店企业塑造良好的形象就显得十分重要。

饭店形象既是公众对饭店企业性状的抽象；也是对饭店特征和状况的抽象化的反映；又是一种和评价相联系的观念状态。如当我们说到南京“金陵饭店”的时候，观念中就呈现出对这家饭店的抽象化的性状反映：这是一家五星级饭店；这是一家接待过好多国家元首和地区首脑的宾馆；这是一家“世界一流饭店组织”的会员饭店等，这就是金陵饭店的一些形象。至于金陵饭店在何大街第几号、有多少客房、多少员工等等，这些细节或许知道、或许不知道，都无碍于公众对其做出客观的认识和评价。

美好的饭店企业形象，能为饭店的顾客创造出一种消费信心，预先为饭店的产品作了保证，为吸引社会上的资金提供了保证，为保留和吸引人才创造了优越的条件，有助于增进与社区的沟通和了解，从而创造一种良好的饭店经营空间环境，有助于得到政府的谅解和支持。

二、饭店形象的构成

饭店形象是整体性的公众形象和评价，但公众在评价饭店时并非总是总体地进行评价，而是就饭店的各个方面去进行的，这样就有了形象构成的各种要素与内容。不同的公众或者同一公众在不同环境下所关心的方面、所获得的信息是不尽相同的，如餐饮消费者主要关心菜肴酒水和服务方面的状况，客房消费者主要关心客房的舒适温馨与安全卫生状况等等。

(一)饭店形象的构成要素

根据公共关系理论，构成饭店形象的三要素是认知、信赖和好感。

饭店的经营活动通过对外界的信息传递而形成，饭店的信息传递首先必须得到消费者的认知，消费者通过对饭店的认知才能进一步产生好感和信赖。而只有产生好感和信赖的这一部分消费者，才最有可能成为购买饭店产品的稳定消费者。

1. 认知

认知就是认识和知道的过程，也就是首先让公众了解饭店产品（或服务）的存在。认知包括多种情况：知道得很详细、很清楚；只停留在表面的认识，而不清楚具体内容；没有亲身消费的体验，只听他人简单介绍；虽然不很了解，但在众多的商品中能发现它的存在等。

以上各种认知除了第一种以外，其他都是浅层次的认识，只是得到信息而已，还没有涉及对产品的感觉和评价。虽然只是获得某些信息，但也意味着已经把信息传入了人的大脑。这是一个从不知到认知的飞跃，实现的是一个质的飞跃。所以，不论是对客观事物的正确认识，还是对客观事物的一种似懂非懂的感觉，认知总是饭店形象中的第一基本要素。

在一般情况下，消费者在购买饭店产品之前，必须首先对饭店或饭店产品产生好感和信赖。消费者绝不会购买令其感到厌恶的商品。要使消费者对其产生信赖和好感，就必须先使他们了解饭店的存在和饭店产品的质量，所以认知是饭店形象中应该考虑的首要问题。

2. 信赖

信赖是饭店形象的另一个构成要素，是一种信任和依赖的结合。随着“认知”的不断加强，信息不断传入大脑，逐渐形成大脑的确定信号——信赖。当然，“信赖”的形成还有各种不同的程度和各个不同的阶段。但一般来讲，认识程度越深，就越加强了“信赖感”。

3. 好感

好感和信赖一样，同是饭店形象的构成要素。所谓好感，是指饭店或饭店产品已经得到了肯定的评价。认知程度越深，好感程度越强。好感和信赖有相似之处，有时两者可以产生相同的作用。只是信赖往往与饭店的客观实力互相呼应，而好感更多一些消费者自身的主观感情色彩。

认知、好感和信赖是构成饭店形象的三大要素，饭店的“基本形象”与饭店在市场上的占有率以及销售额的大小等都有着十分密切的关系。因此，饭店要通过各种方式开展各种活动，让广大消费者认知并对其产生信赖和好感，最终达到扩大销售的目的，这也是树立饭店美好形象的根本目的。

（二）饭店形象的构成内容

1. 产品的形象

各类公众，尤其是消费者对饭店的产品（硬、软件产品）的质量、性能、价格、包装等方面的看法和评价，就形成相应的产品形象。公众特别是消费者对饭店所提供的产品是极为敏感和挑剔的，饭店对此必须高度重视。

对于饭店而言，顾客是头等重要的，饭店塑造形象的目的就是争取顾客，与顾客建立良好的关系。而良好的顾客关系又取决于饭店良好的产品形象。产品形象的好坏主要取决于饭店为顾客提供的产品和服务的价值，也就是满意的质量、价格和服务等，以及饭店员工在履行接待服务工作的职责时所表现的责任心、道德水准和态度。

为了树立良好的产品形象，饭店一方面要抓好产品的质量管理，另一方面要经常了解公众的要求，听取公众对产品优、缺点的评价及如何改进的建议。此外，还要注意用不同的语言和方式向顾客及时传播有关本饭店产品以及为宾客服务的各种信息，使公众对饭店产品由认知到产生好感和信赖，再到购买。

2.服务的形象

饭店是以提供专业服务为主的接待业，因此服务形象的好坏对饭店形象的塑造至关重要。饭店的服务形象主要是指消费者对饭店提供的服务是否热情、周到，服务项目是否齐全、便利，服务态度是否真诚、礼貌，服务质量是否有保证，服务是否让人满意的反映和评价等。

饭店的服务形象内容十分广泛，包括售前服务、售中服务和售后服务三大方面的内容。这也是饭店接待服务中的三个基本环节。

饭店接待服务中的售前服务也叫服务的预备阶段，是饭店在提供服务前所进行的一系列准备工作。售前服务质量的好坏，与饭店的服务形象有着直接的关系。如客房的预订，餐厅酒水、菜肴原料的采购与贮存，宴会的布置准备工作等，都反映了饭店服务的形象。

饭店接待服务中的售中服务也叫服务阶段，主要是指在直接接待宾客过程中的各项服务工作。其中包括总台的入住登记、房间分配、行李提送、客房清洁、洗衣、餐厅、迎宾等服务。售中服务质量直接影响到饭店的服务形象。

饭店的售后服务也叫服务的后阶段，是指饭店通过顾客意见卡、留言簿、投诉信、座谈会以及其他各种方式所收集到的宾客消费后的意见和反映，掌握饭店接待服务的反馈信息，分析研究提高饭店服务质量的方法和手段，积极采取有效措施以便在未来的服务中改进服务质量。

3.员工的形象

公众对饭店员工的总体素质、能力、文化修养、道德水准、服务水平等方面的评价和看法，构成了饭店员工的整体形象。

在员工形象中要注意正确理解个人形象与员工整体形象的关系问题。整体形象通过每个员工的具体形象表现出来，所以要提高员工的整体形象，就必须提高每个员工的个人形象。但是，不同员工的个人形象对员工整体形象的作用并不等价。一般来说，与外界公众或顾客接触较多的员工（如前台服务人员、公关销售人员以及管理人员）的形象具有更令人关注的意义。尤其是饭店的公关销售人员，通常被看做是饭店员工的代表，是整体形象的“镜子”。所以，在塑造员工形象时首先要注意提高公关人员的形象，同时又要注意提高一般员工的形象。

影响员工形象的因素有许多，其中起决定作用的因素是员工的素质和员工的凝聚力。实际上，凝聚力也能在一定程度上体现出员工素质。如果一个员工语言粗俗、举止不文明，人们会把他跟整个饭店联系在一起，认为饭店档次较差，从而影响饭店的所有员工甚至整个饭店的形象。再如接线员语言粗鲁、接待人员的一张冷脸、维修人员的失职等都会给整体形象带来危害。因此，饭店必须提高每个员工的素质，使他们认识到形象的重要性，认识到个人形象对员工集体形象的影响。

凝聚力大小表现在许多方面，如共同克服困难的决心和信心，相互帮助和关心，关心饭店的发展，为领导献计献策，工作的激情、热情和创造力等等。通常以员工间的凝聚力和向心力作为评价员工形象的重要指标。影响员工凝聚力的因素有员工间人际关系的和谐程度、领导对员工重视和尊重的程度、实现个人价值的机会多少、工作环境、员工福利和待遇、组织的前景和现状等等。

4.组织的形象

公众对饭店的内部职能机构设置、人员配置及其运转方面的综合评价，构成一定的组织形象。组织形象是饭店形象与口碑的重要构成要素之一。公众与一个饭店打交道，接触的是其内部具体机构（部门），如果对其组织机构的印象很糟，就会影响公众对饭店整体的印象。良好的组织形象具体体现在以下方面。

（1）机构设置要健全

饭店内部职能机构的设置要合理，应该有的部门必须设置，不应有的机构必须撤销。合理的部门数量本身就可以体现出一定的效率。

（2）人员配置要精简

合理的组织机构必须配备合理的员工人数，决不能人浮于事。恰当的人员数量和质量能提高工作效率，给人们留下更美好的印象。

（3）组织运转要灵活

内部职能部门之间分工要明确，要做到各负其责，同时又要相互配合、协调一致，共同承担和完成饭店的预期目标。部门之间职责不清、各行其是都会严重影响饭店形象。特别是与顾客关系和公共关系相关的工作，需要各部门的积极参与和配合，它是饭店组织运转状况的指示器。公关工作的失调不仅仅是公关部的失职，也体现各部门之间缺乏协作与配合。

（4）办事效率要高效

各部门能独立解决的问题应自行解决，决不能遇事就要“请示一下”、“与领导商量商量”或“内部开会集体讨论一下”等等。尤其是对顾客的投诉和特殊要求，一定要及时妥善处理，决不能拖延。

【案例 7-1】

山东大厦实施绩效考核管理

为全面及时、客观公正地评价员工的德才表现和工作业绩，进一步调动员工工作的积极性和创造性，自 2008 年 7 月起，山东大厦实施绩效考核管理办法。

绩效考核作为人力资源管理的重要内容和现代企业管理的必要手段，已越来越多地被引入到企业的实际管理操作之中，对于促进企业管理目标的实现发挥着非常显著的“推进剂”作用。根据 2008 年全年工作安排及大厦工作会议精神，经过酝酿、论证，制订了《山东大厦绩效考核实施办法》。通过确定目标、目标实施、自我评估、领导打分、交流反馈等步骤对主管以上管理人员以月为单位进行考核。考核实行百分制，由“任务绩效”和“周边绩效”两部分组成，考核分数直接与被考核者的收入挂钩。绩效考核结果将作为工作改进、培训计划的制订、薪酬调整、奖金分配及职位等级晋升、降级和岗位调整的主要依据。

绩效考核的实施，对于改进和提高山东大厦的整体管理效能、增强管理效率、提高大厦的整体运作能力等方面将起到巨大的促进作用。

5.管理的形象

管理形象就是公众对饭店的管理水平、管理方式和管理行为的评价和看法。如果说产品形象、服务形象、员工形象、组织形象体现出饭店的已有成就和实力，那么管理形象则体现着饭店的发展潜力。即使其他形象不够理想，通过良好的管理，仍然可以很快得到改善。而管理形象不佳，就表明该饭店缺乏发展前景。事实上，产品形象、服务形象的好坏本身也包含管理的问题。管理形象的好坏体现在饭店行为的以下五个方面。

(1)经营决策：这是公众对饭店管理评价的主要内容之一，如决策是否科学、目标是否合理、方案有无可行性等。

(2)服务管理：如接待服务和活动组织是否恰当、接待服务计划的制订是否完善、服务各环节的衔接是否严密等。

(3)销售管理：如市场预测是否准确、产品定价是否合理、广告宣传是否有效、吸引顾客有无方法技巧等。

(4)人事管理：如用人是否得当、考察聘用管理人员的程度是否合理、对员工的培训和教育是否重视等。

(5)工作环境管理：如内部工作条件的好坏，后勤服务完善与否，员工福利与保健、安全等情况。

饭店的管理形象最集中的体现是饭店的社会效益和经济效益，而且两种效益必须协调一致共同发展。为了提高管理形象，必须健全内部规章制度并严格贯彻执行，注意创造良好的内部人际关系氛围，这是现代企业管理的主要象征。

【案例 7-2】

金陵饭店荣获“江苏省质量管理 30 年优秀企业”

2008 年 9 月，江苏省质量管理协会、江苏省企业联合会在南京市隆重召开“江苏省质量管理 30 年——追求卓越大会”，金陵饭店股份有限公司荣膺“江苏省质量管理 30 年优秀企业”，成为获得以上殊荣的江苏省服务业唯一代表。

2008 年是我国改革开放 30 周年，同时也是江苏省推行全面质量管理 30 周年。为进一步宣传贯彻江苏省“质量兴省”和名牌战略实施纲要的精神，深入落实科学发展观，推进实施卓越绩效模式，促进全省经济社会又好又快发展，江苏省质量管理协会、江苏省企业联合会在全省联合开展了“江苏省质量管理 30 年优秀企业”、“江苏省杰出质量人”评选表彰系列活动，旨在树立一批质量管理的标杆企业和杰出人物，激发全省工商企业进一步做强自主品牌，提升管理竞争力，并动员和引导全社会“共铸诚信”，形成人人关心质量、不断创新管理、促进企业质量管理和产品品牌的改善与提升的局面。

与此同时，南京市人民政府授予金陵饭店股份有限公司等 21 家企业“2007 年度南京市服务质量奖”称号，以表彰获奖企业为南京市扩大对外交流、促进对外开放、树立城市良好形象作出的突出贡献。

金陵饭店股份有限公司在长期经营发展中，始终以“打造具有国际影响力的百年民族品牌”为己任，积极贯彻省政府关于加快现代服务业发展的要求，坚持完善公司治理，大力实施品牌战略，推进资本运作，持续创新经营管理，以人为本、追求卓越，加强质量督导、监控和绩效考核，建立了充满活力的质量保证体系和长效机制，以行业领先的专业化、国际化水准和自主创新优势，促进了经营业绩的持续增长，提升了“金陵饭店”民族品牌的核心竞争力和国际影响力，形成了品牌营运和资本扩张双轮驱动的发展格局。2008 年以来，公司再度蝉联“江苏服务业名牌”称号，连续三度荣膺“中国十大最受欢迎商务饭店”，并成功入选“上证公司治理指数(SSE000019)”、“中国 TOP100 最佳雇主”，成为唯一上榜的旅游类上市公司。

总之，饭店形象由许多方面构成(图 7-1)，整体形象的好坏取决于每一具体形象要素的好坏，它是一种概括性的组织概念或特征(识别标志)。但最能全面地反映饭店整体形象的是饭店的精神、方针和宗旨，它们与众不同，形成鲜明的组织识别标志。在进行饭店形象设计与塑造时，应整体与局部形象相互兼顾，做到既不能只宣传整体形象，也不能片面地强调某一个方面。

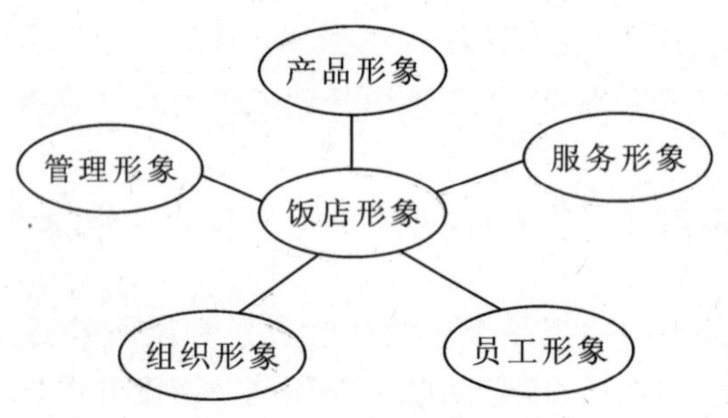

图 7-1　饭店形象构成图

三、饭店形象状态测量

饭店形象状态测量是指公众(潜在和现实消费者)对饭店现状、特征、发展前景等的主观看法和态度倾向所开展的量化研究和调查，这是开展饭店形象筹划与推广必经的步骤。形象测量的结果是实施推广饭店形象策略的基本依据。其中，知名度和美誉度是评价饭店形象的两个基本指标。

所谓饭店的知名度，是指社会公众对一个饭店的知晓与了解的程度，以及这个饭店对社会影响的广度和深度。它是评价饭店名气大小的客观尺度。所谓饭店的美誉度，是指社会公众对一个饭店的信任和赞美的程度，以及这个饭店对社会影响的美丑、好坏。它是评价饭店好坏程度的指标。知名度主要衡量舆论评价“量”的大小，美誉度主要衡量舆论评价“质”的好坏。美誉度高不一定知名度高，美誉度低也不意味着知名度低。

测量公众对饭店形象的认知，主要围绕饭店知名度与美誉度进行。如果把这两项指标作为直角坐标的两个坐标轴，以知名度为横坐标，以美誉度为纵坐标，就可以构成一个饭店形象坐标系。任何一家饭店的实际形象都能在这个坐标系中定位，或者说找到自己的形象位置，如图 7-2 所示。饭店形象状态图分为四个区，分别表示四类不同的企业形象状态：Ⅰ表示众人皆知的好形象(美名远扬)；Ⅱ表示形象好，但不出名(知道的人都说好，但知道的人不多)；Ⅲ表示形象不好且不出名(知道的人都说不好，但知道的人不多)；Ⅳ表示众人皆知的差形象(臭名远扬)。

从图 7-2 中可以看出：

Ⅰ区：高知名度、高美誉度。在这个区中的饭店处于最佳的公共关系状态，应保持和发扬原有成绩，继续努力。

Ⅱ区：低知名度、高美誉度。在这个区中的饭店已经具有了良好的公共关系发展基础，应在维持美誉度的基础上，通过传播媒介的宣传，让外界了解自己，尽快提高知名度。

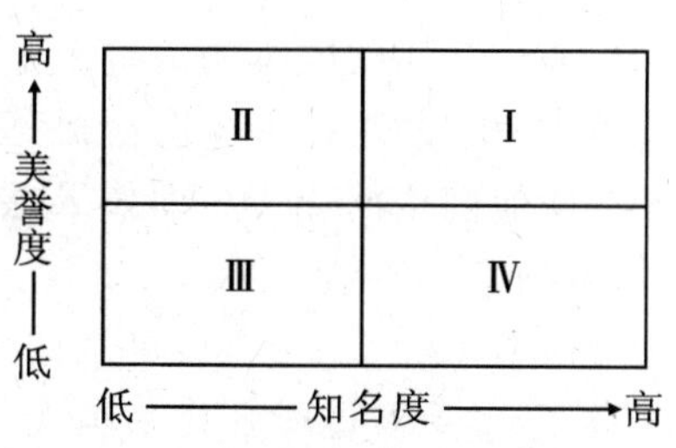

图 7-2　饭店形象状态图

Ⅲ区：低知名度、低美誉度。在这个区中的饭店的公共关系状况不佳，其公共关系工作甚至需要从零开始。首先应该完善自身，争取较高的美誉度；而在传播方面暂时保持低姿态，待享有较好的美誉度以后，再大力做提高知名度的工作。

Ⅳ区：高知名度、低美誉度。在这个区中的饭店的公共关系处于臭名远扬的恶劣环境，必须通过整体工作的改进和公共关系活动，先扭转已经形成的坏名声，想方设法提高美誉度，尽快扭转公众对饭店形象的看法，否则将难以生存下去。

第二节　饭店形象的设计

国内外的饭店管理者们越来越感觉到，在现代科学技术不断飞速发展的条件下，饭店之间在设施设备等“硬件”方面的差异不断缩小，甚至趋向于消失。饭店只有以独特的形象给公众留下深刻的印象，使公众产生好感和信赖，才能在激烈的市场竞争中生存、发展并取胜。

形象设计是饭店企业公共关系最艺术化的一个环节。饭店形象设计，是指采用新颖、独特、引人入胜的手段，通过新闻媒介的传播，使饭店企业的内在精神和外显特征在公众心理上留下深刻的印象，促进公众对饭店企业产生信赖感和良好的心理效应，最终达到促销目的的公共关系专业活动。

一、饭店形象的类型

饭店形象由多方面的因素组成，综合看来，从不同角度或层面，按不同标准大致有以下几种形象分类。

(一)1. 按饭店形象的内容分为总体形象和特殊形象

1. 总体形象

总体形象是指社会公众心目中对饭店的总的看法和印象。任何一家饭店都是社会有机体的一个组成部分，它必须关心自身在整个社会中的总体印象。饭店企业在重视主要公众对象的要求时，绝不可以忽视其他公众的利益。如果因为照顾某类公众的某种特殊要求，而损害了大部分公众的共同利益，那么据此设计出来的饭店企业形象，肯定要受到社会舆论的抨击，使饭店的公众关系失调。

2. 特殊形象

特殊形象也叫局部形象，是指针对某些特定市场所设计形成的形象。如果饭店公关人员对各类公众的不同需求不加区别、不分轻重地平均兼顾，也可能会使饭店企业的总体形象有所提高，但在总体形象提高的同时，却常常伴随着饭店企业在某部分特定公众心目中实际形象的降低。

例如，一家中档宾馆为了迎合部分高层次顾客的消费需求，提高了饭店产品和服务的档次，同时也提高了价格。虽然这样做使它的总体形象有所提高，但它在原来消费档次顾客心目中的实际形象却降低了，高价位使他们望而却步。而如果这部分顾客是它的主要消费者，那么从长远来看是不利于它的发展的。

因而，树立特殊形象是建立总体形象的重要入口，也是构成总体形象的基础。饭店要树立最能反映自身特色和影响力的特殊形象并进行强化与扩大，给公众以鲜明印象，从而将特殊形象牢牢植根于公众头脑。饭店公关人员面对各类公众的要求，要有所侧重和选择，而不必面面俱到。一般来说，应该选择那些与本饭店的发展关系特别重要的顾客和团体，作为公共关系的重点对象，并根据他们的要求设计饭店企业的特殊形象。因为饭店的发展需要依赖这些公众的理解和协助，倘若失去他们，将会使饭店蒙受重大损失。

（二）按饭店形象的现实性分为期望形象和实际形象

1. 期望形象

期望形象是指饭店期望在公众心目中树立的形象，是饭店的一种理想形象和努力方向。每一家饭店企业都会有一种期望形象，但并不都是人人明确的。因此，确立明确的期望形象，并使为达到目标所作的努力成为自觉，必须通过饭店公关人员的精心设计和广泛宣传。

2. 实际形象

实际形象是指公众普遍认可的饭店形象，是社会公众及社会舆论对一个饭店企业的真实印象和评价，它是进行形象塑造的基础和起点。可以用一定的方法测得饭店企业的实际形象，从而帮助饭店企业公关人员了解本饭店企业形象的真实状况，找出在形象方面存在的问题，并采取有针对性的措施加以改善。

（三）按饭店形象的可见性分为有形形象和无形形象

1. 有形形象

有形形象是指社会公众通过感觉器官直接感受到的所有与饭店有关的实体。一般包括以下几个方面：

(1)饭店提供的服务质量。这是饭店有形形象的决定性因素。

(2)饭店外观。现代化的旅游饭店与街头巷尾的小旅馆，给人的印象当然是截然不同的，这就是饭店外观形象上的差异。外观形象在一定程度上表现出一个饭店的实力与气魄。但成功的饭店，并不仅仅以外观豪华为标志，而总是努力使饭店的性质与外观达到和谐的统一。同时，整洁的环境、优美的绿化也构成饭店外观形象的一部分。

(3)饭店的设施和功能。这是评定现代旅游饭店星级高低的重要依据。

(4)员工行为。员工的一举一动，往往成为一个饭店企业形象的标志。热情友好的门卫、彬彬有礼的总机人员等会给客人以愉快感受，会使社会公众由此及彼地对整个饭店产生好感。

2. 无形形象

无形形象则是建立在有形形象的基础上，通过社会公众的记忆、思维等心理活动在人脑中升华而得到的形象。它主要体现饭店的内在精神和文化关怀，不是直接“感知”到的，而是用心“感受”到的。这种形象是无形的，它是有形形象的抽象，因而更加深刻、更接近于饭店企业形象中最本质的东西。具体由以下几方面构成：

(1)饭店的信誉。这是无形形象中的主体内容。信誉本身看不见、摸不着，却体现在一

个饭店的经营活动之中。饭店信誉的好坏，一定程度上会左右公众对该饭店所采取的态度。

(2)饭店员工的精神面貌。这是饭店企业无形形象中另一个极为重要的方面。员工态度冷淡、作风松散，会给企业形象造成极坏的消极影响。

(3)饭店的企业精神和企业风格。每个饭店都会有意或无意地形成自己的企业精神和风格。这种精神和风格作为一种企业文化，本身并无直观性，但却能有力地影响饭店企业在社会公众心目中的印象，以及由此而产生的评价。

二、饭店形象设计的内容

饭店形象是一种整体、系统的企业形象。饭店形象内容的丰富意味着饭店企业形象设计是一个全面的系统工程。它主要包括理念识别、行为识别、视觉识别三大子系统。

(一)理念识别系统

意识形态的理念识别，是深层次的饭店企业文化，诸如饭店的经营战略、价值观念和饭店精神等。理念识别虽然比较抽象，但却是饭店形象设计的灵魂和原动力，属于思想、文化的意识层面。它由内向外地扩散饭店企业的价值观念和饭店精神，成为塑造饭店独特形象的源泉。

饭店企业的价值观念，是饭店在追求经营成功的过程中所推崇的基本信念及奉行的行为准则，亦即饭店为获取成功而对企业行为所做出的价值取向。饭店企业的价值观念又是饭店经营管理者刻意追求饭店形象的结晶；是饭店长期经营管理活动的文化积淀与经验总结；是饭店形象中最有特征的表现内容。

饭店企业精神是现代意识与企业个性相结合而形成的一种群体意识。其中"现代意识"是现代市场意识、服务意识、竞争意识、信息意识、效益意识、文明意识和道德意识等汇聚而成的一种综合意识；而"企业个性"则是包括企业价值观念、发展目标、服务方针、经营特色等内容的基本性质的总和。饭店企业精神的表达形式，能以简洁而富有哲理的语言加以概括，也能用店歌、店徽、店标等方式来表现，这些形式简单明了、利于传播，容易使内外公众留下深刻印象。

在饭店企业中，如果精心培育起来的企业精神深入人心，就会在饭店内部形成一种强烈的向心力、凝聚力和战斗力。这种力量一方面能激发广大员工的职业自豪感、集体荣誉感和主人翁责任感；另一方面又能调动广大员工工作的积极性、主动性和创造性，激励士气、催人奋进，鼓舞员工为实现饭店的经营目标齐心协力、建功立业，使饭店在纷繁复杂的市场竞争中立于不败之地。因而，培育出富有个性的企业精神，是饭店形象设计的重要内容，是建立良好饭店形象的巨大内动力。

【案例 7-3】

锦江国际饭店启用新的品牌识别系统

根据来自锦江国际饭店管理有限公司(简称锦江国际饭店)的消息，这家中国最大的饭店集团正在推广新开发品牌标识。为统一成员饭店的市场形象，同时又使定位于不同细分市场的成员饭店相互有所区分，锦江国际饭店委托亚洲知名专业公司用1年时间开发设计了新的品牌识别。

新设计的品牌识别的主标志以中国驰名商标“锦江”的汉语拼音的首字母“JJ”中国官殿的飞檐为主要构成元素，“JJ”右下部与中国官殿的飞檐浑然一体，隐约似中国官殿的一角。该标志以便于国际化人士所识别的字母“JJ”表达锦江国际饭店服务全球市场的理念和国际化战略发展方向；同时，依照中国传统，官殿为尊贵的居所，喻示品牌旗下的饭店以符合国际标准的中国的待客之道予客人以嘉宾之礼遇。

新设计的品牌识别在主标志的基础上，以不同颜色和星号区分饭店的不同等级和市场定位。设计和推广新的品牌识别是锦江国际饭店品牌战略的第一步。其目标是在3～5年内建立一个拥有5～7个不同定位品牌，清晰、协调、平衡的自主品牌家庭。

为达到这一目标，其下一步将从以下几方面塑造品牌：一是在品牌架构上为并购国际品牌预留空间，通过并购国际饭店管理公司获取具有一定国际知名度的国际饭店品牌；二是斥巨资打造关键饭店，提升锦江饭店高端品牌的形象；三是利用和平饭店等一批具有深厚历史文化底蕴的老饭店资源，提升锦江饭店品牌的国际影响力；四是提炼体现中国文化和锦江特色的品牌元素，并研究其与国际产品标准的完美结合，进一步塑造民族自主品牌特色；五是利用奥运会、世博会、重大接待任务等活动，策划、实施大型公关和市场推广活动，提升锦江品牌的国际声誉；六是启动实施“忠诚客户计划”，在五年内发展数十万会员；七是通过饭店资产置换、发展境外饭店管理合同等形式，在中国公民的主要商务旅游目的地拥有数家投资或管理的饭店。

（二）行为识别系统

动态形式的行为识别是理念识别的直接体现，包括饭店的企业行为和员工行为。

(1)饭店的企业行为，表现为饭店的行为准则、经营决策、管理方法、饭店制度、服务特色等方面。

(2)饭店的员工行为表现在两个方面：一是领导者的行为，如经营思想、工作作风、办事效率、民主意识等；二是员工行为，如服务意识、服务态度、待人处事的行为准则、职业道德水准等。

行为识别的切入点，主要是以高素质的文化服务取悦于公众，并以一整套的行为规范制约员工，从而使饭店企业的理念深入到每一员工，形成一种群体意识和竞争优势。所以，行为识别是饭店形象设计十分重要的一项内容。

（三）视觉识别系统

静态符号的视觉识别，是指饭店企业的识别标志、品牌商标、广告宣传和饭店的主色调等。视觉识别是饭店形象识别系统中最具传播力、感染力，并且可接触面最为广泛的要素。它通过具体可见的视觉对象，经由组织化、系统化的视觉识别计划，对外传播饭店企业的经营观念和创新活动信息，从而快速而明确地达到使公众了解与识别饭店的目的，塑造出饭店独特的良好形象。

视觉识别作为饭店形象的子系统之一，可以分为两大类：一类是基础层面的内容，包括饭店名称、店徽、颜色、字体和广告口号等；另一类是应用层面的内容，包括饭店的建筑与环境、广告策划和公关礼品、宣传资料及员工服装等。

饭店形象的视觉识别设计，是将饭店企业的理念视觉化，将饭店的管理意识、营销策略，通过视觉的再现艺术传递给公众。因此，视觉识别在饭店形象设计中，有先“声”夺人、先

“形”夺人和先“色”夺人的效果。

饭店企业形象识别系统中，理念识别比较抽象、行为识别比较具体、视觉识别比较直观，三者相互促进、相互补充。理念识别赋予行为识别和视觉识别以精神内涵，并通过行为识别和视觉识别传达饭店的宗旨和经营思想。如果行为识别和视觉识别不能体现理念识别，就等于失掉了灵魂，使行为识别陷于无价值目标的状态，使视觉识别失去创新动机和动力。行为识别是视觉识别的基础，因为社会公众评价饭店的形象，不仅要“听其言”，更重要的是“观其行”。高素质的饭店行为，是塑造饭店良好企业形象的前提和基础。如果饭店缺乏良好的行为，既会使理念识别成为空头口号或一纸空文，又会使视觉识别缺少美誉度。饭店行为不佳，还可造成饭店企业形象愈是独特，愈是臭名远扬的结果。视觉识别是饭店形象识别系统中的外显要素，再好的经营观念和饭店行为，如果不经过视觉识别的推衍运行，就很难把饭店良好的形象和素质变为社会公众心目中的独特形象。

总的来看，在饭店形象设计中，必须正确处理理念识别、行为识别和视觉识别三者之间的相互补充、推衍运行、共生互助的关系，才能产生出理想的公关效果。

【阅读材料 7-1】

我们的信仰——锦江的核心价值

“追求一流的服务”这句话体现了锦江饭店一直以来信仰的理念。我们的理念是无论是作为个人还是置身于团队，锦江人必须精诚合作为顾客提供满意的服务。在锦江，这一价值被阐述为：

追求卓越

“共同的团队，如一的热情，不变的目标”

共同的团队：无论身在哪一个岗位，每一个锦江人都会对顾客的印象有正面或负面的影响。作为一个团队，每一天我们都承担着共同的责任和共同的使命。

如一的热情：荣誉和成功离不开优质的服务，更来自于始终如一的热情。

不变的目标：精益求精是锦江人不变的目标。

热情服务

“温馨，体贴，专业”

我们致力于追求卓越，同时我们更追求符合国际水准的一流服务。我们热情服务，因为我们珍惜锦江的荣誉和成功。

我们要给顾客以宾至如归的温馨感。用灿烂的微笑、真诚的眼神、温馨的言语，由衷地欢迎每一位光临锦江的顾客。

我们致力于提供体贴周到的服务。每一个锦江人都应该做到善于倾听、善解人意，以更好地满足顾客的需求。

我们努力做到设身处地为顾客着想，想顾客之所想，急顾客之所需。最后，在完成本职工作、传递我们的热情和诚意的同时，我们始终致力于提供专业化的服务，包括专业化的问候、行为、语言和身势语。同时，我们始终努力不断地、更好地了解锦江自己的产品、服务和我们的祖国。

锦江星级饭店品牌标记

主标志以汉字锦江两字拼音的首字母“JJ”和中国宫殿的飞檐为主要构成元素。主标志中，英文字母“JJ”既具有与中国驰名商标汉字锦江的内在联系，又易于被国际人士所认知，表达了锦江饭店的国际化战略发展方向和服务全球市场的理念。在主标志右下角，中国宫殿的飞檐与后一字母“J”的下部浑然一体，隐约似中国宫殿的一角，蕴含了深远的意境：

(1)本品牌代表一个从事住宿和膳食的饭店集团；

(2)本品牌代表一个融国际标准和中国文化于一体的饭店集团；

(3)中国宫殿的豪华和精致，喻示主品牌旗下饭店的设施和服务的舒适性；

(4)依照中国传统，宫殿为尊贵的王公贵族的居所，喻示主品牌旗下的饭店以符合国际标准的中国的待客之道予客人以嘉宾之礼遇。

锦江之星品牌标记

三、饭店形象设计的原则

靠形象吸引顾客群，靠口碑留住并扩大顾客群，是现代饭店公关工作的重要指导思想。如何设计良好的形象及口碑，是摆在饭店公关人员面前一道亟待解决的难题。只有破解了这道难题，你的企业才有兴旺发达的可能。我们认为，饭店形象的设计必须遵守五大原则。

(一)总体性原则

总体性原则也叫整体性原则，是指把饭店中不自觉的、分散的、不连续的公关工作系统化、统一化、整体化和科学化的原则。饭店要树立自己的形象，必须改变公关工作中各部门分头负责、各自为政的局面，做到统一观念、统一政策、全面规划、协调行动。如北京长城饭店注重把全面计划与细小周到的服务相结合，使公关工作走上轨道，自成体系。该饭店的公关负责人曾经是职业记者，他和助手们结识了许多国内外新闻界的朋友。他们对外及时向新闻界朋友提供有关长城饭店的各种设施和服务情况，通过连续对外报道，经过反复刺激而在人们的头脑中逐步形成“长城印象”。他们对内推行周到的“预防维修”服务，替顾客想在前面，做在前面，让顾客感到亲切温暖，切身体验到优质的“长城服务”。

(二)统一性原则

统一性原则是指饭店形象设计的公关活动所追求的工作目标要统一，不要偏顾任何单一方面的原则。统一性原则又包括：

(1)知名度与美誉度的统一。知名度必须以美誉度为基础才能充分显示其社会价值。

(2)公众利益与组织利益的统一。满足公众利益，是提高饭店利益的前提。

(3)总体形象和特殊形象的统一。饭店公关的目标：一方面既要照顾各类公众对象的一般要求；另一方面又要特别突出饭店在首要公众对象心目中的特殊形象，以形成独特的风格。

(4)创名牌产品与创名牌企业的统一。

（三）竞争性原则

在激烈的市场竞争中，饭店通过及时搜集其他饭店和相关企业的有关信息，比较分析彼此整体形象的优劣及其原因，并博采众长为我所用，力争赶上并超过对手，这就是树立形象的竞争性原则。

饭店要使自己的形象“捷足先登”，首先要积极地寻找机遇，参与竞争，主动进行自我宣传，追求自我发展。其次，饭店形象的设计要防止“同质化”倾向，努力做到独树一帜，新奇别致，富于特色和魅力，从而引起公众的注意和兴趣，增加吸引力。这就需要在掌握环境信息的基础上，经常进行比较分析。另外，还要善于设计饭店形象的出现频率，通过重复刺激使饭店的完整形象在公众的大脑中不断强化，从而提高饭店的知名度和美誉度，也可以使饭店立于不败之地。

（四）有效性原则

有效性原则是指通过饭店形象设计中的公关活动，力求实现最佳预期效果的原则。饭店形象设计中的公关是饭店发展的一种策略，其目标是促进饭店的发展。因此，在设计饭店形象的过程中，必须努力贯彻有效性的原则，要注意饭店形象设计中的公关活动的实效，而不是摆形式、空架子、走过场。

饭店要努力提高形象设计中的公关活动的效率，力求实现饭店形象设计中的公关活动的最佳效果，也就是使公众在与饭店的互动过程中持有良好态度，并不断进行“顺向强化”，使公众对饭店的不良态度得到转变，从而在公众心中树立起饭店的良好形象。同时，要明确饭店面临的主要公众和公众的主要需求。如果不加权衡区别，不分轻重缓急，只顾面面俱到，使自己在所有公众中享有一种“平均印象”，那么，饭店的形象设计将无法做到卓有成效。

（五）形象性原则

饭店形象设计一定要“形象化”，通过设计简洁、鲜明、形象的饭店标志及其产品标记，使饭店及其产品形象易于传播，便于记忆。如店标、店名、店徽、店服是饭店的重要标记。应用象征性的标记来宣传饭店的形象，是饭店形象设计中的一种直接且有效的方法。

四、饭店形象设计的程序

（一）前期准备阶段

如前所述，饭店形象设计是一项比较复杂的工程，必须做好设计前的准备工作，主要包括形象导入动机的确定、导入工作的提议、工作机构的设立和工作计划的拟订等。筹划前，要明确目标和所需要输入的信息。目标就是消除公众的成见和不良印象，筹划有吸引力的饭店形象，并能使顾客获得满足，留下深刻印象，产生口碑效应。

饭店形象筹划与导入主要有以下几类问题：形象定位不准确（模糊、过高或过低）；知名度过低；缺少统一标志；形象不好，员工士气低落；市场竞争激烈，处于形象“阴影或灰度区”，需要突出差异和个性；形象陈旧，需要重新树立；形象受损无法挽回；不适应新市场需求，赶不上国际化形象潮流；拓展多元化经营，统一形象丧失等。

针对以上情形，饭店有以下几种筹划目标：形象模糊——筹划鲜明形象；形象不利——改造不利形象；形象陈旧或丧失——坚持强化形象；形象过时——筹划崭新形象等。明确的筹划目标可以引领具体的筹划操作。

（二）调查分析阶段

饭店形象调查是针对饭店形象导入而进行的，因此其调查内容相对较为固定，主要包括以下六方面的调查内容。

1.饭店认知度调查

认知度调查主要调查饭店在外界的知名度，以及外界认知饭店的途径，为饭店宣传工作提供依据。

2.饭店基本形象调查

基本形象调查主要测定区内及区外对于饭店形象的基本看法，如是否喜欢、是否满意、是否有信赖感等。

3.饭店辅助形象调查

辅助形象调查主要了解饭店在各个方面的具体形象，如饭店的建设、规划、管理和文化发展等。

4.饭店理念调查

理念调查主要包括饭店的功能定位、宗旨目标、发展战略、发展方针、管理原则、行为准则等。

5.饭店行为规范调查

行为规范调查的主要内容是对饭店内外部的行为进行调查，包括对外宣传、公关活动以及内部行为准则、工作程序等。

6.饭店视觉形象调查

视觉形象调查主要是对饭店内的现有标志、信息符号、标准字、标准色体、组合规范等及其实际应用情况的调查了解。

（三）设计综合阶段

这一阶段就是对饭店形象系统中的三个子系统（理念、行为和视觉识别系统）的设计及综合筹划过程，是一项专业性较强的工作。

旅游饭店的理念与一般企业的理念有相似之处，是一种组织、经营理念，主要由宗旨使命、经营思想、行为规范和活动领域等组成。饭店行为识别系统规划着饭店内部的组织、管理、教育以及对社会的一切活动，是支撑饭店形象识别系统的第二大支柱，主要由服务行为识别、社会行为识别两部分组成。视觉识别是饭店的一种外在静态表现形式，它能准确快速地传递旅游饭店的信息和形象。

（四）实施推广阶段

落实饭店形象筹划方案，就是要将设计内容和操作细则以文本的形式编制出来，形成手册，作为饭店的一种纲领性文件。当筹划开发取得阶段性成果后，就应有计划、有目的地对内、外进行饭店形象的公关传播活动了。饭店形象的传播途径很多，主要有网络传播、社会传播（非商业性传播）、文化传播（饭店介绍、图册、画册、电子出版物等）、人际媒介传播（邀请专家学者、权威人士参观访问，组织各类明星协助宣传等）、常规媒介传播、公共活动媒介传播、户外媒介传播等传播途径。

（五）评估改进阶段

这一阶段是指在饭店形象筹划实施过程和实施完毕后，实施效果信息反馈、评价、总结及改进提高的过程。如何评估呢？方法有两种。

1.经营实绩测评

经营实绩测评主要是对饭店市场占有率、销售额、利税指标等的一种计算比较。

2.识别度测评

识别度测评主要包括对饭店知名度、美誉度、认可度等的一种计算比较。

知名度主要指旅游者(包括潜在旅游者)对本饭店识别、记忆的状况。

知名度＝知晓本饭店的人数/总人数×100％

美誉度主要指旅游者(包括潜在旅游者)对本饭店褒奖、赞赏、喜爱的情况。

美誉度＝赞赏本饭店的人数/总人数×100％

认可度主要指旅游者把本饭店纳入自己消费对象或消费目标的程度。

认可度＝行为人数/知晓人数×100％

总之,一家饭店企业就是社会的一个"细胞",必须本着向公众负责、向社会负责的原则,才能得到社会各界和公众的支持与合作,进而获得信誉。信誉是饭店企业的经营之本,饭店形象设计应把建立和维护饭店的信誉置于至高无上的地位。饭店企业在与公众的交往中,要抱着真诚的态度,避免虚情假意;要向公众讲真话、讲实话,做到言行一致。尤其要注重公关宣传中的真实性,决不要进行夸张和自吹自擂的不实宣传。这是公关人员进行饭店形象设计的基础。

第三节　饭店形象的塑造

饭店形象的建立,绝非一朝一夕之功,需要经过长期的努力。饭店形象塑造要以建立完善的企业形象,争取饭店的长远利益为着眼点。首先要依靠饭店自身良好的行为,但仅此是不够的,"酒香也怕巷子深",所以还必须重视宣传自己、传播自己,决不可自我封闭。通过信息的沟通,使饭店的良好形象为公众所知晓,这是饭店企业形象塑造中极为重要的内容。

一、饭店形象识别策略

每一座大中型城市或旅游胜地,都是饭店林立。如何在百花齐放中一枝独秀?在饭店公关活动中,饭店的形象是传递信息、沟通饭店与顾客之间关系的重要工具。饭店形象的塑造过程,实质就是顾客对饭店认知、好感、信赖的过程,是以顾客的需求为导向、以顾客的反映和评价为结果的过程。因此,饭店形象的塑造,就是从研究个性化时代的消费者的需求出发,以顾客的需求为导向,从理念识别、活动识别、视觉识别三个方面来研究和塑造能为消费者接受和理解的饭店形象。前面已对这三大系统进行了简介,下面结合饭店形象塑造工作对其进行分析。

(一)理念识别

理念,就是企业经营管理的观念,也称为指导思想。它属于思想、意识的范畴。对饭店而言,它的内容包括饭店企业文化、企业道德、企业伦理等方面。目前,企业文化、企业伦理、企业道德已成为饭店中最时髦、最深入人心的概念,并在饭店市场的竞争中起着不可低估的作用。

在饭店业中,饭店的声誉和形象已经作为一种饭店资产(和固定资产一样)而存在。企业理念的重要任务就是要利用各种方式来塑造好饭店形象,管理好形象资本。也就是说,竞争的形势迫使饭店必须通过培养一种企业理念来引发、调动全体员工的责任心,并以此来约束和规范全体员工的行为。

识别包含两层含义：一是“统一性”。所谓统一性是指饭店内外、上下都必须一致。理念的统一性就是指饭店内外、上下的理念必须一致。如果在同一饭店中，同等级的两个部门负责人在对外界发表谈话时的观点不一样，就是缺乏理念的统一性。再如，饭店中经理和员工对饭店共同的思想、理念、价值观念的理解经常出现分歧，也是理念缺乏统一性的表现。二是“独立性”，也就是说每个企业的理念要有区别于其他企业的特性，只有具有独立性才能达到识别的目的。因此，每个饭店在确定企业理念时，不能千篇一律地都表述为“顾客至上”或“服务第一”。当然，这并不是说树立这样的理念是错误的，而是说这样的理念缺乏识别的“独立性”，没有体现出饭店独特的个性，也就不能使消费者从众多的饭店中识别出你的个性。

1. 饭店理念识别的内容

饭店理念识别的内容包括饭店使命、经营观念、行动准则、活动领域四个部分。

(1)饭店使命。它是指饭店要依据什么样的社会使命来进行活动。饭店使命反映了社会对饭店的责任要求。

(2)经营观念。它是指饭店依据什么样的思想观念来经营，实质上反映了饭店管理者的价值观念和思想水平，同时也反映了饭店对管理者的要求，具体表现在其所采取的经营方针和指导思想上。饭店经营观念包括的内容很多，主要有饭店企业精神的建立、职业道德的培养、质量意识的提高、企业凝聚力的形成等，这些都构成了经营观念的内容。

(3)行动准则。它是指饭店内部员工应该以什么准则行动，体现了饭店对员工的要求。也就是说，行动准则是指饭店在正确的经营观念指导下，对员工的言行所提出的具体要求，如服务标准和程序、劳动纪律、工作守则、行为规范、操作要求等。

(4)活动领域。它是指饭店应在什么样的技术范围内或者在什么样的市场领域中开展活动。如果说饭店使命、经营观念和行动准则是属于饭店理念的抽象理论，那么活动领域就为饭店理念提供了具体表现的场所。也就是说，为了达到理念识别的目的，饭店必须以活动领域为基础，在饭店的活动领域里打上饭店使命、经营观念和行动准则的“烙印”，才能真正起到理念识别的作用。

2. 饭店企业理念的表现形式

饭店企业理念主要表现在内在的和外在的两个方面。

饭店企业理念的内在表现就像一个人一样，它的气质和精神形成了饭店企业的基本框架。具体如下：

(1)与人与事的公正态度。其中，公平的产品和服务价格最为重要。

(2)经营管理的特色。饭店应有一套适合于本企业的管理章法，让同行称赞，也让员工接受。

(3)对产品或服务质量的追求。很多饭店提出这样的口号：“追求完美！”“追求卓越！”

【阅读材料 7-2】

饭店广告语示例

美好的明天，从今晚长城开始！——长城宾馆

香格里拉——您平步青云的必然选择！——香格里拉大饭店

胯下银马座，好运自然来！——银马座饭店

千帆竞发扬子江，万冠云集新世纪！——新世纪饭店

挽卿手、共白头、阳光饭店誓千秋！——阳光饭店

乐在海洋——可食可玩可住！——海洋饭店

我心中的小沙梅！——小沙梅饭店

到深圳，住新兴，驾车来，免费停，真实惠！——新兴大饭店

吃在夜上海！——夜上海饭店

美食精华，尽在海轩！——粤海轩饭店

3.饭店企业理念的形成条件

饭店企业理念识别是饭店在对所处环境和竞争对手的情况以及饭店自身特点进行充分了解的基础上，经过反复斟酌后才形成的。其形成条件有外部条件和内部条件两个方面。

饭店企业理念形成的外部条件强调对饭店的了解，具体如下；

(1)对饭店所处的环境进行了解。包括：社会公众对饭店的印象如何？与其他饭店比较，本饭店最重要的特点及优势是什么？社会公众舆论对饭店的评价，哪些方面高、哪些方面低，其根据是什么？与本饭店保持联系的其他企业对本饭店有什么看法？最希望本饭店能提供哪些服务？目前饭店的竞争情况如何？有哪些竞争对手，其特点及优势是什么？社会公众对各竞争对手的评价如何？饭店领导对饭店的未来发展有哪些规划，根据是什么？饭店领导对员工有什么要求，要培养一支具有什么素质的员工队伍？

(2)对饭店自身的特点进行了解。包括：饭店能提供哪种软、硬件产品，有什么特点？饭店提供什么样的服务，是什么等级的？饭店目前的现状(包括设施的完好程度、员工素质高低)如何？和其他饭店比较有哪些优势或劣势？饭店以往的发展历史曾有过哪些贡献或失败？饭店未来还准备开发哪些产品，提供哪些项目的服务？饭店的领导班子成员的素质怎样，有否进一步开拓的信心和决心，有什么样程度的认识水平？

形成饭店企业理念的内部条件，主要是强调饭店企业理念的形成要充分体现出饭店的独特个性。饭店的独特个性主要表现在以下两个方面：

(1)饭店的定位。饭店定位是指饭店在变化中找出其自身不变的原理，也就是独特而统一的特性，这样才能形成饭店独特的理念，最终传达出独特的、统一化的饭店整体形象。例如，国际连锁饭店集团排名第三的“华美达”(RAMADA)饭店集团，留给世人独特的、统一化的饭店整体形象就是：价格适中、质量上乘、深受家庭旅游者欢迎的世界连锁饭店集团。独特的、统一化的特性，除了可以表现出饭店与饭店的不同之外，同时也成为饭店企业理念识别的基础。

(2)饭店的本质。例如世界第一大连锁饭店集团——假日饭店集团为体现其一直以中等市场为目标的饭店市场本质，把其连锁饭店明确分成四种类型，分别服务于某一特定市场，以区分中等市场这一大概念：假日旅馆——皇冠型，服务于中等市场的上层消费者；假日旅馆——旅馆型，服务于中等市场中最基本的消费者；假日旅馆——快捷型，服务于中等市场中比较算计的公务旅游者和中下层消费者；假日旅馆——庭院型，服务于中等市场的下层消费者。

确定饭店定位和本质包含着深奥的智慧和思想，它不仅决定了饭店的理念，而且也决定

了饭店的形象。综合以上分析可知：第一，饭店形象的塑造必须通过一系列的有目的活动才能体现出来，所以说饭店的活动应该是饭店企业理念的具体化，或者说，饭店的活动应充分反映出饭店的理念。第二，饭店的活动应具备“识别”功能，既具有统一性，又具有独立性，使广大消费者在各种活动中能“识别”饭店。

（二）活动识别

塑造饭店形象应该从确认饭店企业的理念开始，也就是首先要明确饭店的使命、经营观念和行动准则等内容。当饭店的理念得到确定之后，就要通过一切方式把信息传递出去，让社会公众通过信息的传递认识、了解饭店，对饭店产生好感，逐步在消费者心目中树立饭店的良好形象。

传递饭店企业理念的信息渠道主要有两条：一条是视觉识别（静态识别）；另一条是非视觉识别（动态识别），即活动识别。

活动识别是一种动态的识别形式。它以理念识别为原动力。作为识别的一种，活动识别和饭店的理念识别一样，也包含两层含义：一是活动识别的统一性。这里是指饭店的一切活动应该上下、内外都一致，也就是饭店的全体员工和各个部门所进行的各种活动都为着一个目标，即塑造饭店良好的形象，绝对不允许饭店中的任何人、任何部门与活动识别的一致性相违背。因为只要出现某些不一致的情况，都会损害饭店的整体形象。当然，一致性还表现为活动识别与理念识别必须保持一致的内容。二是饭店活动识别的独立性。一切活动识别应体现出“独立精神”，也就是要显示出与其他饭店不同的个性，这种独立于其他饭店的个性，正是社会公众进行“识别”的基础。广大消费者也正是通过这种个性化的活动来识别不同饭店的。

活动识别规划着饭店内部的组织、管理和教育以及对社会的一切活动。因此，活动识别可分为服务活动识别和社会活动识别两大类别。服务活动识别作为社会活动识别的基础；社会活动识别则是服务活动识别的延伸。

1. 服务活动识别

在饭店内部对全体员工的教育和培训以及创造良好服务的工作环境以保证提供优质产品和优质服务的活动称为服务活动识别。

饭店是提供服务产品的企业，为顾客提供优质的服务是饭店的使命，也是饭店形象和口碑塑造的基础。饭店优良形象的树立首先要依靠上至高层管理人员、下至一线普通员工的共同努力。饭店每位员工的一切活动，包括接待顾客的礼貌用语、服务技巧、仪表仪容等，都与塑造饭店的良好形象有着密切的关系。可见，这是一种整体的合力，单靠几位高层管理人员和几十位优秀员工的努力是远远不够的。作为饭店的管理者，必须清醒地认识到，要树立饭店形象，就必须提高服务水平，而要提高服务水平，就必须重视培训和教育，只有通过长期有效的培训和严格管理，才能使饭店在提供优质服务上形成一种风气，养成一种习惯，并且得到广大顾客的认可。这样的饭店才能真正树立起良好的形象和口碑。

饭店为顾客提供优质服务的含义很广，内容十分广泛，涉及饭店接待服务的方方面面。既要在标准化服务上提供优质的服务，也要在个性化服务中提供优质的服务内容，以满足各种顾客的各种需求。

【案例 7-4】

以提供优质服务为荣

新加坡东方大饭店对员工实施了一项“顾客至上，以人为先”的训练计划，目的是使每位员工以向顾客提供优质服务为荣。

一天，饭店咖啡厅来了四位顾客，他们拿着资料文本在讨论问题。但咖啡厅里的人越来越多，人声嘈杂。当一位服务人员走过那四位顾客身边时，听见其中一位在大声讲话：“什么？再说一遍！天啊，吵死了！听不清楚！”按理说此事与服务人员毫无关系，但这位服务人员想到饭店的宗旨是“顾客至上，以人为先”，关心顾客是每一位员工的责任。于是她拿起电话找到客房部经理，说明情况后询问此刻是否有空的客房可以借这几位顾客临时用一下。客房部经理立即答应提供一间客房。当这四位顾客得知，为了让他们安心讨论问题、免受干扰，饭店向他们免费提供一间客房时，先是惊讶，随后是感激不已。

只要看一看那四位曾在东方大饭店享受过优质服务的顾客两天后写给总经理的感谢信，就可以理解饭店提供优质服务的内涵以及其所产生的效力。感谢信的内容如下：“感谢贵饭店前天提供的服务，我们受宠若惊，并体会到什么是世界上最好的服务。拥有如此优秀的员工，实在是贵饭店的一大骄傲。我们四人是贵饭店的常客，从此，我们除了永远成为您的忠实顾客之外，我们所属的公司以及海外来宾，亦将永远为您广为宣传。”

这一案例告诉我们，饭店员工每次所提供的优质服务，都可以引起消费者的信赖和好感，从而成为塑造饭店形象最有效的措施。

2.社会活动识别

在塑造饭店形象的各种活动中，如果把直接为顾客服务的活动看作服务活动识别的话，那么除此之外，饭店为塑造饭店形象而面对社会的一切活动就称为社会活动识别。饭店的社会活动识别主要包括促销活动、公益性活动、公关活动、广告活动、市场策划活动、展示活动、宣传活动等等。

饭店的社会活动识别是服务活动识别的一种延伸。如果说服务活动识别仅限于以直接接触饭店的消费者作为活动的对象，那么社会活动识别则是以更多的间接消费者作为活动的对象。通过社会活动识别，可以吸引更多人认知饭店，对饭店产生好感和信赖，从而达到树立良好的饭店形象的目的。

整个社会活动识别具有非常强的目的性，这样，饭店在对社会开展各项活动时有一个非常明确的目标。为了加强目的性，所制定的社会活动识别目标就要非常具体和清晰，应尽量避免抽象和含糊。如某饭店对社会活动识别制定如下目标“提高饭店知名度，树立良好形象”。这样的目标就过于笼统了。如果我们将这一目标具体化为“将原来5%的知名度提高到10%，并为商务顾客树立饭店是他们家外之家的服务形象”，其目的性就得到了加强，该饭店社会活动识别的目标也就很明确了。

社会活动识别还要注意整体性。社会活动的内容十分广泛，形式多种多样，而且是一个逐步积累的过程。社会活动不能一次就达到目的，它需要多次的连续积累。同时，每次社会活动又都不是孤立的，而是连续相关、相互促进的。因此，在安排社会活动时，要有一种宏观和发展的观念，要考虑到各项活动的安排是否全面周到，是否相互衔接。总之，要把各项活动放在一个整体中去安排，使得上下、前后的各项活动能互相呼应、互相补充，以达到塑造饭店良好形象的目的。

在饭店的社会活动识别中，公关、广告、富有特色的专题活动对于饭店良好形象的树立起着重要的作用。

(1)公关是一个社会组织运用传播手段的活动

公关活动是树立饭店良好形象的重要手段之一。饭店形象的树立要依靠饭店开展各种活动，使公众对饭店产生好感，进而使公众对饭店产生良好的印象。而公关活动正是饭店与公众之间的“润滑剂”，它不仅能使饭店与公众之间减少摩擦，而且能促进和谐。

公关的作用在于：首先，守望和监视环境。饭店的公关人员要全面、准确地分析研究环境现状及其发展变化趋势，根据本饭店的利害关系对可能造成的影响做出准确判断。从这个意义上讲，他们是饭店的“耳目”和“哨兵”。其次，传达、联络和解释。饭店的公关人员将代表饭店把有关决策、措施和政策传达给公众，与公众保持良好的关系。从这个意义上讲，公关人员又是饭店的“喉舌”。再次，协调关系。协调好饭店内部员工的关系和饭店与公众之间的关系是饭店发展的基础。公关人员不仅要通过各种活动使广大员工对饭店产生一种归属感和向心力，而且要使公众对饭店也产生一种参与感，使公众能时时关心饭店的动态和发展。最后，组织社会活动。饭店就是要利用社会这个大舞台，通过组织各种社会活动来提高饭店的知名度和树立饭店的良好形象。如美国总统里根访华时曾在长城饭店举行答谢宴会。饭店公关部提出：租用转播场地打折收费，条件是在转播中提到长城饭店。转播开始后，播音员说：“这是在中国长城饭店进行的实况转播……”长城饭店的形象就这样在公众中推广开来，从而吸引了大批慕名而来的国内外宾客。所以说，饭店公关活动是塑造饭店形象活动识别的重要内容。

(2)广告是向大众传播信息的手段

一般广告的目的仅仅在于直接促销，其实这仅仅是广告的目的之一，实际上广告更重要的目的在于树立企业形象。因为直接促销的目的是暂时的，而只有树立企业形象之后，才能真正实现长期的促销目的。

饭店的广告可以分为两种：一种是战略性广告，其目的是树立产品的形象和提高饭店的知名度及声誉。因此，这类广告的立足点不在宣传具体的产品上，而是宣传产品和饭店的形象。其宣传主要突出以下内容：现代先进的硬件设施、优良的服务等。另一种是战术性广告，其目是通过广告宣传达到打开销路的目的，以提高市场占有率。不管哪一种广告，对饭店而言，其最终的广告目的是得到广大消费者的认知、好感和信赖，从而占有更大的消费市场，从中获得更多经济效益。

(3)举办专题活动是树立良好形象和口碑的有效途径之一

首先，饭店举办的专题活动要吸引公众的注意就必须具有特色。其次，举办专题活动要注意选择时间。逢年过节、开张吉庆等都是举办专题活动的好时机。饭店可以利用这些时机举办联谊会、颁奖会、纪念会等，有意识地把活动搞得隆重一些，并邀请社会名流参加，吸引记者为饭店报道盛况，从而为宣传饭店形象提供良好的时机。如北京香格里拉饭店在春节前夕为北京社会福利院和四季青敬老院的孤寡老人举办的爱心活动，就取得了很好的社会效应，树立了良好的饭店形象。此外，举办的专题活动要多样化，如有奖征答知识竞赛、英模报告会、讲演比赛等，只要是有益的、有特色的活动，就能吸引消费者的注意力，就有利于饭店形象的塑造。

(三)视觉识别

视觉识别既是一种静态的识别形式，也是一种具体化、视觉化的传达形式，它经过组织化、系统化的视觉方案，传达饭店的经营信息。由于这方面所包含的内容多、层面广，所以效果也最直接、最明显。通过视觉识别，能够充分表现饭店的基本精神及其独特性，使社会公众能一目了然地知道所传达的信息，达到识别的目的。

饭店视觉识别系统的建立，以饭店的理念识别为基础。视觉识别的内容一定要反映出饭店的理念。事实上，它是理念识别在视觉上的具体化。视觉识别与活动识别都是饭店企业理念识别的具体表现形式，所不同的是一个采用静态的表现手法，一个采用动态的表现手法。它们三者的关系可用图 7-3 来表示，图中三者的交会就是最完整的饭店形象。

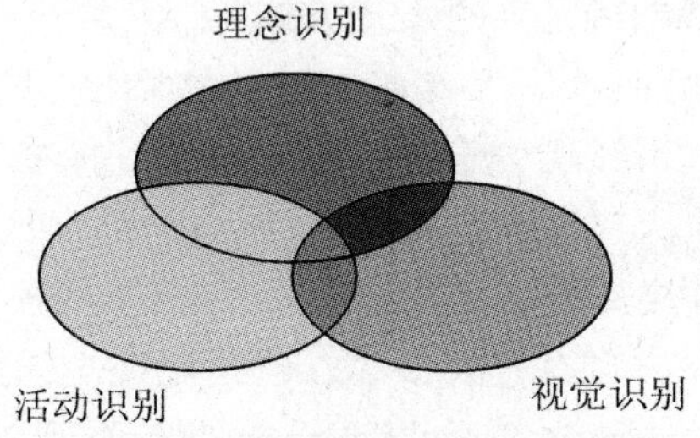

图 7-3 饭店企业形象识别系统关系图

1.视觉识别的内容

饭店形象塑造中的视觉识别包括以下内容：

(1)店标与店徽。

(2)饭店建筑物。包括大楼、庭院、大堂的格调、装饰风格等。

(3)宣传用品。包括饭店的介绍册、服务指南、菜单、房卡等。

(4)制服。员工的制服要悦目，要与饭店的风格和特色保持一致。

(5)展览和展示。努力使户外广告及橱窗销售专柜及展览、展销会的设计、布置等做到系统化、统一化。

(6)广告。把传播内容、手法及形式加以系统化，以作为所有广告的制作依据及参考。

(7)其他。包括饭店的汽车型号、办公用品、在社会活动中的位置、电话号码、标语、口号等。如香港半岛饭店由 10 辆奔驰小轿车组成的迎宾车队；香港丽晶饭店迎送宾客所使用的两辆金色劳斯莱斯小轿车，都引起公众强烈的视觉识别效果。

2.视觉识别的作用

企业的视觉识别是当今国内外企业普遍重视的一种经营战略。世界万物都有自己独特的形象，饭店也同样如此。怎样使公众从视觉上感受到本饭店与其他饭店的不同，并且通过某种视觉认识形成对饭店特性的强烈印象，这就是视觉识别的任务。

视觉是人们获得信息的主要渠道。一个人在接受外界信息时，眼睛(视觉)接受的信息占信息总量的 83%。人是凭着五官的感觉来接受外界信息的，而认知又是形象构成的第一要素，所以在饭店形象塑造的过程中，视觉识别占有非常重要的地位。由于识别包括“统一性”和“独立性”两个概念，因此在塑造饭店形象时，视觉识别的一个重要任务，就是要使饭店在市场竞争中采用一贯并统一的视觉形象设计，通过所有视觉传播媒体传播出去，才能有意识地造成一种个性化、独立性的统一视觉形象。这样既可以便于公众认知，又有利于为公众所信赖。

(1)统一的视觉识别能消除信息传递中的差异

由于与饭店来往的对象甚多，因此信息的互相传递就显得更加重要。在饭店内部，负责发出信息的部门很多，信息发送的途径也不只一条，内容也不相同，如果缺乏完美的识别系统，就容易造成形象混乱。在饭店外部，饭店每天也向外界发送许多信息，所以有人说"饭店活动就是在制造信息"。如送货收货、收取文件、发送信件和顾客交涉等，这一切活动都直接或间接地涉及信息的传递。如果饭店传出的信息不统一、不一致，甚至发生互相抵触的现象，不仅浪费经费，而且可能会引起公众的困惑，造成无法弥补的损失。所以，统一饭店的视觉识别，不但有助于饭店形象的树立，而且能增加信息的可信度。

(2)饭店的良好企业理念要有完美的表达方式

饭店必须通过一定方式把抽象的饭店理念加以形象化，也就是把储存于头脑的饭店企业理念转化成标语、口号、色彩、形状、声音等，以便制作成标准字及店标，让凡是看到过这些视觉形象的人都能过目不忘，达到意念沟通的效果。

这里须强调的是，如果直接用语言和文字来表达企业的理念，常常会因为过于明显、露骨而引起人们的反感，反而达不到沟通的目的。但是用视觉识别的方式，用图形、色彩、声音等各种基本要素——以其独特的"语言形式"与公众进行沟通，往往会收到意想不到的效果。

二、饭店形象塑造的方针

(一)统一认识

统一思想认识是指统一饭店所有员工对树立饭店形象意义的看法和认识，这对塑造良好的饭店形象至关重要。

达到统一思想认识的标准一般有两条：一是使全体员工都明确树立饭店形象对提高饭店的知名度和扩大销售额所具有的重要作用，并且懂得树立饭店形象的三大支柱，即理念识别、活动识别和视觉识别组成一个有机整体，三者缺一不可。二是使全体员工认识到树立饭店形象与饭店每个员工的自身都有密切关系，而不仅仅是某些专业部门的事。因为上至经理下至员工，人人都是饭店形象传递给外界的重要媒体。

统一思想认识表现在饭店对内对外的口径、动作要一致。只有统一思想认识，全体员工才能自觉地以维护饭店形象为核心，时时处处维护饭店的形象。

【案例7-5】

信任，建立在真诚沟通上

2008年7月2日，山东大厦总办会议室里气氛热烈，笑声不断，总经理沟通会已经进行了两个多小时了，员工们仍然意犹未尽，畅所欲言。总经理一边认真听，一边用心解答员工的提问，诙谐、幽默的语言拉近了和大家的距离，使整个沟通会在愉悦、融洽的气氛中进行着。

建立沟通会制度是饭店的又一个新举措，而总经理沟通会也是自大厦开业以来首次召开。参加本次沟通会的七名员工代表分别来自不同的部室，在会上，他们争先恐后，踊跃发言，畅谈了大厦发生的一切可喜变化，并对大厦的未来充满信心。同时，他们将事先整理好的部门沟通会员工提出的意见、建议，在会上一一向总经理提出，这些问题包括了员工生活、福利待遇、激励机制、人事问题及对大厦发展的建议等各个方面。

总经理时而聚神倾听，时而埋头记录，还不时地插话，详细询问有关情况，对员工提出的问题、意见、建议一一给予答复，并根据问题涉及的方面和性质召集相关部门负责人到现场给予解答，现场办公、现场落实。对于员工描述不清楚的问题，散会后，总经理亲自同员工一起到现场查看，提出解决意见；对于一些现场不能解决的问题，则责成相关部室，落实责任人、督办人，限定期限给予员工答复。

会议持续了三个多小时，员工提出意见、建议 26 条，总经理现场解决 8 条，并对其他问题做了相关安排，收到了较好的效果。此次沟通会的召开，给员工提供了表达心声的机会和平台，使总经理和员工真正实现了零距离接触，为大厦及时发现问题、找出症结，打造凝聚力强的现代化管理团队，促使大厦快速稳健发展，打下了坚实基础。员工们纷纷表示，总经理在百忙之中和大家坐在一起，倾听大家的心声，这是饭店以人为本最好的体现，让员工非常感动；总经理不以员工提出的问题为“小问题”，亲自答复，现场解决，使员工的许多疑虑、误解等问题在沟通中自然得以化解，让员工受到了很大的鼓舞。

（二）和谐一致

和谐一致是指在树立饭店形象的过程中必须保持上下一致、言行一致、前后一致、内外一致。

一旦了解了消费者的需要、消费者对饭店的看法、消费者对饭店在市场上的定位反应，而且也知道饭店该怎么做的时候，饭店就应该保持一致性。饭店只有保持一致性，才能展示出饭店的整体形象，不一致的印象会给消费者带来困扰，造成不良后果，也就使消费者不能对饭店产生信任和好感。

饭店一旦定位，就必须使产品和服务的每一方面都能有助于加强印象，有助于树立饭店形象。而保持一致性的形象就相当于向顾客说：“请您相信我们！”

（三）因地制宜

树立饭店形象就是在激励饭店全体员工的基础上，通过确立饭店的理念、行为和活动，充分展示饭店的特性和魅力。但是，饭店形象的树立绝不是一朝一夕就能完成的，它需要一个长时间的累积和培训过程。同时，由于每个员工的素质、经营者的水平、业务状况、竞争策略和营销手段等都各不相同，在树立饭店形象的方法、手段上必然会有所差异，因此，在选择采用哪种形式树立饭店形象时，必须因地制宜，不能生搬硬套，东施效颦。应注意以下几点：

1. 在饭店内部做好员工的沟通和教育工作

进行沟通和教育就必须要统一思想认识，调动全体员工的积极性。这里要强调的一点是，在进行教育时必须有针对性。同时，要注意克服以下几种错误倾向：认为树立饭店形象就是做广告；认为树立饭店形象就是使用标志和标准字；认为树立饭店形象就是搞公共关系活动等。

2. 在饭店外部做好市场调查研究和分析

要通过调查了解饭店的特点和饭店所处环境，以便结合饭店实际情况做出长期规划，使饭店逐步树立自己的良好形象。

3.对饭店整体进行正确的市场定位

饭店市场定位是指饭店的产品和服务在市场中所占有的位置。饭店市场定位十分重要,决不能盲目进行。为饭店的产品和服务进行正确定位,能清楚地让消费者明确区分本饭店与其他竞争者之间的不同,能增强消费者对饭店提供的产品与服务的信心。

饭店的定位以饭店对市场的调查研究为基础,越了解市场,就越懂得怎样满足消费者需求。一项产品的开发与研制过程,必须建立在为广大消费者提供"有用"的商品和服务之上。而这个"有用"的内涵包括两个方面:首先,它是指饭店提供的商品和服务能够满足消费者的需要;其次还包括理性的(如低价格、高质量、可靠性等)和感性的(如外观、色彩、高品位等)两方面的内容。

一个明智正确的市场定位的选择方案,必须产生在饭店的市场调查之后。饭店定位是饭店的专长加上顾客的特别需求,因此,饭店定位不是为迎合每个人,饭店定位的效果也不可能在短期内发生,但是长期累积之后的效益却是十分惊人的。定位一旦确立,便比其他竞争者占据更多优势。

(四)时不我待

树立饭店形象是饭店长期的经营策略,而不是临时性、短期性的活动。任何饭店在树立形象的过程中,都要注意把握住树立饭店形象的各种有利时机。

1.要把握好内部时机

内部时机主要包括:新饭店成立开业或合并成饭店集团之时,饭店周年庆或重大活动之时,饭店高层人事大变动、欲创新作风之时,饭店体制变化或经营理念改变与重整之时,消除不良影响、统一饭店形象之时,评星或晋升高一星级之时等等。

2.要把握好外部时机

饭店在塑造形象的过程中可能把握的外部时机主要包括:进军国际市场,向国际化经营管理转变之时;新产品、新服务项目的开发与上市之时;竞争的产品个性不明显之时;饭店规模扩大、朝多样化经营转变之时;饭店对外宣传出现危机和分歧之时,等等。

三、饭店形象塑造的步骤

(一)制定饭店理念及战略

当前,饭店市场竞争日益激烈,要想在激烈的市场竞争中求得生存和发展,必须具备洞察时机的慧眼和超越时代变化的远见。只有这样,才能有助于树立正确的理念和饭店的战略目标。饭店制定正确理念必须注意两点。

1.要突出饭店理念的差异性

在计划经济时代,饭店的发展往往要受到"非技术因素"的牵制和影响。在市场经济时代,"非技术因素"的影响力逐渐缩小,而"技术因素"的作用扩大,哪家饭店掌握了先进技术,哪家饭店就具有更大的竞争力。但随着生产力水平的不断提高,单纯依靠技术因素无法达到脱颖而出的效果。因此,必须强调饭店形象的"差异化"。形象"差异化"的核心又是指理念的"差异化",而饭店理念的差异化又取决于饭店经营者是否能以有远见的新眼光来重新审视经济、技术和社会等因素对饭店的综合影响,以建立一种独树一帜的饭店理念。

2.要强调饭店目标的超前性

在树立饭店的形象中，还包括制定明确的饭店目标。具有专业实力和敬业精神的饭店公关人士应善于透过各种现象，富有远见，制定出具有超前性的目标，并且能独具慧眼，果断实行。

（二）饭店理念“视觉化”

所谓视觉化包括两层含义：一是把饭店理念应用于饭店基本要素的设计，就是饭店的标志、标准字等内容能反映出饭店的理念；二是把基本要素用于各种应用要素上。

饭店的标志、标准色和标准字等基本要素的设计，应把饭店的理念通过色彩、图案、形状、声音等手段制成标志和标准字。这些视觉形象，不仅能加深消费者对饭店理念的理解，而且可以使消费者过目不忘，产生双重效果。把饭店的基本要素用于各种应用要素（如广告、刊物、办公用品、运输工具等）的目的，就是要通过这些媒体来传递饭店的信息。这种信息传递的量越大、越持久，饭店形象在消费者心目中的地位就越牢固、越重要。

（三）全员塑造一流形象

树立饭店形象，当然离不开全体员工的共同努力，要使饭店的理念成为全体员工的共识。饭店公关人员的职责不仅要确立饭店的公关理念，并且要把这种理念变为现实。因此，对员工进行教育培训时要想获得成功，必须要实现三个目标：一是把饭店的理念用最精确的语言和最通俗的形式表达出来，并为广大员工所理解和接受；二是要扫除一切有碍于树立饭店形象的各种因素，以保证全体员工的统一认识；三是要认识到，在力排众议之时，就是饭店理念深入全体员工心中的大好时机。

（四）内外保证良好信誉

就饭店的内部活动而言，每个员工都要有良好的信誉。饭店良好的形象来自良好的信誉，而良好的信誉要靠优质的产品和服务，这就要依靠每个员工的共同努力来实现。同时，每个员工的言谈举止，也是传递信息的一种重要方式，所以在待人接物方面，也要时刻注意维护饭店的形象。以上这一切都要靠饭店的正确理念来维持，通过教育，把饭店的理念变为实际行动。

就饭店的外部活动而言，饭店在开展各种业务活动时，必须与供应商、厂家和广大消费者打交道，饭店的良好形象就是通过提供优质产品和服务建立起来的，饭店对外的各种广告宣传和公共关系活动也必须和饭店理念保持一致。

实践活动

实训内容：选择本地一家著名的较高星级饭店对其进行形象状态测量。

实训目标：通过对该饭店形象构成内容的信息搜集和整理，能够运用不同方法对其进行形象状态评价，以加深学生对饭店形象状态测量的理解。

实训组织：成立实训小组，4～6人为1组。以小组为单位，利用课后时间完成实训任务，要求有调查、有分工、有根据。

实训成果：以小组为单位制作实训报告及PPT，选派代表进行课堂汇报，小组其他成员进行补充汇报。

评价方案：

1. 提交完整的实训报告一份。

2.以小组为单位制作PPT，选派代表进行课堂汇报，小组其他成员进行补充汇报。

评价方案评分标准和内容

评价内容		小组自评（30%）	其他小组评分（30%）	教师评分（40%）	综合评分
对饭店形象评价内容及方法的分析（60分）	对饭店形象构成内容的分析（40分）				
	对饭店形象状态测量的分析（20分）				
其他（40分）	PPT制作（10分）				
	材料准备（10分）				
	语言表达（10分）				
	补充汇报（10分）				

本章小结

饭店的公共关系目标就是要建立饭店企业的良好形象。一个饭店的形象可以通过知名度和美誉度来反映。饭店的公共关系活动可为饭店提高知名度与美誉度，创造知名度与美誉度的和谐统一，从而为饭店企业的经营和发展创造良好的内外部环境。饭店整体形象的好坏取决于每一具体形象要素的好坏，它是一种概括性的组织概念或特征，但最能全面地反映饭店整体形象的是饭店的精神、方针和宗旨。饭店形象设计是指采用新颖、独特、引人入胜的手段，通过新闻媒介的传播，使饭店企业的内在精神和外显特征在公众心理上留下深刻的印象，促进公众对饭店企业产生信赖感和良好的心理效应，最终达到促销目的的公共关系专业活动。饭店形象塑造要以建立完善的企业形象，争取饭店的长远利益为着眼点，首先要依靠饭店自身良好的行为，此外必须重视宣传自己、传播自己，通过信息的沟通，使饭店的良好形象为公众所知晓。饭店形象的塑造，就是从研究个性化时代的消费者的需求出发，以顾客的需求为导向，从理念识别、活动识别、视觉识别三个方面来研究和塑造能为消费者接受和理解的饭店形象。

思考与练习

1.如何理解饭店形象的含义？在饭店公关工作中确立完美形象的意义是什么？
2.饭店形象的要素有哪些？它主要由哪些内容构成？
3.饭店知名度与美誉度的含义是什么？二者有何关系？
4.饭店形象设计的内容包括哪几个方面？
5.饭店形象塑造的主要工作有哪些？

案例分析

建设中国人自己管理的、具有国际影响力的百年老店
——访金陵饭店股份有限公司董事长李建伟

笔者:李董事长,您能介绍一下贵公司的发展战略吗?公司的战略制定是基于一种什么样的考虑?

李建伟:我们的发展战略是以资本为纽带,通过收购、控股、参股、租赁经营等途径,快速拓展高星级饭店实体连锁经营,来提升我们的市场竞争力,推动专业化、规模化、国际化发展,建设中国人自己管理的、具有国际影响力的百年老店。这样的战略制定是基于我们24年来经营金陵饭店这个实体饭店所积累的专业经验和所形成的核心竞争优势,也是基于我们对国内外饭店业经营和发展模式的充分研究、分析和思考。

这样的战略将形成我们清晰的赢利模式:横向上,拓展实体饭店连锁和商业地产,兼顾稳健性、成长性和长短期的投资收益,最大限度地放大"金陵饭店"品牌的增值能力,实现饭店经营与商业地产的资源共享、优势互补,分散投资风险,进一步扩大资产规模和利润空间。纵向上,快速延伸上下游产业链,加强与全球预订系统、国际旅行代理商、航空公司、银行等机构的战略合作,为提升市场竞争力培育土壤和创造环境,为实体连锁和快速发展打下坚实基础。

笔者:金陵饭店创造了深受国内外赞誉的"金陵饭店"品牌,走出了中国人创建世界一流饭店之路,请问公司的核心竞争优势体现在哪些方面?公司将面临什么样的发展机遇?

李建伟:我们的核心竞争优势主要体现在突出的品牌优势、人才优势和文化优势,持续的创新能力、盈利能力,稳健的扩张能力以及显著的区位优势。

"金陵饭店"的品牌、人才和文化优势是源于我们创造民族品牌的责任感、使命感、荣誉感;源于我们通过高起点的先仿后创、不断创新,创立了融国际水准和中国文化的经营管理体系;源于我们企业自身的战略建设、制度建设、文化建设。为打造百年老店、保持企业肌体健康,我们把诚信、责任、求实烙在每个金陵人的脑海中,把永不满足和创新、创造精神放在企业文化的重要位置。

我们持续的创新能力主要体现在我们的管理创新、产品创新、服务创新和技术创新上。我们已从"饭店经营"走向了"经营饭店"。我们建立了先进的质量管理体系,既有国际一流水准,也有自己的特色,曾获得"全国质量管理优秀企业",成本控制体系、薪酬分配体系也在全国多次获奖。

我们稳健的扩张实力主要体现在健全的系统建设、专业的人才储备和多元的融资渠道上。系统建设方面,一是建立了"金陵全球市场营销系统",我们70%的订房量都来自于这个系统,我们已拥有南京地区最大份额的境外客源市场,商务客人的比例保持在96%,宾客回头率61%,常住客比例35%,金陵饭店网站已成为国内饭店业首家拥有强大在线预订功能的"中字号"网站。同时世界500强企业有57家落户南京,我们已与其中的91%签订了长期订房协议。二是我们的"集团化采购系统",已成为国内饭店业最强大的饭店物资在线

采购平台，我们建立了70类3300个饭店物资品种，265家供应商已实现网上交易，系统的专业化运作和规模化效应大幅度降低了饭店成本费用。专业的人才储备是实体连锁发展的后续力量，我们建立了专业化、国际化的人才平台，有45%的管理人员和业务骨干被派往国外大学和著名饭店集团学习，60多人赴海外长期研修，我们完善了人才培养、引进机制，建立了人才梯队计划，人才库已储备各类专业人才525人。多元的融资渠道体现在我们的盈利能力强，财务结构好，现金流充裕，有足够的能力去贷款和融资，为今后的快速发展提供了有力的资金支持。

我们面临的发展机遇非常好：世界经济一体化明显加速，后WTO期的经济特征已经显现，国内经济的高速发展为饭店业创造了良好的市场机会；到2020年中国将成为第一大旅游目的地国家，旅游业的增长带动了饭店业的快速发展，多元化投资拉动了高端饭店供给；随着北京和上海成功申办奥运会和世博会，中国与世界各国的经济文化交流将日益深入，商务旅游消费以每年20%的速度增长，这将促进高档商务饭店的收入增长；产业结构的调整和加快发展服务业为我们带来了历史性的机遇。

笔者：为什么您在公司的企业文化中特别强调团队合作精神？

李建伟：因为我们要做百年老店，就要在人才的培养上着眼未来、考虑长远。人才是竞争力的基础和创造力的源泉。我们强调团队精神和竞争意识，就是要确保可持续的竞争能力，确保企业的肌体健康，永远充满活力。

饭店业是与人打交道的行业，很多工作要涉及不同部门、不同工种的协同、配合，就如同交响乐的组合。团队精神强调的是整体性、一致性，这样大家在成就面前才有共同的荣誉感、自豪感，在挑战面前有共同的危机感、责任感。我们培养团队精神，也是为了培养忠诚感和归属感，让每个人更好地融入这个团队。没有完美的个人，只有完美的团队。我们在培养上扬长补短，在使用上扬长避短，在管理上扬长容短。而同时我们提倡竞争意识，是为了鼓励个性张扬、鼓励明星的出现，这样企业才有活力和创造力，个人才能勇于接受挑战、承担责任。团队精神和竞争意识要有机融合，因为明星只有魅力，团队才有威力，只有发挥团队合作的精神，才能形成合力、发挥最大效能。

企业管理不仅要靠制度，还要体现人性化。团队精神就是人性化的最大支撑。我们的员工工作10年以上的已占到66%，15年以上的占到了44%，员工队伍稳定，凝聚力强，忠诚度很高。我们始终坚持“以人为本”，有计划地为管理人员和员工设计了最适合其自身特点的职业生涯规划，把合适的人放在合适的岗位上，让有竞争力的人享有竞争力的待遇，我们要创造的就是一个团结、竞争、真实、公平的环境，为员工创造更好的发展空间，只有这样才能打造一个高素质、高水准、专业化的团队，确保企业的和谐、永续发展。

讨论题：

1. 金陵品牌的核心竞争力表现在哪些地方？
2. 金陵品牌的创立之路对你有何启示？

第八章　饭店公关专题活动

学习目标

知识目标

1. 熟悉公关常用的公关专题活动的类型与作用；
2. 掌握饭店各种公关专题活动的操作程序；
3. 掌握饭店公关专题活动的操作技巧；
4. 熟悉饭店公关专题活动的经费预算内容与控制方法。

能力目标

1. 能够根据饭店的实际情况策划相应的饭店公关专题活动；
2. 能够进行饭店公关专题活动的经费预算。

案例导入

一道瑰丽的东方景观

南京金陵饭店是一家利用外资兴建而全部由中方管理经营的大型饭店，位于繁华的新街口，高达37层。这家饭店重视公关工作，每年都要拨出营业额的1%～3%作为专项公关活动经费。该店不仅努力搞好日常公关活动，而且自1986年以来，每年举办一次大型公关主题活动，收到了很好的效果。

金陵饭店之所以要举办大型公关主题活动，是为了增进饭店与住店客人的感情交融，促进饭店同社会各界和公众的联系、沟通，同时也为增强对饭店员工的凝聚力以及员工对本职工作的自豪感。饭店领导和公关人员认为，举办大型公关活动影响大，每次选择一个主题，而每次的主题又不相同，这样可以产生巨大而连续的影响，有助于塑造饭店的良好社会形象。

早在1986年，金陵饭店首次举办大型公关主题活动，名为“江南水乡大型自助餐系列主题宴会”，邀请所有住店客人和当地有关人士参加。客人在品尝美食的同时又欣赏了金陵饭店苏州园林式的美景，都十分高兴、赞不绝口。当地新闻单位报道了这次活动，传播了金陵饭店的美名，收到了较好的社会效益。

该饭店还举办过“金陵游园”主题活动，邀请住店客人和店外来宾欣赏“金陵”的园林美景，并为客人提供各种美味佳肴，请客人品尝闻名天下的夫子庙地方小吃，使客人在大饱口福和眼福的同时，增进了对南京风土人情的了解。

中秋节之际，该饭店曾举办过“金秋乐，乐在其中”大型公关主题活动，内容丰富多彩，有游园赏月、风味名吃，当时还特邀江苏省游泳队来本饭店室内游泳馆表演了“水上芭蕾”。

就是在旅游业不景气的时候，金陵饭店仍坚持举办大型公关主题活动，组织本店员工排练了几台具有浓郁地方风情和传统特色的文艺节目，并受到客人好评。

金陵饭店通过连年举办大型公关活动，对提高该店知名度、美誉度，吸引客人产生了积极的促进作用。该饭店的客房年均利用率达到70%，许多外国元首来南京都喜欢下榻于该饭店，许多国际性会议也乐意在这里举行。

（资料来源：http://jpkc.wtc.edu.cn/lyx/alfx2.html，有改动）

思考：

1. 南京金陵饭店举办了哪些类型的公关专题活动？
2. 这些公关专题活动给金陵饭店带来了什么影响？

关键概念

专题活动 (features activity)　　庆典 (celebration)
赞助 (backing)　　联谊 (socialize)
游览参观 (sightseeing)　　展览 (exhibition)
记者会 (press conference)　　预算 (budget)

饭店公关专题活动又称作饭店公关特别节目。它是指某一特定的社会组织以公关为主题，有计划地开展各种有特定目的和内容的形象传播活动。这类活动如果安排得当，能引起社会各界对饭店的广泛兴趣和注意，有助于提高饭店的知名度和凝聚力，从而树立饭店的良好形象。

饭店的公关专题活动涉及范围很广泛，内容丰富，对公众的吸引力也特别大。它们均有共同特点：其每项活动都有明确而突出的主题，并且每次活动都需要综合运用各种传播沟通方式以强化传播效果，能较明显地引发社会舆论，制造新闻效应。

第一节　饭店公关专题活动概述

一、庆典活动

根据不同的主题，饭店可组织不同的典礼仪式，如奠基典礼、落成典礼、开业典礼，以及庆功仪式、就职仪式、周年纪念仪式等。这些典礼仪式可以向公众展示饭店的综合能力、社交水平以及文化素质，有助于组织塑造良好的饭店形象。同时也是饭店公关人员千方百计地向公众展示饭店的综合传播活动能力，增进公众对饭店的了解，塑造良好的饭店形象的有利时机。

深圳亚洲大饭店在举行奠基典礼时，对参加典礼的宾客每人赠送一个印有“亚洲大饭店动工典礼纪念”字样的纪念包，并宣布“两年后，亚洲大饭店建成开业时，持有这种纪念包的宾客住店一律享受八折优惠”，立即赢得满堂喝彩。该饭店抓住动工这一有利时机，采取独特的手法，为饭店招徕宾客，预先制造了气氛，成为一次成功体面的公关活动。

另外，目前不少饭店在典礼仪式上还邀请社会名流（如著名的影视明星、歌星或体育明星等嘉宾）为饭店剪彩助兴，以制造新闻效应。也有些饭店在典礼上请来“上帝”（顾客）做嘉宾。上海某宾馆在周年店庆的典礼上，从老人院请来了几十位孤寡老人，免费为他们服务一天，被新闻界争相报道为“刘姥姥们进入大观园”、“拐杖工程中的新鲜事”等，增加了该宾馆的知名度。

饭店的典礼仪式内容是丰富多彩的，奇妙构思和别具风格的典礼仪式能制造出新闻价值，吸引广大公众的注意和兴趣，从而赢得新闻界的传播，给饭店带来意想不到的社会效益和经济效益。庆典活动是围绕着重要节日或开幕而举行的庆祝活动，它是提高组织知名度、扩大社会影响的活动，现代饭店都想方设法地、合情合理地利用它。组织开业或庆典活动，应遵循热烈、隆重和节约的原则做好如下安排。

（一）准备工作

1. 邀请宾客

首先要精心拟出宾客的名单，经领导层审定后印制成精美的请柬，并提前两周左右的时间寄送给宾客。活动前三天再电话核实，看有无变动；对于 VIP（贵宾），在活动前一天再核实一次。一般邀请宾客的范围为本饭店的主管部门领导及各界领导、媒介的朋友；同行部门和直属部门领导及朋友。

2. 拟定程序

程序包括确定主持人、介绍重要来宾、饭店负责人或重要来宾致词、剪彩或安排参观等。此外，还要印制一些材料，如庆典活动的主要内容、意义，来宾名单和致词，饭店经营项目和政策等。

3. 布置场地

举行仪式的现场可以设在大门口，在场地悬挂开业或庆典会标、庆祝或欢迎标语。参加开业活动的宾客一般是站立的，可以在来宾站立处和剪彩处铺设红色地毯，以示尊敬和庄重。会场两边可放置来宾赠送的花篮，四周悬挂彩带和灯笼。还要准备好音响、照明设备，有时还可以准备放飞鸽子、舞狮表演，允许燃放烟花爆竹的地区也可以视情况进行准备，使整个会场气氛显得隆重而热烈。

4. 安排接待

接待工作要事先指派专人负责，同时安排服务人员。重要来宾应由饭店负责人亲自接待。必要时组织排列迎宾线。接待室中要求茶杯洁净，茶几上放置烟缸，如不允许吸烟，应将礼貌标语标牌放置在接待室中，提示来宾。

5. 安排礼仪

如果剪彩，礼仪小姐的人数应比剪彩领导的人数多一人。礼仪小姐一般应身着礼服。中国人的传统观念认为红色为吉庆象征，礼仪小姐最好是着红色旗袍，身披绶带，绶带上要有开业或庆典标志及组织名称等；发式可以是齐耳直发，也可梳典雅的发髻；无论冬夏，只要身着旗袍，脚下就应为皮鞋，还应穿连裤袜。一般情况下，礼仪小姐要化淡妆。

6. 准备留言册

贵宾留言册不要用普通签字本，应用红色或金色锦缎面高级留言册。应准备好毛笔、砚墨或签字笔，还要准备好来宾签到处和来宾休息室。

7. 准备馈赠礼品

此时赠送的礼品也是一种宣传性传播媒介，只要准备得当，往往能产生很好的效果。从公共关系的发展考虑，礼品应该具有以下特点。

(1)象征性。所谓象征性，实际包含纪念性。在开业庆典中的礼品应该有纪念意义。人们从礼品的形状及内容上能一目了然地明确它的含义。礼品要讲究"个性"，不搞"大统一"。

(2)纪念性。给人发礼品，是作为纪念，总希望人们能重视它、珍惜它，可以使人不时地想到或向别人提起曾经参加过某个活动、曾经当过某某代表、曾经去过某个地方，使自己有一种特殊的荣誉感。

(3)宣传性。可使用自家商品作礼品宣传自身，在礼品的包装上印上组织标志、庆典开业日期、服务承诺或产品图案及广告用语，或企业宣言。

8. 试验音响

提前了解无线麦克风电磁波的方向性、频率高低、音量大小，不要出现"吱吱"的噪声或间断噪声。线路距离与麦克风电线长短要考虑周全，不要使讲话者无法进行必要的移动。有时一个麦克风在讲话者之间传递使用，电线太短不方便，电线太长又显得很杂乱。因此，事先应设计好讲话、演示、产品介绍时表演者的路线。如果可能，对移动的演讲者、表演者最好用移动无线麦克风，或尽可能将线的一部分藏在地毯下面，以免绊倒人。

如果为演讲者提供新的服务设施，有关服务人员应熟悉业务与设备，事先做好细致的准备。在会议前一定要向有关人员进行明确的介绍。

(二)仪式过程

1. 签到

宾客来到后，有专人请他们签到。此时，饭店有关于产品经营项目及公司全方位说明的资料，均可发给宾客，扩大企业的知名度。此外，还可以准备两个盒子或碟子，一个装本单位领导或公关部经理的名片，另一个装来宾的名片，这样便于今后联系或制作通讯录。

2. 接待

宾客签到后，由接待人员引领到备有茶水、饮料的接待室，让他们稍事休息并相互认识。本饭店人员应在此陪同宾客进行交流，说些对宾客的到来表示感谢的话语。

3. 剪彩

如果是工程奠基仪式，工程竣工仪式，公司成立、饭店开业等庆典活动，活动开始时都需要进行剪彩。这时，礼仪小姐手托托盘，托盘上可以放置红色方口布，将用彩带扎成的花朵相互连着放在托盘上，剪刀也放在托盘上，同时配以热烈的音乐。当主持人出场时，音乐停止，主持人进行简单致辞，宣读与会来宾名单，并表示谢意。

剪彩开始，由主持人宣布剪彩人员的单位、职务、姓名，主席台上的人员一般要位于剪彩者身后1～2米外。剪彩者穿着端庄整齐的服饰，并保持稳重的姿态走向彩带，步履稳健，全神贯注，不和别人打招呼。拿剪刀时以微笑向服务人员、礼仪小姐表示谢意。剪彩时，向手拉绸带或托彩花的礼仪小姐微笑点头，然后神态庄严地一刀剪断彩带，待剪彩完毕时，向四周观礼者鼓掌致意。

4. 致辞

由主客双方领导或代表致辞。无论是开幕词、贺词还是答谢词，均应言简意赅、热烈庄重，切忌长篇大论。

5. 节目

典礼完毕，可以适当安排一些气氛热烈的节目，如敲锣打鼓、舞狮子，播放喜庆音乐等。在允许燃放鞭炮的地区，还可燃放鞭炮、礼花、礼炮等，制造喜庆气氛。此外，还可以请军乐队演奏。

6.参观、座谈或聚会

主持人宣布仪式结束，即可引导客人参观工程或饭店内部。可介绍主要设施或特色产品、商品以融洽与同行的关系，也可以举行短时间的座谈会或请来宾在留言簿上签字。之后，还可以安排舞会、宴会答谢来宾。

7.赠送纪念品

如果是饭店、公司或集团"××周年"庆祝活动，可以准备、制作纪念品赠送给员工和来宾，使员工感到主人翁的优越意识，使来宾们有受到尊重的感觉，以此达到感情的交流。还可以进行职工文艺表演，以示庆祝，也可以举行大型促销活动。

8.宣布赞助或公益活动

现在一些饭店还往往利用庆典的机会宣布一项赞助或公益活动，例如捐助希望工程、捐助灾区物资等。

(三)典礼仪式应注意的问题

任何一种典礼仪式均需策划，使之热烈、隆重、丰富多彩，给人留下强烈深刻的印象。要安排好各项接待事宜，诸如来宾签到、专人接送、播音和灯光设备的安排以及摄影、录像等方面的工作，使各项工作都有专人负责，并且保证他们在典礼仪式开始前就进入指定岗位。

典礼仪式结束后，信息反馈也非常重要。饭店必须预先设置好宾客留言簿或布置好座谈会的环境设施和会议用品，广泛征求意见，并将意见和建议综合整理成书面材料予以存档，为改进饭店公关工作积累素材。

二、联谊活动

饭店的公关联谊活动，是指饭店与饭店内部公众之间或饭店与外部公众之间，为加深感情、促进信息沟通与合作而举行的公关专题活动。饭店的联谊活动形式有酒会、舞会、员工集体婚礼、集体生日晚会、文艺晚会、信息交流会以及节日庆祝活动等，这些都是饭店公关交际中频繁采用的联谊活动方式。其基本的环节包括以下几步：

(一)确定联谊的主题

联谊活动的主题必须鲜明并富有特色。主题可根据饭店的历史、文化、经营特色和宾客消费特点而确定。如饭店可以用"酒会"的形式拉开"美食品尝周"或"美食节"的帷幕，以制造气氛。节日往往是饭店举行联谊活动的有利时机，如在旅游行业有南京梅花节、广州赏花节、哈尔滨冰雪节、杭州丝绸节、嘉峪关滑翔节、广东荔枝节、青岛啤酒节、大连服装节、洛阳牡丹节、贵州芦笙节、泼水节、狂欢节、风筝节、观光节等。这些喜庆佳节均是饭店进行联谊活动的最佳时机和最好主题。

除了本地区的"独家珍品"节庆外，诸如每年的春节、元宵节、端午节、中秋节、重阳节、元旦、母亲节(5月份的第二个星期日)、父亲节(6月份的第三个星期日)、情人节(2月14日)、植树节(3月12日)、护士节(5月12日)、教师节(9月10日)、三八妇女节、五一劳动节、五四青年节、六一儿童节、七一建党节、八一建军节、国庆节、圣诞节(12月25日)等，都可作为联谊活动主题。如广州花园饭店在母亲节之季，与广州市妇联一起举办了"母亲节征文比赛"和表扬"模范母亲"的专题联谊活动，他们从广州市选出五位模范母亲在联谊会上给予表彰，并且向全市小学生征集歌颂母爱的作文，从中选出30篇优秀作文，在联谊会上由孩子们当众朗读。饭店给入选者颁发了奖品和纪念品。此活动得到了妇女界的极大好感，给饭店赢得了良好的"文化形象"。

【案例 8-1】

"快乐万圣节"鸡尾酒会

鬼怪的面具、怪异的音乐、烛光憧憧的南瓜笑脸、摇曳的蛛网，菲律宾乐手弹奏着怪异音乐，服务员都戴上了羽毛面具，在荧光灯下"奕奕闪光"……2006年10月31日晚，南京金陵饭店金淼啤酒餐厅被装扮得格外"鬼魅"，充满万圣节的欢快气氛，来自爱立信、欧盟商会、赛拉尼斯、依维柯、DSM等公司的40多位客人兴致勃勃地参加了在这里举行的"快乐万圣节"鸡尾酒会。

鸡尾酒会上除了丰富的美食外，还特地为客人安排了游戏和魔术表演。传接苹果和丢糖果游戏吸引了很多客人参加，而魔术表演剪手帕、套绳和报纸灌可乐则把现场气氛推向高潮，引来客人一阵阵热烈的掌声。

法国圣韩玻璃公司的技术总监巴伽利亚先生说：魔术表演简直是太神奇了，距离这么近都无法看出破绽。欧盟商会的首席代表多米尼克先生说：参加金陵饭店的万圣节派对让我很轻松，我觉得我都忘记了工作中的压力，很开心。来自美国普度大学的实习生艾米还特地把她的妈妈从美国寄来的两大箱糖果拿出来和大家分享。

【背景资料】

每年的10月31日是西方国家的Halloween，中文译为万圣节。这是一年中"闹鬼"的夜晚，各种妖魔鬼怪、海盗、外星来客和巫婆们都会在这个夜晚纷纷出动！

在基督纪元以前，凯尔特人在夏末举行仪式感激上苍和太阳的恩惠。当时的占卜者施展巫术驱赶那些四处游荡的妖魔鬼怪。再后来，罗马人用果仁和苹果来庆祝的丰收节便与凯尔特人的10月31日融合在一起。

中世纪，人们穿上动物造型的服饰、戴上可怕的面具在万圣节前夜驱赶黑夜中的鬼怪。现在，人们为了欢乐穿戴上各种服饰和面具参加万圣节舞会，这些舞会厅四周的墙上往往悬挂着用纸糊的巫婆、黑猫、鬼怪和尸骨，窗前和门口则吊着龇牙咧嘴或是面目可憎的南瓜灯笼。美国和加拿大的孩子们会在这天穿戴上古怪的服饰去按邻居家的门铃，并按传统发出"是款待我还是要我耍花招"的威胁。邻居们不管是否被吓着，总是准备了一些糖果、苹果等点心款待孩子。关于南瓜灯也至少有两种说法：一种说法是人挖空了南瓜又刻上鬼脸、点上烛火用以驱散鬼魂；另一种则说是鬼魂点上的烛火，试图骗取人们上当而跟着鬼魂走。传说因为首用南瓜的是一位爱尔兰人Jack，所以人们又将鬼脸南瓜灯叫做Jack-O-Lantern。

（二）选择联谊的时间

举办联谊活动的时间是能否吸引公众的重要条件之一。外国有位公关专家说："实际上没有一天、一周、一月、一年是没有特别事件可供纪念的，而历史上任何事件又都有它的一周年、十周年、一百周年，这都是值得纪念的。"因此，利用饭店开业的周年纪念日举行联谊活动，或进行一周一次、一月一次的"饭店员工日"活动，均不失为开展联谊活动的最佳时机。如广州中国大饭店在开业一周年店庆活动时，公关人员设计了"中外通商之途，殷勤款客之道"这一主题，突出展示了一年来饭店为来华经商者提供的先进完善的服务特色，饭店拍摄了一张全饭店两千多员工参加留影的"全家福"，开展了一系列的庆祝活动，使这次联谊活动获得了非常大的成功。

（三）选准联谊的对象

联谊是一种双边活动，必须是联谊双方或多方都有联谊的愿望和要求，并有联谊的条件和能力，相互以对方为己方开展公关工作的目标，如与合作伙伴的联谊，与饭店宾客的联谊，与饭店同行的联谊，与新闻界、体育界、教育界公众的联谊，与饭店内部员工的联谊等。

（四）把握联谊的类型

(1)感情型联谊。这种联谊的目的是初步建立良好的印象，为日后进一步联系奠定感情基础，可以互递名片、互致信函、个别交谈或邀请出席饭店的某项庆祝活动，并互赠联谊的纪念品等。

(2)信息型联谊。这种联谊是以沟通信息为主要内容和手段，以谋求各方建立合作伙伴关系为目的，互助互利，建立信息网络的一种公关交际形式。

(3)合作型联谊。这是一种以联系各方直接合作为内容的高层次的联谊活动，通过合作联谊能实现各方的共同目的，既能增进彼此间的友谊，又能相互促进工作业务的开展。

三、赞助活动

饭店的社会赞助活动是指饭店以捐助人的身份，对社会公共事业提供金钱、物质等方面的无偿支持和援助。饭店可以通过对社会事业的资助来向大众传播有关信息，达到饭店与公众相互了解的目的。由于这种活动带有明显的"利他"性，因而易为大众所接受和称道。饭店可以凭借此种活动来树立良好的社会形象，增加知名度和美誉度。

例如深圳市某宾馆在市场竞争中也是以"体育公关"而赢得美誉。该宾馆先后赞助并接待了"全国保龄球精英赛"、"第六届全运会"、"第八届亚乒赛"、"全国健美精英赛"、"太平洋国家协会联盟锦标赛"等，使宾馆成了"体育之家"，从而引起了新闻界、体育界广大公众的关注与好评。

广州流花阁饭店自开业以来一直以服务残疾人士为宗旨，率先出资铺砌残疾人士专用的轮椅通道，为他们设置专用洗手间、推出价廉物美的残疾人套餐、设计盲文菜谱等，被称之为"残疾人之家"。又如中国大饭店，曾以"四季厅"一天的营业收入全部捐赠给残疾人福利基金会、给孤儿院赠送汉堡包等。这些赞助活动都为饭店增强了美誉度。

赞助是指饭店为赢得政府、社区及相关公众的支持，创造生存和发展的良好环境，出资支持社会福利、社会公益和慈善事业等活动，并以此来证实饭店的实力，表明企业承担社会责任，以赢得社会的普遍好感。饭店应该重视搞好赞助活动。

（一）赞助活动的目的

1.扩大知名度

举办赞助活动并通过新闻媒介的广泛传播，扩大饭店的知名度。

2.增强信任度

通过赞助的手段证明饭店的经济实力，赢得社会公众的信任。通过赞助活动做广告，增强广告的说服力和影响力。

3. 提高美誉度

追求社会效益和承担饭店的社会责任。关心和支持社会公益事业，表明饭店为社会作出了贡献，从而树立良好的企业形象。

（二）赞助活动的类型

(1)赞助体育运动。这是赞助中最常见的一种形式。随着人民生活水平和体育运动水平的提高，人们对体育运动越来越感兴趣。通过对体育运动的赞助，可增强对公众施加影响的广度和深度。

(2)赞助文化生活。饭店进行文化生活方面的赞助，不仅可以培养与公众的良好感情，而且可以大大提高企业的社会效益和知名度。

(3)赞助教育事业。饭店赞助教育事业，既有助于教育事业的发展，又能使饭店得到良好的公共关系，是一举两得的事。

(4)赞助社会慈善和福利事业。这是饭店和社区、政府搞好关系的重要途径，是向社会表明其承担义务和责任的手段。

(5)赞助各种展览和竞赛活动。

(6)赞助宣传用品的制作。

(7)赞助建立某一职业奖励基金。这有长期效益和社会性。

(8)赞助学术理论活动。

组织举办赞助活动的形式很多，饭店公关人员应善于设计出各种新颖的赞助形式，使组织获得最佳的信誉，改善、发展其公共关系。

（三）赞助活动的步骤

1. 前期研究

赞助研究应该从形象战略入手，分析饭店的公共关系规划和目标，结合调查制定赞助的方向和政策，以正确指导赞助活动。饭店可以主动选择赞助对象，也可以按被赞助者的恰当的请求来确定赞助。但不管赞助谁、赞助形式如何，赞助之前都应做好深入细致的调查研究，调查被赞助者的状况，赞助的性质、作用，可能的影响等。在此基础上研究赞助项目的必要性、可行性、有效性，进行赞助的成本和效益分析，以保证饭店和社会同时受益，防止各种与饭店整体赞助主题离题太远的现象。

2. 制订计划

在赞助研究的基础上，由饭店公关部制订出赞助计划。虽然计划要有一定的灵活性，但是一定要把好关，不能谁来找就赞助谁，或凭感情、面子、条子、压力进行。赞助计划一般包括赞助对象的范围、费用预算、赞助形式等。赞助计划是赞助研究的具体化，其作用是做到有的放矢，控制赞助范围，防止赞助规模超过组织承受力，节制浪费现象。计划可以是年度的，也可以是五年滚动的。

3. 审核评定

进行每一次赞助，都应进行详细的分析研究，逐项审核评定，确定可行性、赞助的具体方式和款额以及赞助的时机，以便制定此项赞助的具体实施方案。大型赞助有时还要经过董事会、主管领导的审定批准，进行法律咨询、公证证明。

4. 具体实施

饭店应派出专门的公关人员负责各项赞助实施方案的具体落实。在实施过程中，应充分运用各种有效的公关技巧，使组织能借助赞助活动扩大其对社会的影响。

5. 效果测定

每次赞助活动完成以后，应对照其计划测定其实际效果并加以总结，对活动不理想的应找出原因。赞助活动的效果应由饭店自身和专家共同测评，尽可能做到符合客观实际。每次测评都要完成报告，作为资料存档，为以后的赞助活动提供依据和参考。

【案例 8-2】

为地震灾区捐棉衣、棉被

地震灾区人民的生活时刻牵动着山东大厦干部职工的心。随着冬季的临近，为了使地震灾区的人民平安、温暖过冬，山东大厦根据上级紧急会议精神，于10月20日积极举行了向地震灾区捐棉衣、棉被献爱心活动。大厦领导带头，干部员工积极响应，纷纷把家里闲置的棉衣、棉被捐赠出来，还有不少人到附近商店购买了崭新的棉被，仅仅一上午，就收到干部、员工捐赠的棉衣、棉被667套。募集的棉衣、棉被将由山东省有关部门统一运往地震灾区，发放到受灾居民手中。

（四）应注意的问题

（1）要优先对各种慈善事业、社会福利事业和活动、公共设施、教育事业进行赞助。这样既是表明饭店对社会尽责任和义务，又较容易获得社会各界的普遍好感。

（2）要注意留存一部分机动款项，作为遇到临时、重大活动时的备用款。

（3）对各种明显不能满足其要求的征募者，应坦率而诚恳地解释饭店的有关政策，但不能屈服于威胁利诱，必要时可诉诸社会舆论和法律，以保障饭店的合法权益。

四、展览活动

展览是饭店公关专题活动的主要形式之一。它是通过实物、文字、图像、图表等各种传播媒介，展现成果，推广产品或技术，宣传饭店成就，树立饭店形象的大型活动。

（一）展览活动的特点

1. 综合运用

展览活动综合运用实物、模型、照片、图片、说明文字、解说、幻灯、录像、音响效果、展示表演、环境布局、宣传资料等方法进行复合性的传播，生动、直接、立体，具有很强的吸引力。

2. 双向沟通

展览会能为前来参观的公众提供与饭店直接沟通、相互交流的机会。例如，通过讲解员、咨询服务台、意见簿、征询卡、有奖测验等形式，直接了解公众对组织的意见，能够达到双向沟通的效果。

3. 易造热点

展览活动是一种对外开放型的公关活动，通常都预先开展广告宣传、举行记者招待会等宣传活动，开幕时还要请政府首脑或社会名流等前来剪彩，所以容易形成新闻舆论热点，成为新闻媒介报道的对象。

（二）展览活动的作用

饭店每天迎来送往宾客，每时每刻都在向宾客展示自身的形象，而每一项不同专题的展览活动均有助于让广大公众从不同的侧面更具体地了解饭店。

1.增进公众的了解

任何一种展览活动都有一定的知识性、趣味性和直观性。清晰的图片、透彻的文字说明和声情并茂的讲解，以及生动的实物展示等都能直接、生动地介绍企业的特色和成就，吸引广大公众的注意和参观，从而增进公众对饭店的了解，提高饭店的知名度。

2.促进信息的交流

展览会内通常都设有意见簿、咨询台、洽谈室等，能达到饭店与公众多向交流、密切沟通的目的。

3.促进贸易的交流

一次成功的展览会就是一次成功的广告，饭店可以通过举办各种商品贸易展览来促进贸易交流活动，争取更多的业务合作伙伴，促进多元化经营活动的发展。

4.促进文化的交流

饭店尤其是涉外饭店，是中国文化的窗口。充分利用展览这一专题活动形式，能把中国的政治、文化和民族特色传播出去，并能招徕世界各地众多的宾客来饭店，吸引参观团体，增进国际或地区间的政治文化交流。

（三）展览活动的类型

1.综合性展览会

它全面介绍一个地区或一个社会组织的情况，既要求内容全面，有一定的整体性和概括性，又要求重点突出，以点带面，使参观者对组织的特定情况既全面了解又留下深刻印象，如“宾馆二十周年回顾展”、“饭店创业史”等展览。

2.专题性展览会

它是围绕一个主题或一项专题举办的展览活动，要求主题鲜明，内容集中、深刻，可以从纵的方面表现出该组织的某些特点和成就，如“秋季美食节展览会”、“厨师技艺展评活动”等。

3.商品展销会

这类展览的商业味非常浓，既展又销。具体做法是把展销的商品分类设立专柜，标明生产单位，让公众在评比中选购。这类展销能促进消费。饭店的商场可定期或不定期地举办商品展销会。

4.博览会

这是大型的展览会，如“中国食品博览会”、“国际旅游博览会”等。饭店经常参加这类博览会，有助于提高自身的知名度和扩大社会影响力。

5.名城街

名城街是指具有重要的历史文物价值的历史城街，是重要的旅游地点，也是开放的城街博览，把它的风格特色浓缩“搬进”饭店里来，供宾客浏览参观，为饭店增添色彩，也不失为有吸引力的创意，如“老街”、“食街”、“翠亨村”等。

6.陈列室

陈列室是小型的展览会，它能较为稳定地展示饭店企业的发展过程和荣誉成就。

7.橱窗

橱窗展览属于微型展览，它有两种形式：商品橱窗和宣传橱窗。商品橱窗是为配合营销而设置的，被称为商场店铺的“门面”、“广告”，可以吸引顾客、引导消费。宣传橱窗则是某组织为了进行社会宣传而设立的，如公益性的“防火”、“防盗”展览，“交通安全展览”，“饭店服务介绍一览”等。

（四）展览活动的组织

1.制订展览主题和计划

无论举办何种类型的展览活动，应明确展览活动的最终目的和主题，制订详细的计划，并据此确定它的内容、形式和传播方法。

2.构思展览基本框架

让专人负责撰写展览脚本，并设计会标、主题广告，划分展览各部分内容，使之和谐衔接。

3.选择展览场地

展览场地的服务设施必须完善，安全保护系统必须有效。

4.明确参观对象的类型

对前来参观的对象必须事前做好预测分析，包括其层次、数量及其需求特点，以便确定传播形式、接待规格和收费标准。

5.做好费用预算

展览会的费用预算项目通常包括场地费用，设计、陈列、装修费用，工作人员劳务费用，运输费和保险费用，宣传费和广告费用，交际接待费用等。

6.做好展览的宣传工作

例如召开记者招待会、做广告、派发宣传资料等，其目的是尽最大可能使更多的人知道展览活动的内容。

7.展厅（室）布置

展览会场的布置要按照整体构思统筹安排，对脚本、美术、摄影、装修等要进行艺术设计，保证整体活动的和谐完美。

8.策划和组织开幕仪式

一般大、中型的展览活动需要安排开幕式或剪彩仪式，这需要事前确定剪彩嘉宾，并且拟定典礼仪式的内容、程序和助兴节目等。

9.培训工作人员

展览会的工作人员包括讲解员、接待员、服务员等，对他们进行展览专业知识、沟通能力、礼仪规范等方面的培训，对保证展览会的质量具有非常重要的作用。

10.展览效果评价

展览期间或会后，可通过观众留言簿、座谈会或个别访问以及发出调查问卷等形式了解情况，及时反馈公众对展览会的评价意见，以便测定效果，总结经验。

五、游览参观活动

为了满足目标宾客的需要，加深了解，增进友谊，扩大饭店的影响，饭店常常以东道主的身份组织宾客游览观光，或开放饭店，邀请宾客参观，这是公关专题活动的形式之一。根据旅游者的目的，大致可将游客分为以下几类。

1.观光旅游者

饭店应把这类旅游者作为重点公众，先了解他们来自哪个地区、哪个层次，然后根据他们的不同需求和风俗习惯来组织各种观光旅游团队。

2.寻根旅游者

多年以来，来大陆追根寻源、探访亲友的港澳台同胞以及外籍华人日渐增多，他们希望通过故地重游来领略中国内地社会的发展变化。饭店公关部要掌握他们的心理特点，有针对性地为他们提供旅游服务。

3.会议旅游者

组织下榻饭店的与会者旅游观光，有利于推广饭店产品。

4.商贸旅游者

随着我国经济改革、对外开放的深入发展，我国的国内贸易和对外贸易日趋频繁。饭店常常是他们洽谈业务和日常生活的重要场所。所以，公关部应为这类宾客提供相应的服务，热情组织他们参与各种旅游观光活动，以满足其愿望。

5.休闲旅游者

这类旅游者以室外活动和娱乐为目的，喜欢参加体育活动、音乐会、舞会、游艺、卡拉OK等活动以及观看表演、电视节目、戏剧等。对此，饭店公关部应开展丰富多彩的娱乐活动，来吸引休假娱乐旅游者来消费饭店产品。

6.应邀来华旅游者

当前，应邀来华进行科技、文化、教育、卫生、文艺等交流活动的旅游者日趋增多，饭店要以东道主身份接待这些宾客，组织旅游活动时，必须创造热烈的气氛并保持一定的规律。

不管是组织旅游观光还是开放饭店供宾客参观，通常都以团体形式进行活动。所以，饭店公关部必须事前做好周到的组织安排工作。为做好接待服务工作，饭店要安排训练有素的工作人员负责宾客的登记、向导、讲解等方面的工作；准备好各种必要的音响、视听设施，宣传资料，样品和模型。要为参观者安排合适的休息场所，备好茶水、饮料，联系好车辆以及解决来宾的其他问题。

举办饭店的开放参观日活动，是一种特殊的“广告活动”。它能够通过开放参观增进外界对饭店的了解，消除饭店与社区之间的隔阂，提高饭店的社会透明度，培养对饭店的感情，创造良好的社会气氛，树立良好的公众形象。

(一)内部参观

内部参观是指饭店邀请外部公众或内部公众参观本组织的工作现场、设施等，是颇为流行的一种公关活动。当年“揭丑运动”时杜邦集团就是通过组织记者参观来扭转形象、渡过危机的。

1.组织内部参观的目的

请公众前来参观的目的主要有：

(1)扩大知名度，增加饭店的透明度，让公众了解饭店的宗旨、功能、优点、特色，显示企业的存在有利于社会、有利于公众。

(2)促进业务。通过组织公众参观饭店的产品、生产流程，让公众产生信任感，便于推销产品、谋求投资或相互协作、拓展业务。这类参观要着重表明组织设备先进、管理严格、产品优良、服务质量优秀。

(3)和谐社区关系。组织社区公众参观本饭店完善的设施、优良的工作环境、可靠的安全系统，表明组织对社区公众不产生危害，以求得社区公众的理解与支持。

(4)增强员工或家属的自豪感。可组织员工或家属参观饭店的设施、先进的设备，使员工家属感到组织价值、地位的重要性，理解自己的家人，产生自豪感，全力支持员工的工作，激发员工的工作热情。

参观的目的要突出，不能要求一次参观达到多种目的。贪多求快反而会使公众摸不着头脑，影响内部参观的效果。

2.组织内部参观的操作方法

组织内部参观的操作方法如下：

(1)准备宣传册。这类小册子要考虑到一般公众的文化水平、接受能力，应以简明扼要、深入浅出的语言介绍组织，给公众常问的问题做一个回答。要注意配有一定的图表或数据，尽量少涉及深奥的专业术语。这种小册子宜在参观一开始时就分发给公众，使公众快速阅读后对参观内容有大致的了解，参观时还可边看实物边对照，能集中注意力观看，免去了记录的麻烦和不必要的提问，并可供公众日后查考。

(2)放映视听材料。有些组织结构复杂、技术尖端，时空跨度大，为了帮助公众理解，观摩实物前可放映有关录像片、幻灯片或电视片，作简要的介绍。

(3)观看模型。有的组织规模庞大、设施分布很广，公众不可能每处都去、每物都看或者有些设施不便于公众进入，可以事先制作模型让公众观看。公众观看后，再选择几处认为重要的地方实地观看。

(4)引导观看实物。由专人引导公众沿着一定的路线参观，逐一观摩实物。在重要的实物前，引导者要作讲解，或配备专门的讲解员，讲解时要抓住公众关心的或不易理解的重点，避免长篇大论、滔滔不绝，给人以吹嘘之感，而使参观者产生逆反心理。参观主要是以物来传递信息，以让公众目击为主、讲解为辅，不能本末倒置。

(5)中途休息。参观的时间不宜太长，以一天中完成为好。在参观路线的中途，最好设有休息室，备好茶水、饮料供参观者中途小憩。

(6)分发纪念品。参观过程中可向公众分发一些小型纪念品，最好是本组织制造的或刻印有本组织名称的纪念物，让公众一见到它就想起本组织，引起美好的回忆。

(7)征求意见。观摩实物结束，宜在出口处设置公众留言簿或意见簿。有条件的话，最好请参观者座谈观感、提出意见，以便组织改进工作。参观除了平时可进行外，还可以结合一些特殊时机进行，如在开幕式、周年庆典之后组织来宾参观。

(二)陪同外出参观旅游

陪同外出参观旅游是一项交际型公关活动，首先要不怕麻烦，具体应该注意：

(1)不要将时间安排得太紧，尤其是游玩时，应预留一点自由活动时间。有的单位组织外出活动时安排1小时爬中山陵，20分钟游明孝陵，旅游景观还未来得及看就要回宾馆了。这种图省事的做法没有替客人着想。

(2)如果是派员陪同客人参观游览，应先将情况介绍清楚，如几个参观项目(景点)全去用多少时间，只去重点项目用多少时间，建议去哪些地方，共有多少时间供参观，便于共同定出计划。有的单位陪同外出参观旅游，集合地点说不清，又没有导游，有时竟使队伍走散，出现大家等一个人或几个人的现象。因此，注意事项应一次说清，临时不要改时间，如果商量后一定要改，则一定要反复强调，否则有人可能记住第一次宣布的时间以后就不再注意了。是否可以原路返回也应讲清，因为有的旅游点是另有出口的。

(3)要去的地方较大时，应发交通图、路线图，可放在资料袋中。

(4)陪同客人参观过程中应边看边介绍情况，不要因为陪同者对参观内容毫无新鲜感便无精打采，显出不屑一顾的神情，或低着头在前面猛走，不管客人是否对什么事物发生兴趣。有的陪同或催促对方，说没有什么好看的，或站在一旁显出不耐烦的样子，不为客人介绍，却同当地或现场其他熟人聊天，显得不礼貌。

(5)如果客人携带照相机，应介绍组织或现场中的最佳摄影点，讲明哪些部门不允许拍照，请对方谅解并表示歉意。如客人需要留影或照集体合影，应主动配合。因此，陪同人员、办公室或公关人员应学会照相，照相之前问清使用相机的注意事项，要突出的主题是什么，特别是留影时的背景，景点、企业牌匾、会议横幅上重点的字与内容应尽可能完整保留。尤其应避免因操作不当将相机弄坏，这种情况如不注意，赔偿相机事小，却可能因此影响客人后半程的旅游参观情绪。

六、记者会

记者会又称发布会、新闻发布会、记者招待会。政府、企业、社会团体或个人都可以举行记者会。记者会一般要邀请各新闻媒介的记者参加。举办记者会时，由饭店负责人或公共关系部门的负责人直接向新闻界发表有关本企业的消息，这对饭店而言，是积极的宣传活动的一部分。

(一)举办记者会的时机

在决定是否举办记者会之前，至少应确认以下两点：

1.确定新闻价值

要论证欲发布的事实是否具有专门召集记者前来予以报道的新闻价值。也就是说，举行记者会必须有恰当的新闻“由头”。

2.确定最佳时机

饭店应确认新闻发表的最佳时机。对于一个组织来说，举行记者会是为公布与解释组织的重大新闻，如在新产品开发成功、经营方针改变或有新举措、组织首脑或高级管理人员更换、新组织开业和老组织扩建或下马关闭、组织合并、组织创立周年纪念日、重大的人身伤亡事故等事件发生时，都可以举办记者会，发布这些消息。

【案例8-3】

“创建绿色旅游饭店万里行”活动正式启动

2006年10月8日，由中国旅游饭店业协会和饭店现代化杂志社主办，各地相关旅游行政机构、行业组织、饭店集团、星级旅游饭店、饭店设施设备供应商等共同参与的“创建绿色旅游饭店万里行”活动启动仪式在北京港澳中心瑞士饭店举行。

保护环境、保障人类健康已受到全世界的关注。各国、各地区、各行业都颁布了相应的法律、法规，出台了各种政策、措施，制定了相应的行业准则以约束并促进组织的环境行为。与此同时，各类组织也越来越重视自身的活动、产品和服务对环境的影响。旅游业的发展高度依赖于当地的环境状况，饭店业作为旅游业的支柱产业，在有效保护环境和利用资源方面的努力直接关系到旅游业的健康发展，并影响到和谐社会的可持续发展。

在环境保护已成为全球关注热点的今天，我国"绿色旅游饭店"这一理念的产生正是顺应了这一国际发展趋势。为此，国家旅游局于2006年正式发布并实施了《绿色旅游饭店》新标准LB/T 007—2006，作为新的行业标准。《绿色旅游饭店》强调一种新的理念，它要求饭店将环境管理融入饭店经营管理之中，以环境保护为出发点，调整饭店的发展战略、经营理念、管理模式、服务方式，实施清洁生产，提供符合人体安全、健康要求的产品，并引导社会公众的节约意识、改变传统的消费观念，倡导绿色消费。它实质是强调为饭店宾客提供符合环保要求的、高质量的产品。同时，饭店企业在经营过程中通过节约能源、资源，减少排放，预防并减少环境污染，不断提高产品质量以获得可持续发展的动力。

《绿色旅游饭店》标准的发布实施，将带来我国饭店行业一次新的革命——绿色革命，即饭店业的可持续发展！绿色旅游饭店的创建、实施与保持是一个不断发展的过程，在实施过程中应与饭店其他管理体系的运行相协调，这是一个与饭店各方面的发展相互促进的过程。而目前我国饭店建成的年代有长有短、经营的规模有大有小、建筑的形式各不相同，设备设施技术性能也有差别，因此在创建、实施过程中，需要根据饭店各自的实际采取不同的措施，并积极引入先进的环保技术和设备，获得环境绩效的持续改进。

"创建绿色旅游饭店万里行"活动所计划穿越的地区，串联起了我国的环渤海经济圈、长三角经济圈、珠三角经济圈，上述区域不仅是我国经济最为发达和活跃的地区，也是我国饭店业发展最为成熟的地区。如何在保持快速发展的同时，又能兼顾对环境的保护，以求得长远的发展，正是这些区域饭店业所面临的巨大挑战。

本次活动为全国各地的饭店提供了一个良好的交流平台，可以彼此分享在创建绿色旅游饭店过程中的经验、体会，取长补短，共同提升我国饭店业的可持续发展水平，为构建和谐社会作出自己的贡献。此次活动的核心意义在于推广"绿色旅游饭店"内涵，以企业和个人签名承诺的方式倡导绿色消费，在生产经营过程中加强对环境的永续保护和资源的合理利用，创造出一种既满足发展要求，又能保护生存环境的企业发展模式。

"创建绿色旅游饭店万里行"活动将在东北、华北、华中、华东、华南五大区域中饭店业发展具有代表性的多座城市举行，最终到达广东东莞。

万里征程，数月时光，"创建绿色旅游饭店万里行"活动必将把"绿色旅游饭店"的理念在更为广泛、更为深刻的领域进行传递和交流。这不仅展示了饭店行业对创建“绿色旅游饭店”的决心和对社会、环境的责任感，也是对北京2008奥运会“绿色奥运”和上海2010世博会“城市让生活更美好”主题的积极回应，更是对国家提倡建设和谐社会的有力支持。

（二）记者会的准备工作和注意事项

1.确定时机

如果已确认必须要召开新闻发布会的话，那么，就要选择恰当的召开时机。选择召开时机一要及时，不要拖；二要注意避开重大节日和社会活动。

2.确定邀请记者的范围

确定邀请记者的范围主要根据公布事件、消息发生的范围和影响而定，如事件或消息只涉及某一城市，一般就只请当地的新闻单位记者参加。

3.确定发布会的地点

一般可在本单位的大型会议厅或多功能厅举行。希望造成全国性影响的，也可在首都或某大城市的租用场所举行。

4.布置会场

发布会地点确定后，应进行实地考察。此外，在会议召开前，应认真进行会场布置。会场的桌子最好不用长方形而用圆形的，大家围成一个圆圈，显得气氛和谐、主宾平等。但这只适用于小型发布会，大型发布会可采用设主席台席位、记者席位、来宾朋友席位的方式。

5.统一发布口径

本组织参加会议人员要统一口径。某一消息发布到何种程度，应首先在组织内部统一认识。否则，意见不统一会引起记者的反感，甚至导致报道失误。

6.挑选发言人

主要发言人过去主要由总经理等主要负责人承担，现在常用专门的新闻发言人，因为只有这两种人才能准确地回答有关组织的方针、计划、生产、经营等重大问题。如果是公布某项新产品、新项目，分管方面的主要负责人也应出席。主要发言人应头脑机敏、口齿清楚，具有较强的口头表达能力。

7.准备主要发言和报道提纲

要由专门班子负责起草主要发言，应全面搜集资料，写出通俗、准确、生动、有趣的书面发言稿。另外，应事先归纳出宣传内容的要点和背景，整理成详细的资料，即报道提纲，也可附加照片。材料要编写得系统、简洁，要注意用事实说话，注意不要出现错别字和脱页现象。报道提纲及其他书面材料要预先分发给出席记者，同时预先准备好回答记者问题的基本答案，供主要发言人参考。如果发言中涉及国防工业、军事机构的秘密或重要经济情报，要注意不能泄露机密。

8.确定会议主持人

会议主持人一般由公关部负责人担任。主持人的言谈要流畅，有时根据内容的需要可以有一些幽默感。主持人要尊重别人的发言、提问，要切实把握主题的范围，勿使大家离题太远。要注意掌握会议的时间，时间一般不宜超过两个小时。主持人要引导记者踊跃提问，万一出现冷场，可以让与会者和公关人员作自我介绍，以增加彼此之间的了解，提高大家的发言兴趣。主持人讲话的措辞要典雅而有力度，风趣而不失庄重。

主持人应倾听记者的提问和全部意见，促进组织与新闻界之间的相互理解和友好交流。当招待会气氛非常活跃、记者竞相提问时，主持人应维持好会场的秩序，控制好发言的时间，引导记者深入提问，避免重复的提问和回答。如果预定的会议结束时间已到，但尚未交流完毕，应在散会前决定下次记者会的时间、地点。

9.其他事务的安排

为了开好新闻发布会，饭店公关人员应预先筹备好视听辅助工具，如相关图表、照片、产品实物、模型样品、沙盘、幻灯、影片、录音带、录像带等。在会后或会前，亦可安排一些现场参观，但参观时间不宜过长，同时也应利用这一时机让记者采访、摄像，既要安排得周到，又不要勉强。此外，还要准备一些饮料等。

（三）对待记者的态度

组织记者会必须注意对待记者的态度，接待质量如何将直接关系到发布消息的成败。与新闻界合作应以“真诚、主动”为方针，切不可因为自己的组织在社会上有了一定的声誉就趾高气扬，认为记者有求于己。

对记者的接待，不论以何种方式，公关人员都必须时刻牢记记者的双重性。首先，作为人，他希望接待人员对他尊重、热情，并了解他的姓名、供职的单位、专业甚至他的作品；更重要的是，记者是专业人员，他希望给他提供工作之便，如一条有发表价值的消息、一个能拍到新奇照片的机会、一个电视导演感兴趣的生动场面、一条电台记者希望采访到的重要消息等。总之，应尽量满足他们的合理要求。

（四）记者会结束后的工作

1.收集情况、纠正错误

大量收集到会记者发表的稿件，进行归类、分析，检查是否有由于自己失误而造成的谬误。如有，应立即设法补救。

2.核对发稿情况

对照与会记者的名单，核对是否每个到会记者都发了稿，以供在今后举办记者招待会拟定邀请者名单时作为参考。

3.了解与会者反映

收集与会者的反映，总结会议是否有欠缺，找出不足之处，便于今后改进。

七、公关专题服务

公关专题服务是指一定的社会组织通过消费调查、预测、分析，有针对性地对消费者进行消费教育和引导，完善消费服务，从而组织消费，创造消费环境。

（一）公关专题服务的作用

1.树立信誉，争取公众

公关服务着眼于个人，注重消费公众的权益，一切都以公众的利益出发，所以极易赢得人心，从而也使组织赢得信誉。饭店均十分注重公关服务的作用，实例不胜枚举。

【案例 8-4】

寻找顾客

南京市中山大厦是一家集宾馆、商场、娱乐中心于一体的综合型涉外旅游企业，近千名员工每天接待成千上万的公众。因为他们十分重视公关服务，从而建立了良好的信誉，赢得了社会各界的赞誉。其负责人说："中山大厦开业于改革开放的年代，坐落在金陵城最繁华地段，天时、地利具备，关键是争取人和。"他们提出了"100－1＝0"的服务观念：即使做了100件好事，但只要做错一件，哪怕是微不足道的小事，好事的效果也等于零。

有一次，中山大厦商场收到一封未署姓名和地址、言辞非常激烈的顾客来信。信上说：他在大厦商场文具柜购买活动铅笔，又花了0.16元买了一盒0.7毫米的铅芯，而营业员却把0.9毫米的铅芯给了他，回家后发现不能用便投诉中山大厦商场。就这样一件小事，大厦领导对此非常重视，认为0.16元虽然微不足道，但服务工作失误会造成顾客对大厦的不信任。于是，大厦立刻花钱在《扬子晚报》上刊登了《寻找顾客》启事，请投诉者立即来商场调换铅芯，并表示歉意。那位顾客看到启事后非常感动，来信说："这使我受了一次教育，我不打算去商场调换铅芯，我将永远珍藏这盒铅芯，它使我随时感受到大厦的优质服务。"

该大厦紧紧抓住"人和"，努力做好公关服务工作，不但使中山大厦在社会公众中树立了良好信誉，而且也取得了可观的经济效益。

2.提高素质，增强竞争力

公关服务的一项重要内容就是虚心、广泛地听取各方面的意见和建议，特别是针对服务质量提出的意见和建议，并据此分析、改进日常工作。

每一项公关活动都应赋予浓厚的人情味，这样更能迎合并满足消费者的心理需求，使其在接受各种特殊服务的过程中对饭店产生深刻的感情。目前，不少饭店都非常注重前台服务工作的质量，提倡前台服务要有创新精神，要善于把握宾客心理，细致观察和询问宾客的需求，及时开展各种有特色的公关服务活动。

例如，一些饭店的前台服务人员在宾客登记住宿时，了解住店宾客的生日时间，到时由公关部主动为宾客送上一个特制的生日蛋糕和赠送一张印有该饭店字样的精美贺卡，使宾客感受到饭店细心周到和有人情味的服务而身心愉快。这种深厚的感情交流进一步融洽了饭店与宾客的关系，加强了彼此间的友谊，赢得了众多"回头客"。

假如前台服务人员在了解到某些宾客是来度蜜月旅游时，可考虑创造一个喜庆的环境。比如给其客房安放一张双人床，并且按照中国民间的传统设计大红喜字、红对联、红蜡烛，再摆放上几盘红枣、糖果、瓜子和喜庆蛋糕；还可为宾客免费在"新房"摄影留念，等等。这样的公关服务，宾客定会为之动情。

（二）公关专题服务的原则

1.确定服务对象，经常保持联系

饭店的宾客成千上万，各种各样，有老、中、青、儿童等年龄的不同；有国外、国内、团体或个人等国籍及消费形式的不同；有企业家、工人、农民、学生等职业身份的不同；有女士、男士等性别的不同。因为不同的宾客有不同的需求，所以要按照不同的服务对象来制订有针对性的活动计划，使其有明确的目标、方向和更强的实用性和有效性。

2.尊重服务对象，主动收集信息

饭店公关服务活动的对象是个人或社会团体组织。所以，在开展活动时，必须尊重服务对象，随时了解服务对象的各种意见，虚心采纳他们提出的建议，并且积极、主动、多渠道搜集公众意见。为此，公关人员可采用设立意见箱、热线电话、征询卡或谈心等方式；也可以每周或每月安排"接待日"；还可以经常进行民意测验，组织听证会，发行反映公众意见的内部刊物等，切莫把公众意见当作"有意发难"、"吹毛求疵"。

3.改善服务质量，树立企业信誉

饭店正确地选择服务对象，尊重服务对象并与之建立亲密关系，并不是经营的最终目的。具体来说，各部门应制定出详细且方便公众监督的服务守则，由受过专门培训的人员处理各类投诉。比如，有一次，某宾馆住进了几位美国宾客，或许是不了解中国，或许是对中国抱有某种偏见，他们不管是对宾馆的客房设备，还是对宾馆的饭菜质量，都过于挑剔，在五天的住宿时间内，几乎每天都打电话给宾馆公关部，反映这样或那样的问题。开始时，宾馆的接待人员还心平气和地倾听，并一一做出解释。可是，接二连三、毫不客气的指责语言终于使那位接待人员耐不住性子了。当美国人要离开宾馆时又拿起电话对公关部说："我们这几天要求您解决的问题，您一件也没能解决，真是太遗憾了。"那位接待人员随即反唇相讥说："假如你们以后再来中国，就请到别的宾馆再去检查一下吧！"于是，一场激烈的舌战在电话里爆发了。当美国宾客离开这家宾馆后，客房服务员在他们住过的房间写字台上发现了一张字条，上面用英文写着："世界第一——差。"这是由于服务人员未能尊重服务对象提出的意见所造成的恶果。无疑，这将给该宾馆带来一定的损失。

（三）公关专题服务的内容

饭店在参与激烈的市场竞争中，要增强自身的竞争能力，必须按照市场和公众的需要，不断地为消费者提供周到、完善、良好的公关服务。其主要内容包括消费教育和引导、消费服务以及其他特别服务等。

1.消费教育和引导

现代饭店通常是住宿、饮食、娱乐、购物等一体化的综合型旅游企业，应根据消费者的需求进行消费引导，例如免费提供消费教育、消费培训、消费咨询等服务。消费教育和引导的形式主要有：

(1)为广大宾客编辑、发行指导性手册和宣传刊物，例如美食介绍、旅游热线推介、各种特色服务项目介绍等宣传小册子及报刊资料等。

(2)举办操作展示表演和实物展览，帮助消费者认识和熟悉各商品及消费项目的特色、功能和给消费者带来的好处。

(3)开设陈列室、咨询台、热线电话等答复消费公众的问题。

(4)向各大媒介提供有关消费信息资料，做广告、赠送消费优惠券(卡)或试用品，诱发公众的消费欲望。

(5)举办研讨会和讲座，交流消费心得，创造消费气氛。

(6)举办培训班，培训销售、服务人员以及消费者，使之掌握正确的消费方式、方法或技巧。

2.消费服务

消费者在现代社会中所追求的消费方式是各种各样的，消费的层次要求也趋向较高档次，目前还出现追求"形象消费"的倾向，他们要求消费场所能为自己提供优质的消费环境和服务，留下赏心悦目的良好印象。饭店须为消费者提供各种优良的消费服务。

消费中的服务主要是指宾客进入饭店后消费过程中所得到的一系列服务。北京的中国大饭店瑞士籍的总经理海瑞先生说得好："我是想给进住这饭店的人一个新的节奏，饭店的宾客到这里来总想体会心跳节奏加快的感觉，所以我们要让酒吧、大厅、餐厅，让每个场所都制造一个与众不同的节奏。"

任何企业组织都应该随时以维护消费者利益为首要目标，树立"消费者第一"的思想。当今世界上成功的企业，不论何种行业，大多以追求优异的服务为最高目标。因为他们都懂得这样一个最基本的道理：企业的利润主要来源于为消费者提供良好的服务。

3. 其他特别服务

饭店每日接待的宾客成千上万，类型多样。不同国籍、不同民族、不同地域的宾客有不一样的消费习惯和特殊爱好，这就要求饭店的服务工作做得非常细致而周到，还要随时为宾客安排某些特殊的服务项目。如广州某宾馆在接待“残疾人运动会”的参赛团体时，特意为该团全体残疾运动员做一系列的特殊服务，如配备轮椅及专人服务、专车接送、特殊配餐等，让运动员在无微不至的关怀与服务中全心投入比赛。

以上各种专题活动的策划、实施应结合前面章节的调研、策划、CIS和后面的服务知识、礼仪知识等有关内容，使每一项工作达到预期的效果，从而保证饭店公关目标的实现。

第二节　饭店公关专题活动的操作技巧

美国著名公共关系专家罗杰·艾尔斯在自己长期的公关咨询中发现：人们如果喜欢你，他们会原谅你做错的每一件事；如果他们讨厌你，尽管你可以侃侃而谈，却无人理解。公关人员天天都与人打交道，让别人对自己感兴趣，愿意与你交往，是一项重要的操作技能。

一、人际交往技巧

(一) 人格魅力

在任何人际交往中，人格魅力能让不美丽的人变得美丽，让平淡的外表蕴含磁铁般的引力，其产生人际吸引的主要因素是个性品质。那些知识面广、博古通今、才华横溢的人之所以受人敬重和崇拜，是因为人们除需要情感交流之外，还需要信息和知识。

饭店公关人员要加强自身品质、知识、谈吐能力的综合修养，这是具有人格魅力的基础。

(二) 形象魅力

要使人产生好感的另一个因素是仪表。仪表是人的相貌、服饰、气质、风度等外观形象的总和。

人类的天性是爱美的，美的人、美的物、美的环境都会引起别人的好感，从而产生“魅力效应”。公关人员是组织形象的化身，一个人相貌端庄、举止文雅、衣着适体是获得公众好感的前提。良好的外在形象体现了美，会给交往效果带来诸多方便。但随着时间的推移，形象魅力将会逐渐减弱，取而代之的就是上述的人格魅力效应了。

(三) 环境效应

和谐就是美，饭店公关人员始终要注意自身与环境的协调，因为在不同的时间、不同的地点出现不合适的美，那么美就变成了丑。比如，丧礼中艳丽时髦的装束、正式场合中的超短裙、紧张工作环境中的袒胸露背等，这些都不合时宜。

饭店公关人员的装扮必须注意与环境的和谐一致，才能强化美感，引起交往对象的交往欲望。工作环境中穿着白色衬衣、西服套裙，一丝不乱的头发，给人一种明快、端庄之感；晚会或舞会则应打扮得艳丽飘逸；郊游或登山，着一身浅色运动衣裤，脚蹬轻便旅游鞋，给人一种热情奔放、充满活力的良好印象。

(四) 非自然语言

人际交往中，交往双方都是活动中的人，适时运用非自然语言，常常比自然语言效果更好。

视觉语言深刻、细致，许多不可言状的感情可通过眼神表现出来，它可以拉紧你与交往对象间的情感纽带。

微笑语言使人如沐春风，产生共振效应，迅速缩短与交往对象之间的距离。

手势与步态具有鲜明的表现力、吸引力、说服力与感染力，能立即引起对方的注意。

坐姿与站姿都是不同信息的传达，由此揣摩交往对象的身份、职业乃至性格特征，了解其对自己的态度，对交往大有帮助。

（五）人际吸引力

1. 相似吸引力

相似反映了一致性。当交往双方年龄、性别、职业、爱好、资历、地位等基本相似时，就很容易找到共同感兴趣的话题，进而产生共同语言和很大的吸引力。

2. 相异吸引力

相异体现了差别。当交往双方在许多方面差异悬殊，或地理位置相隔遥远、或经济状况差距很大、或社会地位极不相称、或年龄大小很不相当，却可以因为某种特殊因素产生神秘感而建立友谊。典型的事例如“忘年交”。

3. 对等吸引力

所谓对等吸引力，即对方喜欢自己，自己也给对方以好感。人类都渴望被人喜爱，无论是什么年龄层次和何种身份的人都是如此。人们都会对给予自己爱的人报以相应的偿还，这种友谊是以满足双方心理需要而得以延续的。

4. 互补吸引力

交往过程中，交往双方在个性、需要及满足需要的途径方面，呈互补状态，从而产生强烈的吸引力。它通常表现为性别的互补，男性的阳刚之气与女性的温柔细腻在交往中得以平衡而产生愉悦；还表现在人格特征上的互补吸引、能力特长方面的互补吸引以及利益分配上的互补吸引。

5. 光环吸引力

当某人在某方面有特殊成就，成为家喻户晓的“名人”时，他的光环就会泛化到其他方面，从而产生晕轮效应，与之交往时，总感到他的一切极富魅力，具有强烈的吸引力。

6. 熟悉吸引力

交往双方由不熟悉到熟悉、由不喜欢到喜欢，最终产生吸引。人们往往喜欢熟悉的朋友、喜欢熟悉的事物、喜欢用熟悉的东西。

（六）与不同气质人交往的技巧

从心理学的观点看，人的气质通常可分为多血质活泼型、胆汁质急躁型、黏液质稳定型、抑郁质忧郁型四种。在交往中，照顾不同气质的人的特点，有利于我们提高公关质量。

1. 与多血质人的交往技巧

多血质的人性格活泼、灵活、反应敏捷，活动能力和适应能力都很强，但容易淡忘，情绪反差大，办事恒常性较差。所以与他们交往，忌轻信或者马上委以重任，应交浅而言重，采取多种方法时刻提醒他的许诺与表态，对托付他的事必须反复叮咛避免他们遗忘，所谓“悟性好、忘性大”常常是指这一类人。多血质的人感情丰富，受情感支配的可能性较大，因此，选择轻松、活泼的形式，在他们心情愉快时迅速达成某种协议。

2. 与胆汁质人的交往技巧

胆汁质的人果断豪爽、思维敏捷，能干而且果敢，常常争强好胜溢于言表。与他们交往应态度温和亲切，避其锋芒，以柔克刚，对于其好胜要强的特点，适时当众赞美，可激励他的热情和积极性。与其交谈，要坦荡真诚，开门见山，中肯直接，切不可“弯弯绕”。双关、暗示等手法对其都没有作用，但“激将法”却往往可以生效。

3. 与黏液质人的交往技巧

黏液质的人沉稳安静，情绪不容易激发，办事喜思索和有条理，情感体验深刻，从不随便更改自己的主张。与他们交往要施之以“情”，态度要诚恳，作风要踏实，少说漂亮话，多做实际事，一旦获得他们的友谊，他们便对你真诚专一，情感稳定，友谊保持得也比较持久。

4. 与抑郁质人的交往技巧

抑郁质的人多愁善感，情感细腻敏感，不易合群。与他们打交道要注意态度的始终如一，要以心换心地获取友情，不要因为忙而忽视了他们的情感需要，时时处处小心谨慎，稍有不慎，引起他们的误会，便可能会永远失去他们的友谊。所以，要精心浇灌、精心维护彼此之间建立起来的友谊。

（七）初次交往的技巧

1. 第一印象

第一印象是初次见面时留下的深刻印象，它对人的知觉起一种强烈的定式作用，支配人们的思维，左右人们对事物的评价。良好的第一印象有助于交往的成功。所以，注重在初识阶段给对方一个良好的第一印象，是非常重要的。

2. 自我介绍

自我介绍是初交的一把钥匙，也是产生第一印象的主要因素。所以，自我介绍要适度，既要充分表现自己的特长、性格、爱好，又要适可而止，让人容易接受。用轻松的语言表现优点和成就，用风趣幽默的词句来形容缺点和不足，能快速缩小你与交往对象间的心理距离，给人留下深刻印象。

3. 重视对方

希望受到重视是人们的共同心理。所以，笑脸相迎是初次见面的调和剂；热情的眼神是联结彼此情感的纽带；迅速记住对方的名和姓以及事情要点是对对方重视的表现；选择共同感兴趣的话题是交往成功的基础；适时赞美对方、令对方感到愉快是交往过程中的兴奋剂。

4. 察言观色

察言观色是了解对方的钥匙。观察表情，能分析心境；观察服饰，能猜测个性；观察气度，能推测身份；观察环境，能掌握对方是否是关键人物。对听、看、问到的信息作综合判断，就能基本摸清对方的脉络，选择合适的交往方式，尽快使双方心理相容，让交往有效地深入下去。

5. 适时告别

适时告别是第一次见面必须要注意的。第一次见面，双方必定都有所保留，一旦交谈达到目的后，就应及时告别，留有余味，引起对方继续交往的欲望。不顾对方疲劳而喋喋不休，或不管时间长短的随意拖延，均会导致对方的不快，影响初交的印象。

（八）保持心理平衡的技巧

交往过程中，有人拘束、紧张、忧虑、胆怯、言辞失控或表情失态，这些均为心理失衡的表现，只有保持心理平衡，才可能在任何场合中神态自若，显得风流倜傥，气宇非凡。

1. 树立自信

法国哲学家卢梭说：自信心对于事业简直就是奇迹，有了它，你的才智可以取之不尽、用

之不竭。自信是成功的基础，树立自信，首先是相信自己，分析自己的内存潜能，看到自己的自身价值，努力克服自卑；其次是经过充分准备，掌握大量的信息和情况，拥有丰富的知识，才能拥有自信。

2.保持自尊

保持自尊，不受光环、晕轮效应的影响，把名人看作普通人，是与大人物打交道、见大场面时的心理平衡技巧。名人也是普通人，他们有喜怒哀乐，也有七情六欲，有妻子、儿女，把他们当成普通人一样交往，就可以充分展示自己的才华与人格魅力。名人就是有才华的人，他们都喜欢与有知识、有见地、有个性、有头脑的人交朋友，而看不起那些巴结奉承和卑微怯懦的人。

3.充分准备，提前适应

恐惧心理是很多人在社交、公众场合和讲话发言中常常出现的一种心理内弱症，克服它的有效办法是充分准备，提前适应。比如要进行大会演讲，可提前到现场5分钟，看看生面孔、适应会场气氛，以调节情绪、稳定心态。心理平静了，就能潇洒自如地发挥。

4.将自己的优点与别人的缺点相比

用自己的优点与别人的缺点相比，是帮助自己心理平衡，进行正常交往的一种技巧。

当对方身份、地位、水平、能力明显高过自己时，千万不要胆怯，这时想想对方为什么要与你打交道，你会发现自己当然也有价值、有长处。俗话说：梅花与雪相比，梅花虽然没有雪白，但比雪香；雪虽没有梅花香，却比梅花白。如此各有千秋之比，自己就有了优越感、自信心，心理失衡症也便痊愈了，交往中才可能不卑不亢，潇洒自如。

5.积极参与实践

积极参与各种社交活动、锻炼自己的交际能力是克服社交恐惧症、保持心理平衡的重要方法。

二、语言表达技巧

公关学中的“语言”概念，其外延已大大拓展。语言不仅是自然语言（口语、书面语），还包括一些非自然语言，例如表情语言、形体语言、服饰语言、色彩语言等，它们都是公关信息的载体，均可以表达公关信息。为了提高信息传递的效果，增加交往的效率，饭店公关人员必须掌握自然语言和非自然语言的表达技巧。

（一）自然语言

1.口语的表达技巧

口语的应用范围非常广泛，交谈、演讲、劝说、服务都离不开这个基本的语言符号系统，语言能力的大小、高低，必然导致效果上的大相径庭。为了使口语表达得准确生动，必须培养公关人员驾驭口语的能力。

(1)语音语调。口语借助语音语调来传情达意，清晰流畅、悦耳动听的语调可以提高语言交际的效果。公关人员要说普通话，吐字清楚、发音准确，少用“啊”音和“吧”音，特别要注意语调和表意的语气。

语气一般可分为三类：

①表意语气，即向对方传递的信息具有表意功能，例如陈述、疑问、祈求、建议、商量、呼应等；

②表情语气，即对所说的话表示某种感情，例如赞叹、惊讶、兴奋、不满、警告、诧异等；

③表态语气，即对所说的话表示某种态度，例如同意、不同意、肯定、否定、委婉等，通常通过停顿、重音、叹词、语气词等表达出来。

同一句话，用不同的语调说出来，其显示的意义就大不相同。例如赞扬的话，带着轻蔑的语气说出来，就变成了讽刺，所谓“听话听音、锣鼓听声”就是这个道理。

注意语调的升降变化，准确表示自己的感情。通常升调表示兴奋、惊喜、号召、鼓动的情感；降调表示悲伤、冷峻、坚定、厌恶的情感；平直调表示平淡、冷漠，无特殊情感升落；曲折调表示情感的跌宕起伏。

停顿与重音的把握，同样是准确表意的语言技巧。停顿常常表达某种感情，引起悬念、促发联想、寻找共鸣，能收到此时无声胜有声的效果；重音可以表示特殊的思想感情，其表意效果非常强烈，如前苏联著名戏剧家斯坦尼斯拉夫斯基所说：“重音就像人的食指，指示着节奏或句子中最主要的词。”

(2)层次性、条理性。要把信息准确、无误、全面、具体地体现出来，使听话者(或听众)清楚明白地理解，这是口语表达的最基本的要求。

讲话要清楚，就需要注重讲话内容的层次性与条理性，要有逻辑思维能力，先说什么，后说什么，哪些重点叙述，哪些简单带过。一定要中肯切题，言之有物，切忌弯弯绕。一件重要内容，绕了半天没有绕到中心上来，便会让对方不明白，不知你讲的主要问题是什么。更忌信口开河、废话连篇或多次重复，以及在一些不重要的细节上浪费时间和口舌。

(3)形象性、生动性。层次清楚、条理明晰，即讲话让人听得明白，使听者受到传者的感染，引起兴奋和青睐，这要求口语表达形象、鲜明、生动。要达到形象、生动的效果，通常要运用修辞手法，如比喻、夸张、排比等。例如，一则广播词中这样表达原子的小——“原子真是小极了，50 万到 100 万个原子，一个紧接着一个，排起长蛇队来，也只有一根头发直径那么小一点。”

口语表达，应注意语言表达时的感情色彩，融进了表达者深沉情感的语句，是说服人、打动人、感染人的有力武器。例如长诗《周总理，我们的好总理》，朗诵者用深沉凝重的语调、饱含悲痛情感的语气朗诵出来，具有强烈的感染力，起到震撼人、感染人、催人泪下、鼓舞激发的效果。

(4)轻松感、自然感。幽默是增加愉快、协调气氛，使口语表达时形成轻松、自然气氛的一剂良药。口语表达中加一些幽默，能把令人尴尬的事轻松地表达出来，引来一片友好善意的笑声。例如，一次规格较高的外事宴会上，主持人在举杯致祝词时不慎摔碎了酒杯，会场立刻鸦雀无声，外宾们面面相觑，不知该怎样打破这个僵局。这时，主持人重新斟酒举杯，风度翩翩地用英语向在场的宾客笑着说：“这是我们中国人庆祝新年的祝词，即碎碎(岁岁)平安。”会场气氛马上活跃起来，大家用掌声回答了这一轻松、幽默的喻词。

2.演讲的技巧

演讲是公关人员在公关工作中常用的一种人际口语传播方式。饭店公关人员除了在某些专题性的活动中进行演讲外，还必须代表饭店经常在接待会、展览会、欢迎会、联谊会、宴会、座谈会上致辞。这些欢送词、开幕词、贺词、祝酒词等类似小篇幅的演讲，可以传递饭店信息，塑造饭店形象。所以，公关人员必须掌握演讲的技巧。

(1)充分准备。一场好的演讲一定要经过充分准备，对听众做细心的研究、了解，把握了听众的特点、兴趣之后，再决定演讲的内容。确定了演讲的内容，要准备演讲稿，演讲稿可以先拟提纲，再写全文。时间假如不允许，一定要及时在头脑里打腹稿，对于演讲的重点、要点

必须娴熟于心。

(2)选择开头。写文章讲究凤头、虎尾和猪肚。所谓凤头就是要有一个好的开头，如果开头能引人入胜，演讲就成功了一半。所以，高明的演讲者都要精心设计开头。开头一般分为如下几种：

①设问式开头。即以设问开头，引起听众的思考，吸引听众的注意力，控制会场情绪。设问式开头可以采用排比的手法增加气势，一下子就把听众情绪凝聚在问题的焦点上。

②开门见山式开头。也就是演讲一开始就进入正题，把要演讲的主题作简单的介绍，然后再分层次论谈。这种方式需要演讲者有一定的功底，而且演讲的内容有质量。

③比照式开头。即演讲开始时通过对比两种差异较大的事物，论述自己的观点，激发观众的兴趣，达到演讲的目的。

④倒叙式开头。即演讲一开始就把事实的结果摆在听众面前，然后再叙述前因后果，得出结论。这种方式的演讲要求结果一定要有震撼人心的力度，否则无法调动起观众的情绪。

(3)注意结尾。结尾如虎尾，刚劲有力。一个好的结尾不仅能使一场演讲打上圆满的句号，而且又一次高潮的突起，给人留下深刻的印象。常见的结尾有以下几种：

①赞颂式结尾。即用赞颂的语句作为演讲的结束语，可以满足观众的求誉心理，使气氛愉快和谐。

②呼吁式结尾。即选用有号召力、鼓动力的语句，向听众发出号召、呼吁，使已经被演讲情感激发起来的听众情绪更加热烈，以此达到群情激昂的目的。

③总结式结尾。即结尾时总结演讲内容，简明扼要，加深听众印象，深化演讲主题。

④幽默式结尾。即用诙谐幽默的语句作为演讲的结束语，可以活跃气氛，加深听众轻松愉快的印象，留有余味。

⑤引用式结尾。即引用警句、名人名言作为演讲的结束语，启迪人深思，教育人奋发，含义深刻。

(4)演讲的语言技巧。

①准确性。演讲必须用恰当的语词，把意义准确地表达出来。

②精练性。演讲的时间一般不长，5～15 分钟，所以要求演讲者必须把握语言输出的最大信息量，换言之即用精练的语言表达丰富的内涵。

③生动性。演讲的语言必须生动，否则无法"使人激动"、"使人奋发"、"使人快乐"、"使人信服"。生动的语言需要借助大量修辞手法，如用反复手法的"祸起新闻爆炸，得福爆炸新闻"，用比喻手法的"金帝巧克力，滑得像丝一样"，充分调动了听众的视觉、味觉、听觉等感觉器官，引发他们的合理想象，使听众们如临其境、如听其声、如见其人。

④通俗化。演讲是口语表达，深奥的道理要运用简单、明了、浅显的语句表现出来，深入浅出，才能使听众听得懂，理解深刻。

⑤情感化。以情动人、以情感人是演讲者必须具备的语言素质。演讲者通过饱含感情的语言来表达思想、燃烧感情，感情越真挚强烈，演讲者发挥的语言表现力就越强，就越能激起听众的情绪，获得演讲的成功。

(5)演讲者的仪态风度。演讲者必须注意自己的仪态风度，这不但是个人形象的塑造，更是演讲形象的升华。风度潇洒、仪表端庄，有利于自己在众目睽睽之下保持心理平衡，树立自信心。所以，演讲时要注意自己的"包装"，以稳重端庄为主旋律，努力塑造整洁大方的外观形象。切不可因为外观形象上的"一着不慎"而贻笑大方，使演讲效果功亏一篑。

（二）非自然语言

1.表情语言

表情指的是人的面部表情。在非自然语言中，面部表情的“词汇”最多，而眼神和微笑是最富于感染力的表情语言。

劳夫·瓦多·爱默生说：“人的眼神和舌头所说的话一样多，不需要字典，却能够从眼睛的语言中了解整个世界。”汉语中关于描述眼神的词汇就有50多个。唐代大诗人白居易用“回眸一笑百媚生”这区区七个字，就勾勒了杨贵妃这个绝代佳人的神韵，这比刻意去描绘身体的其他部位给人留下的回味与联想要深刻得多。公关人员在实际交往中，要学会借助眼神的辅助作用传达自己表意时的“真情实感”，还要掌握如何辨别眼神的含义，准确地获取信息，避免信息传递过程中的失误，增强交流的效果。

被人们誉为商界巨子、“饭店帝国”国王的希尔顿，当他母亲问他发大财的诀窍时，他的回答仅两个字“微笑”。微笑传达的信息能促使双方沟通，融洽服务员与宾客之间的感情，产生心理愉悦，从而形成“共振效应”。所以，微笑是服务中的“常规武器”，更是公关工作中的“常规武器”。

2.体态语言

体态语言又称形体语言，它一般是通过人的动作、体态等表现出来的非自然语言。与饭店服务工作比较密切的是立姿、坐姿、手势与步态。不同的立姿和坐姿、不同的手势与步态，均是不同信息的传达。

①立姿：背脊挺得笔直，双手交叉于胸前或背后，两腿自然垂直。它传递的是充满朝气、热情向上的信息。

②坐姿：挺直腰、笔直的坐姿，表示对对方或对方的谈话有兴趣，也是对人尊重的一种表示。

③手势：手势是传情达意的有力手段。不过，我们中华民族是个极有修养和含蓄的民族，所以，应当要求饭店公关人员除掌握握手的礼节外，在与人交谈时还要留心控制自己的双手，不随意乱舞，只是在加强说话效果时才辅以恰当的手势，给人一种典雅的印象。

④步态：步伐矫健、轻松、敏捷，能让人感到年轻、健康和精神焕发；步伐稳健、端正，给人以庄重、沉稳的印象。

所以，公关人员在工作中应当是：头部不宜过高、目光平和、面带微笑、上身自然挺直、收腹、两肩不摇、步态轻快，两手前后摆动的幅度要小，稳步向前。这些无声的体姿语言，可以帮助公关人员塑造自身形象，在工作中应付自如。

3.服饰语言

服饰能反映一个人的个性和心理状态。当服饰与身份、地位、气质、环境相适应时，就会使人们在不同的场合显示出恰如其分的仪表。它不仅能传达一个人的文化素养、知识水平、品格情操、身份地位等信息，而且还能反映民族的习俗、时代的风貌和本国的文化特征。

饭店公关人员的服饰直接影响着饭店的形象，甚至整个国家的形象。因此，饭店公关人员除了在质地、色彩、款式上体现一定的差异外，还要更强调共性，即整体的外观形象，那就是稳重、端庄、大方、整洁、协调。

服饰能帮助人增加自信和掩饰不足，能表现人的风格、品味、气质和风度，它具有一定的社会功能，所以，公关人员要注意掌握穿着打扮，让服饰语言来帮助你成功地进行工作。

4.色彩语言

光亮和色彩构成了一个五彩的世界，它让大地变得美丽，环境变得夺目，给人心理与感官上一种愉悦。从公关的角度来看色彩、研究色彩，我们认为色彩有传递信息方面的特殊功能，那就是其象征意义和错觉效应。

(1)色彩的象征意义。例如，红色象征着热烈、奔放、热情、喜气洋洋；白色象征着纯洁、素雅、高尚；黑色象征着稳重、端庄；蓝色象征着生命、活力；绿色象征着恬静、自然；黄色象征着富有、高贵等。五环图案构成的奥运会会徽，就分别用了五种色彩，蓝色象征欧洲，黄色象征亚洲，黑色象征非洲，绿色象征大洋洲，红色象征美洲，这五种色彩都是根据各大洲的人种或文化特点而联系起来的。

(2)色彩的错觉效应。例如，浅色光亮，看起来显得大一些；深色昏暗，看起来显得小一些。日常生活中，肥胖者易穿深色服装，显得苗条秀气；而瘦小者易穿浅色服装，看起来会显得丰满活泼，这就是色彩错觉效应的反映。

饭店公关工作中选择和利用色彩的总原则是和谐、悦目、匀称、入时。通过色彩的协调，如冷色和暖色的搭配，同一颜色不同深浅结合起来，就组成了和谐；利用色彩的强烈对比，如白与黑、红与黑，从而达到悦目；将色彩多样统一就形成了匀称；注意时尚、环境、对象与气氛，就构成了入时。公关人员在布置办公室以及茶话会、联欢会、宴会、谈判场地时，都要注意因会议的形式不同、内容不同而采用各异的色彩，所达到的气氛也就不同。特别要注意自身着装色彩与年龄、身份和场合的和谐统一，工作场合的色彩单一些，出席宴会不妨鲜艳明快些，出席丧礼则要素净淡雅些。

三、宣传招徕技巧

这里主要介绍饭店公关广告设计。狭义的广告主要是商业广告，它的主要目的是开拓市场、刺激消费。所谓公关广告注重社会效益，其主要目的是引起公众的注意，产生好感和兴趣，从而宣传饭店组织，塑造饭店形象。

(一)公关广告的类型

(1)目标广告。目标广告即宣传饭店经营目标、经营宗旨、管理哲学、价值观念、饭店精神等内容的广告。例如中国大饭店的“中外通商之途、殷勤款客之道”的广告形象；北京贵宾楼的“走进贵宾楼，人人是贵宾”等广告，都属于宣传企业经营目标的广告。

(2)庆典广告。即开业之初，介绍饭店的经营特色、服务项目、地理位置、风格传统的广告；节日之际，饭店向广大公众致贺、向公众表示谢意的广告；周年纪念、剪彩等活动，饭店借助活动气势制造气氛的广告。

(3)信誉广告。即传播饭店获重大奖项，受表彰、赞誉或星级上等级的广告，也包括由于饭店失误向公众公开致歉的广告。

(4)公益广告。即以饭店名义发起的具有重大影响的社会活动，以此塑造饭店形象的广告；以公益性、慈善性、服务性为主题，传播饭店勇于承担社会责任，争做优秀公民的广告。

(5)实力广告。即向公众展示饭店设施、设备、服务质量、人才技术等方面实力的广告。比如溧阳天目湖宾馆店庆，就列举了一长串曾在该店住宿、留言、题词的政府要员、商贾巨子、社会名流以及该饭店声誉很高的特级厨师和服务师，以此向公众展示自己的实力与特色。

(6)纪念广告。即利用社会上具有特殊意义的日子，如“二·一四”、“三八”、“十一”、“五四”等，结合饭店举办的相关活动制作成专题特辑，在报刊上做纪念广告，宣传饭店“精神文明”形象。

(二)公关广告的制作

1. 构思创意力图新颖

广告的构思创意阶段,包括广告的调查及题材、时间和表现形式的选择。广告的构思应新颖、形式要不落俗套、主题表现力强,给人一种联想、启示,使观众有美的享受。

2. 制订计划组织实施

(1)确定广告目标,包括饭店声誉目标、知名度目标、市场占有目标、获得公众目标等。

(2)确定宣传范围,即是对什么地区、哪一类公众进行宣传。

(3)确定宣传中心。广告的目标若是提高信誉,可在服务质量上做文章;广告目标若是宣传饭店形象,可把宣传重点放在公众对饭店及总经理的认知度上。

(4)选择好媒介。主要是根据媒介的传播层次、传播特点以及自身的广告目标来确定,以达到最佳广告效果为目的。

(5)预算好经费。根据广告目标、广告宣传范围和选择的媒体来预算所需资金;落实表现手法,是写真、示范、对比、对话、比喻、语言,还是文娱、权威等,表现手法方式不一,其效果也不同,可按照目标确定一种表现手法;其后是制作广告,依据既定广告目标,以及所选择的广告媒介及广告的预算资金,提出广告制作的基本要求与原则,委托有关部门和人员设计制作。

【案例 8-5】

锦江之星圣诞送惊喜

圣诞精选房:2008 年 12 月 23 日—2008 年 12 月 25 日间,入住锦江之星东北地区连锁店可享受圣诞精选房 3 种,将诸多优惠让利给消费者。

辽宁地区:A 类——238 元;B 类——268 元;C 类——298 元

吉林地区:A 类——228 元;B 类——258 元;C 类——288 元

黑龙江地区:A 类——218 元;B 类——248 元;C 类——278 元

◇ 参加此活动均赠送平安果一个。

◇ A 类精选圣诞房包括 A 类圣诞套餐。

◇ B 类精选圣诞房包括 B 类圣诞套餐。

◇ C 类精选圣诞房包括 C 类圣诞套餐。

幸运抽奖:2008 年 12 月 23 日—2008 年 12 月 25 日间,所有入住饭店的顾客凭房卡至总台均可抽奖。

奖品:

一等奖:100 元现金券一张——1 名

二等奖:50 元现金券一张——2 名

三等奖:电话卡一张——10 名

圣诞祝福大放送活动:凡在 2008 年 12 月 23 日—2008 年 12 月 25 日入住本饭店的客人均可获赠 1 张精美的圣诞卡,只需提供 1 位朋友的地址,我们将免费将您的祝福送到您朋友的手中。

具体详情可咨询东北地区连锁店前台。以上活动不包含哈尔滨索菲亚店、哈尔滨会展中心店、大庆龙南店。

活动的最终解释权归锦江之星所有。

【案例 8-6】

山东大厦：激情之夜，圣诞狂欢

【案例 8-7】

金陵饭店“曲魅圣诞”压轴 2008 岁末

东方元素“入侵”西方圣诞节已经不新鲜了，然而随着 2008 年奥运会在中国的成功举办，国际时尚圈对中国元素的关注上升到一个前所未有的高度，2008 年无疑是当之无愧的“中国之年”。

身为率先推出“新圣诞主义”概念的金陵饭店，每年都是备受关注的时尚风向标，2008 年圣诞主题已然出炉，今年钟山厅的圣诞之夜将是一个具有“中国灵魂”的时尚之夜……

“新圣诞主义”——金陵引领时尚 14 年

也许很少有人能够清晰地记得金陵饭店到底成功策划过多少场“圣诞之夜”，甚至每一次都觉得这是“不可超越的”，而恰恰在下一年，钟山厅的平安夜狂欢又会给宾客带来新的惊喜。

金陵饭店第一次举办“圣诞派对”是在14年前。当时饭店的初衷是为了体现一种“家文化”，让不得不留在中国过节的老外们不寂寞。没想到“圣诞派对”一经推出就受到外宾们的欢迎，同时更是吸引了众多社会名流和时尚人士参加，引爆了整个圣诞市场，于是越来越多的饭店开始策划“圣诞派对”。

凭借着金陵饭店在整个行业的影响力，以及在饭店活动策划方面无与伦比的能力，每一个岁末的“圣诞派对”都会引领某些时尚的流行。金陵饭店敢于创新的精神令人们印象深刻，而金陵饭店为成功商务人士搭建的这个特殊“岁末社交平台”更是让众多的社会名流和时尚精英人士趋之若鹜。

“中国式文化”——“曲魅圣诞”品味纯粹的中国精髓

2008年让中国与世界之间的距离如此接近，更是让中国人乃至全世界重新审视中国上下五千年的悠久历史与灿烂文化。引领潮流时尚的金陵饭店，此前很多场圣诞策划也曾完美融入过“中国元素”，然而如此大篇章地以“中国灵魂”作为整个派对的主导还是第一次。继2007年成功推出“戏魅圣诞”后，金陵饭店今年全新推出“曲魅圣诞”。值得称道的是，金陵饭店注重结合自身的民族品牌，对“世界非物质文化遗产”——昆曲进行时尚诠释，通过民族传统文化与先锋时尚元素的交融营造现场氛围，让人们感受“新圣诞主义”概念带来的中国式文化圣诞风格。

良辰美景奈何天，赏心乐事谁家院？“曲魅圣诞”的创意灵感结合了中国的水墨画、诗境、戏曲等，表现季节变化，动用了新锐的创新概念对传统艺术文化进行解构，体现奢华艺术的视觉及听觉，带领宾客共同品赏中国文化的深邃与精髓——看如花美伶，叹似水流年，中国顶尖超模和国家级昆曲名角的加盟更是让人们对这2008年岁末充满期待。

（三）制作公关广告的条件

注意掌握公关广告创作的原则，即真实性、思想性与艺术性的和谐统一，使之达到一种完美的境界。

重视广告的传播范围和传播效果，最大限度地扩大接触面，反复刊登、反复播放，以连续性的方式深化公众记忆。

避免商业广告的痕迹，注意公关广告的目的是宣传饭店形象、强化公众好感，即“不是要大家来买我，而是要大家来爱我”。

注重一致与创新的结合。所谓一致，是指饭店的经营目标、经营宗旨、店名、店招牌从不轻易更改，而内容却可以花样翻新、富有活力，使公众对饭店既感到信任，又认为饭店有新的开拓、新的发展。

四、日常接待技巧

公关人员是饭店的代言人、外交家，肩负着对外交往的重任，每天都接待来自各方面的宾客，为饭店广结善缘，因此，接待是公关人员日常的重要工作。

（一）来访接待

宾客来访，接待者要热情大方、彬彬有礼、认真倾听、及时记录。对来访宾客的要求尽量给予满足，给重要宾客酌情安排一些活动，例如参观、宴请、座谈、赠送礼物等，并要安排交通工具，为重要宾客离开提供方便，必要时，可及时将其送到办事地点或码头、车站、机场。对于应邀来访的宾客，公关人员应最少提前5～10分钟在大门恭候，准时开始活动，并做好相应的组织、服务和善后工作。

（二）电话接待

电话接待是专题活动公关人员最常见的日常工作之一。很多人是通过电话进行联系甚至访谈的，公关人员应重视电话接待训练。

接电话时，语气要亲切、柔和，语调要平稳，态度要温和，语言要有礼貌。接到电话信号后，应当首先自报家门，如“公关部某某”；其次，还要有记录的习惯，对方的姓名、地址、电话号码及联系事项要及时记录，一旦有了答复，不能忘记回应；再次，如果对方所找的人不在，应礼貌地抱歉，并转告电话内容；最后，不能因个人情绪影响工作，在通电话时大声呵斥，损害饭店形象。一定要让宾客通过公关人员的电话服务，对饭店留下美好、愉快的印象。

（三）会议接待

会议接待，通常应制订详尽的接待计划与日程安排计划，既达到会议目的，又能让与会宾客身心满意，有耳目一新、流连忘返之感。

(1)会议接待的第一项工作是发会议通知书。通知书上详尽地写清楚召开会议的时间、地点及有关事项。

(2)要与参加会议的宾客联系候机、候车的时间，一定要在班机、船、车到达之前，赶到机场、码头、车站等候宾客，不能让宾客因无人接待而陷入失望与不安的情绪之中。

(3)与宾客见面后，一定要说些“欢迎来访”之类的客气话，热情帮助宾客拿行李，并主动

向宾客介绍自己的身份。安排宾客住下后，马上将安排好的会议日程及讨论提纲送至宾客手上，使宾客有亲切、周到、有序之感。

(4)及时介绍就餐时间、地点、娱乐设施和别的服务项目，还可准备一些本地报刊、杂志和旅游、购物指南，帮助宾客尽快适应新的环境。

(5)应注意有效控制会议进程，适当安排一些娱乐活动，帮助订购返程车、船、机票，直到送走最后一位宾客，会议接待工作才算完毕。

(四)接待参观

接待参观，通常应有详尽的资料介绍，资料中不但要有通俗易懂的文字资料，还应该有形象生动的声像资料。在现场参观时，公关人员可作现场介绍，并随时回答参观者提出的有关问题，注意表意清晰、层次分明。为了补充说明，还可以组织宾客参观饭店的陈列室、展览室，把饭店的整体发展规划做更为透彻的介绍，从而保证参观效果。为了加深参观者的感性认识，在参观结束后，可赠送富有纪念意义的小礼品，既别致又与饭店有关，使参观者爱不释手。参观结束后，可邀请参观者到会议室座谈，征询意见，并准备一些茶点、果品招待，让座谈会气氛轻松自然。

(五)登门拜访

登门拜访是公关人员经常性的工作，它可以通过人与人之间面对面的交往，解决电话里解决不了的问题，便于沟通感情。

第一次登门，首先应递上名片，态度既谦恭又得体，简明扼要地说明来意，适时告别，使对方有继续交往的欲望。拜访时，要注意仪容、仪表应整洁大方，女士可稍作修饰，以示对被拜访者的尊重。交谈时要注意察言观色，对方情绪好，可以深谈、长谈；对方如果心不在焉或话少，应考虑马上告别。

(六)赠送礼物

拜访时有时需要送礼物，这是工作的需要，也是人之常情。送礼品是一门艺术，礼物不一定很讲究或者很贵重，而在于礼物本身的特色。漂亮的装饰可显示出你的气度高雅。送礼品一定要当面赠送，托人转送应附上祝词或者名片。给外国人送礼，注意不要冒犯了对方国家的禁忌，注意谈生意不要送礼品，以免引起误会。

第三节　饭店公关专题活动预算

一、饭店公关工作量的估计

对饭店公关部来说，工作量是一个很关键的问题。饭店公关部的价值就在于他们的专门知识和丰富经验。所谓一个公关人员的工作量，也就是一年中他所从事专业工作的时间数。应该说，就工作性质本身而言，公关人员也许要无偿加班才能优质做好许多工作，但通常来说，他所花费的时间与所要求的公关人员完成的工作量应该是成正比的。所以，饭店公关部工作量的估计就要重视时间期限的重要性。

以人工耗时为依据估计工作量的一项基本工作就是有一个简单的、有效率的工作时间记录制度，它记下公关人员进行某项公关活动所耗费的时间。在每天的工作中，一名公关人员可能进行各种不同的、或长或短的工作，例如打电话、读信和写信、访问、会见、思考、摄影等。一个好的办法是确定最小记载时间，设计一个时间表(见表 8-1)来估计工作量。

表 8-1　饭店公关部每周工作时间统计表

第　周	20　年　月　日—　月　日							单位：小时
工作人员	一	二	三	四	五	六	日	每人汇总
×××								
××								
××								
×××								
××								
×××								
每日汇总：								每周合计：

一个简单的时间表可以放在办公桌的记事夹里，或者携带在公文包里，工作时间由饭店公关部秘书每星期汇总一次，再将这个时间汇入总时间表。

另外，为了将各种工作分门别类，应当制订一套工作号码系统，让每一项可分解的工作——新闻稿、摄影、记者招待会、年度报告、内部报刊编辑等，都有一套预先编好的号码，并以此来识别。这些号码可用于逐条记录会议的议事日程和碰头报告。编码者应提供编码对照表，并在工作清单上引用它们。

还应当指出的是，饭店公关部工作量的估计不只是时间问题，还要将公关经费预算和公关效果等结合起来进行考查，这样工作量的估计才是有价值的。

二、饭店公关经费预算

（一）公关部的经费项目

一般来说，公关的经费项目主要有四类：

(1)人工费用，即人员工资加福利费；

(2)广告、宣传和公关活动费用，如广告费、宣传材料设计和印刷费、组织公关活动所需要的各项活动经费等；

(3)办公费，如办公文具和电脑等设备，摄像、摄影器材等费用；

(4)交际活动费。

另外，公关是一种灵活性很强的工作，因此公关预算应该保持足够的弹性。多种未知因素、突然事故或偶然机会，都可能临时改变公关计划，所以在预算中最好设置临时应变费用，从财力上保证公关的应变能力。

（二）公关预算的内容

具体来讲，公关预算可以包括以下项目：

(1)工资和福利，包括公关部经理、秘书、办事员、刊物编辑、摄影师等一切有关人员的工资和按国家规定应享受的福利待遇等，通常是公关预算中的较大组成部分。

(2)广告、宣传费用，这是最大的一笔费用。但如果饭店聘请了广告代理，就由广告代理负责广告宣传工作，这笔费用就变为广告代理费。

(3)设备费用，包括增添家具和设备更新，例如购买电脑、复印机、照相机、印刷机等。

(4)办公费，例如文具和报刊订阅、电话电传、信件邮寄等费用。

(5)招待费，包含招待记者、来访者或同行的食宿、交通费等。

(6)内部刊物预算，包含编辑、摄影、排版、印刷等费用。

(7)幻灯片、纪录片制作费，包含摄制、音乐、解说、复制等费用。

(8)录音、录像、电视、磁带费用，包含访问或接待费，摄制、复制等费用。

(9)印刷品费用，例如传单、图表、月历、资料等费用。

(10)礼品费用，包括奖品、纪念品等费用。

(11)展览会费用。

(12)出差费用。

以上各种费用按照需要造出预算，最好再加上 8%～12%以便应对临时需要的费用。

三、饭店公关预算控制

(一)制定预算控制的方法

饭店公关部的预算控制并不是在每个月的工作进展汇报会上通过议论来削减预算开支，而是根据公关活动的目标、实施方案，将所需的费用分成若干项目列举出来，决策是单项活动还是全年活动的成本，以便统筹考虑，事后核对和考查绩效。

预算控制带来了优先秩序，限制低效率的工作，以实现良好的成本效用。所以，预算控制对公关工作意义重大。常见的饭店编制公关预算的方法有以下两种：

(1)“按销售量抽成法”。从过去的总销售量或纯销售量中，抽取一定的百分比作为公关的经费。

(2)“目标作业法”。根据提出的公关目标和计划方案，详细列出计划完成的项目所需开支，经核定，预估的金额就是预算的极限。

这两种方法各有利弊。“按销售量抽成法”的优点在于编制预算速度快，但缺少弹性，预算不能符合实际需要，特别是出现突然事故或新添活动项目时，更不能适应实际情况的需要。“目标作业法”的优点是计划性强，弹性较好，但采用它要有审慎的计划和预测，否则会影响预算的控制。

实际上，各饭店的情况和需要是不同的，每个年度公关工作的需要与预算都会发生变化，所以，饭店公关部的预算控制应该保证饭店整体目标和公关计划方案的密切配合。

(二)做好预算控制的方法

要做好饭店公关部的预算控制工作，应该注意以下几个问题：

(1)要以能够实现的目标或计划方案为标准来确定预算的控制。饭店公关活动的时间、方式、支出都要与饭店效益相联系。

(2)饭店在编制公关预算时，必须要求公关人员提出一份实施计划与活动项目的清单，以了解饭店各项活动所需的费用。

饭店公关是一门艺术，饭店领导和公关人员应既会节省开支，又要善于捕捉开展公关工作的机会。所以，预算控制要考虑在时间分配上有一定的弹性。经费预算的一部分是每季度或半年公关工作项目和所需要的花费，可表示为：时间——活动——费用表；另一部分为应付特殊事件或新添工作项目费用表。当然，两部分可在当季或半年预算中协调使用。

某家饭店在当前饭店市场竞争激烈的情况下，其产品和服务难以销售出去。尽管这家饭店的宣传推广费用不断直线上升，但效果不佳。这时，饭店公关人员获悉，一个有影响的国际性旅游研讨会将在本地召开，他们立刻意识到，假如能成为此次会议的东道主，将得到广告宣传所达不到的效果。但是，因为这次活动的一些费用不属于已核定的公关费用预算，故不能开支，因而坐失了良机，而这些费用比任何一次电视广告费都要少不少。

所以，饭店公关部在进行预算控制时，应该掌握这样一条原则：注重饭店公关与经济效益的有机结合。在此原则下，领导和公关人员应时常分析研究已开展的公关工作的进展情况，对原计划中可有可无的项目要进行削减或缩并，对实际情况所需要的新添项目要不失时机地增加公关费用。

总之，专题活动是公共关系提高知名度、美誉度的重要手段。如果说日常活动是为饭店形象打基础的，那么专题活动就是饭店的亮相，因此十分重要。本章介绍了几种最常用的专题活动。这些活动虽然步骤不同、工作内容不同，但都应注意处理好各方面的关系。这些专题活动是前面公关调查、策划、企业文化、创造性思维、传播技巧的综合展示，应融会贯通，运用好相关技巧，而不应就事论事。

实践活动

实训内容：假定你所在的饭店近日有一项重要的专题活动（自行设计事件背景，可以是记者招待会、活动开幕式、周年庆典等），但由于恶劣的天气，如大雪、暴雨等，致使此项活动不能如期开展。请你拟定一个公关应急方案，减少或消除不利影响。

实训目标：通过对饭店公关应急方案的策划，让学生熟悉饭店公关专题活动的内容、程序以及注意事项，学会预见活动中可能遇到的紧急情况，并能够做出应急方案。

实训组织：成立实训小组，4～6人为1组。以小组为单位，利用课后时间上网查询相关资料或者到酒店公关部进行访谈，在此基础上完成实训任务，要求有调查、有分工、有根据。

实训成果：以小组为单位制作饭店公关专题活动的应急方案及PPT，选派代表进行课堂汇报，小组其他成员进行补充汇报。

评价方案：

1. 提交完整的饭店公关应急方案一份。

2. 以小组为单位制作PPT，选派代表进行课堂汇报，小组其他成员进行补充汇报。

评价方案评分标准和内容

评价内容		小组自评（30%）	其他小组评分（30%）	教师评分（40%）	综合评分
饭店公关专题活动应急方案的策划（60分）	饭店公关专题活动内容的策划（30分）				
	饭店公关专题活动程序安排的合理性（10分）				
	对饭店公关专题活动突发事件的应急处理（20分）				

<table>
<tr><th colspan="2">评价内容</th><th>小组自评
(30%)</th><th>其他小组评分
(30%)</th><th>教师评分
(40%)</th><th>综合评分</th></tr>
<tr><td rowspan="4">其他
(40 分)</td><td>PPT 制作(10 分)</td><td></td><td></td><td></td><td></td></tr>
<tr><td>材料准备(10 分)</td><td></td><td></td><td></td><td></td></tr>
<tr><td>语言表达(10 分)</td><td></td><td></td><td></td><td></td></tr>
<tr><td>补充汇报(10 分)</td><td></td><td></td><td></td><td></td></tr>
</table>

本章小结

饭店公关专题活动是指某一特定的社会组织以公关为主题,有计划地开展各种有特定目的和内容的形象传播活动。这类活动如果安排得当,能引起社会各界对饭店的广泛兴趣和注意,有助于提高饭店的知名度和凝聚力,从而树立饭店的良好形象。饭店的公关专题活动涉及范围很广泛,内容丰富,对公众的吸引力也特别大,其共同特点是每项活动都有明确而突出的主题,并且每次活动都需要综合运用各种传播沟通方式以强化传播效果,能较明显地引发社会舆论,制造新闻效应。专题活动是公共关系提高知名度、美誉度的重要手段。如果说日常活动是为饭店形象打基础的,那么专题活动就是饭店的亮相,因此十分重要,应融会贯通,运用好人际交往、语言表达、宣传招徕、日常接待、预算控制等相关技巧。

思考与练习

1. 饭店怎样组织好庆典?
2. 饭店怎样办好展览会?
3. 饭店怎样筹划记者会?
4. 饭店怎样进行赞助?
5. 饭店怎样组织内部参观?
6. 饭店如何实施公关预算控制?
7. 怎样在搞专题活动时综合运用公关策划、CIS、企业文化、创造性思维、传播技巧等知识?

案例分析

约会锦江之星,游览巴山渝水

欢迎您来到美丽的山城——重庆,重庆三千年的历史孕育了“巴山渝水”,众多的人文景观和风景名胜,以及直辖以来城市整体规划的变化,都值得您花上几天时间好好地游览一番。现在,请您放下繁重的工作,跟着我一起玩转重庆。

离开机场,在重庆的灯火辉煌中穿越这座年轻而古老的城市吧。坐在出租车上,您会看到《疯狂的石头》的主要景点——两江索道的悠扬淡定,会看到《门》中那条令男主角感受爱

情头晕目眩的多重环型引桥，会看到《好奇害死猫》的主场——朝天门的两江交汇，更会看到一个极富重庆特色的无费用市内旅游景点——洪崖洞。

约半小时的车程，我们到达了锦江之星重庆渝中店，虽然地处重庆最繁华的渝中区，但由于附近有两个景区——重庆未来的中央公园，加上一面江水的环绕，形成了它独立于市的恬淡气息。

2005年，全国最大的经济型饭店连锁企业锦江之星落户重庆。饭店楼高8层，其中4层以上为临江房，可以日观两江汇聚的汹涌气势，俯瞰山城重庆的辉煌夜景。2008年，重庆渝中店大堂设计获得“HOTEL DESIGN INTERIOR”设计大奖。

办好入住手续，放下行李，您可以先在店里的茶餐厅品尝一些重庆特色食物，再携带您的家人信步前往离店只有一街之隔的鹅岭公园两江亭观赏渝中半岛的美丽夜景，迎着轻柔的微风，拂来花草的芬芳，将您一路的疲劳一洗而尽。

第一晚就早早地入睡吧，养足好精神，开始第二天的世界文化景点之旅——大足石刻。

大足石刻离重庆市区往返300公里左右，有三种方法可供您选择：

A：参加任何一个当地旅行社的“大足一日游”，团费约为200元/人（包括宝顶景区门票、讲解费、午餐和来回大巴车车费），比您自己去方便和便宜。

B：在重庆菜园坝汽车站乘重庆—大足大巴车，45元/人，120分钟抵达大足，然后乘大足至大足石刻公交车，4元/人，20分钟车程。大足石刻联票价格：120元；宝顶景区票价：80元，北山景区票价：60元。

C. 如果您选择自驾车前往，由陈家坪上成渝高速——大足站——龙水——大足县城——宝顶风景区，总里程137公里，耗时两个半小时，过路、过桥费在80元左右。

傍晚时分，当您结束一天的游程时，建议您去离锦江之星渝中店很近的“奇火锅”吃顿充满重庆韵味的火锅。这家总店露天的位置正对蜿蜒的长江，面对浩瀚江水，吃着地道的火锅,心中自然有股豪情直上云霄。

相信到了第三天,您已经习惯了重庆的爬坡上坎,今天为您安排了两条路线,都需要一点的步程。

A线:睡个小懒觉,在饭店享用锦江之星丰盛的营养早餐。九点钟从渝中店出发,打车到白公馆、渣滓洞感受红岩精神。

中午可顺道至歌乐山吃"林中乐"辣子鸡,让您的味蕾享受强烈的刺激。吃饱喝足,花10元钱打车至磁器口古镇,在这里可以过一个相当惬意的下午,在江船上玩玩扑克、打打麻将;在镇上逛逛店铺、吃吃特色小吃,悠然地享受这古朴的气息。夕阳西下的时候,来锅鸡杂或者毛血旺,就着"山城"啤酒,酣畅淋漓地过一把重庆当地人的瘾,走时别忘了买上一两袋脆生生的"陈麻花"、香喷喷的"现捶花生酥糖"。回到渝中店,躺在舒适的床上,回味着今天的一点一滴……

B线:依然是睡个小懒觉,开始都市半日游。先去罗汉寺上炷香、拜个庙,去寻找那个被宝马压翻的窨井盖,到解放碑广场附近打打望,去洪崖洞领略重庆吊脚楼与现代建筑的碰撞。

坐过江索道到上新街上南山,吃过鲜香的泉水鸡后,寻一处依山而建的茶楼,沏壶清茗,欣然对坐,在云淡风轻中偷得浮生半日闲。

到了该吃晚饭的时候前往重庆最具景观感的餐饮大道——南滨路,无论是选择在船上吃新鲜江鱼,还是渝派中餐,或是火车上的海鲜烧烤,加上各式口味的异地美食,定有一款适合您。晚餐后,如果还想欣赏长江流动的风景,建议您登上观江游轮,既可以看到长江的汹涌,又可以看到嘉陵江的妩媚,待到两江汇合时,相互交融,无限旖旎。相信您一定觉得意犹未尽吧,可重庆实在是太大了,景点也太多了,让我再掰着手指给您随便数几个:近处有洋人街、方特科幻公园、巴国城、陶然古镇、重庆"死海"等,稍远处有合川钓鱼城、江津四面山、武隆天坑地缝仙女山、丰都鬼城、万盛石林黑山谷、长寿湖、张关水溶洞、酉阳桃花源、黔江阿蓬江小南海……

数不过来了,最后再啰唆一句,您如果来重庆了,到了锦江之星重庆渝中店,您想去哪里,我们的工作人员都会尽心尽力为您度身订制路线的。我们的服务人员也将以重庆人的热情与豪爽,以真诚的微笑,让人开心而来,满意而归。

讨论题:

1. 作为一名散客旅游者,你会选择这样的游览方式吗?为什么?
2. 结合本案例分析锦江之星饭店运用了何种公关手段与技巧。

第九章 饭店公关危机管理

学习目标

知识目标

1.熟悉饭店公共关系危机的含义、特点与类型;

2.理解饭店危机预防的必要性以及饭店公共关系危机处理的作用;

3.掌握饭店危机管理计划与预警方案制订、危机管理方案演习;

4.初步掌握处理饭店公共关系危机的原则、程序与方法。

能力目标

1. 能够制定饭店危机管理预警方案;

2. 能够对常见的饭店公共关系危机进行处理。

案例导入

从希尔顿的“双树旅馆事件”看危机公关

两位在西雅图工作的网络顾问——汤姆·法默(Tom Farmer)和沙恩·艾奇逊(Shane Atchison)在美国休斯敦希尔顿酒店的双树旅馆(Double Tree Club)预订了一个房间,并被告知预订成功。

尽管他们到饭店登记的时间是在凌晨两点,实在是个比较尴尬的时间段,但他们仍然很安心,因为他们的房间已经预订好了。但在登记时,他们立刻被泼了一桶凉水,一位晚间值班的职员草率地告诉他们,酒店客房已满,他们必须另外找住处。这两位住客不仅没有得到预订的房间,而且值班人员对待他们的态度也实在难以用言语表达——有些轻蔑,让人讨厌。甚至在他们的对话过程中,这个职员还斥责了客人。

这两位网络顾问当时离开了,然后制作了一个严厉的但又不失诙谐幽默的幻灯文件,标题是“你们是个糟糕的饭店”。这个文件记述了整个事件,包括与那名员工之间不可思议的沟通。他们把这个幻灯文件电邮给了酒店的管理层,并复制给自己的几位朋友和同事看。

这一幻灯文件立刻成为有史以来最受欢迎的电子邮件。几乎世界各地的电子邮箱都收到了这份文件,从美国休斯敦到越南河内,还有两地之间的所有地区。这份幻灯文件还被打印和复印出来,分发到美国各地的旅游区。双树旅馆很快成为服务行业内最大的笑话,成为商务旅行者和度假者避之不及的住宿地。传统媒体的评论员们也将这一消息载入新闻报道和社论中,借此讨论公司对消费者的冷漠和网络对于公众舆论的影响力。

接着,法默和艾奇逊收到了3000多封邮件,大部分都是支持他们的。对此,酒店的管理层也迅速有礼而大度地作出反应。双树旅馆毫不迟疑地向他们俩道歉,并用两个人的名义

向慈善机构捐献了1000美元作为双树旅馆的悔过之举。双树旅馆的管理层还承诺要重新修订旅馆员工的培训计划，以确保将此类事件再次发生的可能性降到最低。另外，双树旅馆的一位高级副总裁在直播网络上与法默和艾奇逊就此事展开讨论，以证明饭店认真对待此事。

（资料来源：http://travel.sohu.com/20090416/n263424098.shtml）

思考：

1. 什么原因导致了以上危机事件的发生？
2. 你认为双树旅馆采取的公关危机处理方法如何？你有没有什么更好的公关措施？

关键概念

危机 （crisis）

公关危机 （public relations crisis）

危机管理 （crisis management）

预防 （prevention）

预警 （precautionary measure）

危机管理小组 （crisis management team）

第一节 饭店公共关系危机概述

一、饭店公共关系危机的含义

（一）什么是危机

按照《辞海》的解释，“危机”一词有三个释义：一是指潜伏的祸机，如危机四伏；二是指生死成败的紧要关头，如战争危机、信任危机等；三是专指经济危机。危机既是一个不稳定的时期，又是一个新局面的开始，是一个转折点。

世界旅游组织把危机定义为：影响旅游者对一个目的地的信心和扰乱继续正常经营的非预期性事件。所谓危机管理，就是当旅游业遇到上述战争、瘟疫、恐怖活动、政治动乱等非预期性事件时，应该采取对策，以期将损失减少到最低限度。

危机一词极富哲理，既包含了导致失败的根源，同时又孕育着成功的种子；指出了“有危险就有机会”的道理。面临危机，人们必须马上做出决定，尽管其结果可能会好，也可能会坏。对社会组织而言，危机是指由于其自身或公众的某种行为，导致组织环境恶化，危及社会组织正常生存和发展的突发性恶性事件。

（二）什么是饭店公共关系危机

饭店公共关系危机可简称为饭店公关危机，但严格讲应是危机公关，专指灾难或危机中的饭店公共关系，是饭店公共关系在危机中的开发和应用，是处理灾难或危机过程中的饭店公共关系。当危机或灾难发生时，需要人们从不同的方面予以调查、处理和解决。饭店公共关系只是解决危机问题的一个视角，是危机管理或问题管理的一个重要组成部分。

在危机出现时，饭店公共关系大体有三大任务，即预防、准备和供应。预防，就是防患未然，居安思危。因为“任何事情都可能发生”是危机的法则。准备，是指成立一个“危机管理小组”，拟订面临危机的沟通计划。供应，是指向传播媒介人士提供和发布与危机有关的公关信息。

（三）饭店公共关系危机处理

饭店公共关系危机处理，是指饭店公关人员运用公关的理论、策略、措施与技巧，改变因突发性事件而造成的饭店所面临的危机局面，减少危机给饭店与公众带来的影响，进而寻求公众对组织的谅解，以重新树立和维护企业良好形象的过程。

（四）饭店危机管理

饭店危机管理有广义和狭义之分。

广义的饭店危机管理是指公关人员在危机意识的指导下，根据危机管理计划，对可能发生或已经发生的危机事件进行预测、监督、控制和协调处理的全过程。狭义的危机管理通常与危机处理的概念一致，仅指对已经发生的危机事件的处理过程。通常，危机管理是指其广义的概念。因为，对已发生危机事件的处理是其本来应有之意。

在国外，危机管理又称问题管理。它谋求确认那些可能影响社会组织的潜在的或处于萌芽中的各种问题，然后动员并协调组织的一切资源，从战略上影响那些问题的发展。因此，危机管理是“一种行动型的管理职能”。它更强调的是“管理”，包括预测、决策、组织、指挥、协调与控制的全部管理职能。

二、饭店公共关系危机的特点

一般来讲，饭店公共关系危机具有以下六方面的共同特点。

（一）突发性

公关危机事件是一种突发性事件。它们大多是在人们毫无察觉或准备的情况下偶然发生的，让人们既感到意外、吃惊，又感到恐惧、害怕，并给组织带来一定程度的混乱。如1976年7月的唐山大地震、2003年春夏之季的SARS爆发与传染、2008年上半年的冰冻雨雪灾害和汶川大地震等都具有突发性这一鲜明特点。

（二）难以预测性

难以预测性又称为潜伏性，是指公关危机中包含许多未知因素。它们往往潜伏着正常情况下难以预料，特别是那些由于组织之外原因造成的危机，不但始料不及，而且难以抗拒，因而，它具有难以预测的特点。同样，再科学严密的社会组织也不可能清楚可能会发生的“灾祸”及其发生的准确时间。比如，1982年9月发生在美国芝加哥地区的因人为破坏而造成有人服用“泰诺”止痛胶囊死于氰化物中毒的事件，强生公司在事前是根本无法预知的。再比如，1984年美国联合碳化合物公司设在印度博帕尔邦的化工厂发生严重氯气泄漏事故，以及同年苏联切尔诺贝利核电站发生的核泄漏事故。虽然从事后对这些事故的分析中可以看出，事故的发生存在着一定的必然性，但事故什么时候发生、严重到什么程度，人们在事前是无法预料的。

（三）危害的严重性

危机，不仅会扰乱组织的正常经营秩序，使组织陷入混乱，而且还会对组织未来的经营和发展带来较大的影响。从社会角度看，组织危机会给社会公众带来惊慌，有时还会给社会带来直接的物质损失，或造成不可逆转的破坏。例如，2005年11月中旬，中石化吉林石化分公司双苯厂装置爆炸事件及爆炸后造成的松花江水质严重污染事件，不仅造成了极大的经济损失，而且产生了严重的不良社会影响和国际影响。2006年夏秋之交的安徽华源生物药业有限公司违规生产的欣弗药品不良事件和齐齐哈尔制药二厂的假药事件，都直接导致了工厂的突然“死亡”。

（四）舆论的关注性

在传媒十分发达的今天，任何一个组织的危机事件常常成为社会舆论关注的焦点和热点，成为新闻传播媒介捕捉的最佳新闻素材和报道线索。而新闻传播媒介的影响力是巨大的，一旦造成影响是很难挽回的。正如国外危机管理专家所指出的：每一起意外事件不尽相同，相关机构应变的态度也颇见差异，但有一件事是无疑的：当悲剧发生的时候，群众和媒体的注意力一定集中在出事的公司。有时，危机事件不仅引起国内各界公众的关注，而且还会引起世界各国的关切和注意。如2003年我国的SARS公共卫生事件以及2005年11月由中石化吉林石化分公司双苯厂装置爆炸导致的松花江水质严重污染事件，都在非常短的时间内成为国内外大小媒体广泛报道的焦点。

（五）发生的普遍性

危机的发生带有普遍性，大到一个国家，小到一个企业，都可能遭遇到灾难和不幸事件。世界上的许多跨国公司诸如雀巢、可口可乐、百事可乐、强生、三星以及快餐业巨头麦当劳等，在其发展的过程中都遇到过性质不同、形式各异的危机。美国莱克西肯传播公司对美国主要企业领导人的一项调查表明：89%的领导人认为“企业发生危机如同死亡和税收一样，是不可避免的”。

（六）处理的复杂性

公关危机具有比较显著的复杂性。这种复杂性，不仅表现在它的构成因素与关系复杂，对其进行分析与预测十分困难；而且危机一旦发生，无论是对其进行处理与控制，还是协调与其有关的方方面面都非常复杂；涉及的人往往比平时多很多，需要投入的钱财和物资量更大。通常，如果一个企业发生灾难事故，又造成人员伤亡的话，其涉及的单位、部门从十多个到几十个不等。

三、饭店公共关系危机的类型

准确认识和判断公关危机的类型，是成功进行饭店公关危机处理必不可少的重要前提。公关危机的主要分类方法如表9-1所示。

表9-1　公关危机主要分类方法汇总表

分类标准	分类结果	
危机存在的状态	一般危机	重大危机
危机与企业的关联度	内部公关危机	外部公关危机
危机造成企业损失的表现形态	有形公关危机	无形公关危机
危机产生的主客观原因	人为公关危机	非人为公关危机
危机的外显形态	显性危机	隐性危机

（一）按危机存在的状态分为一般危机和重大危机

1. 一般危机

一般危机，主要指那些常见的饭店公共关系纠纷。对一家饭店来说，常见的纠纷有内部关系纠纷、消费者关系纠纷、同业关系纠纷、政府关系纠纷、社区关系纠纷等。从某种意义上说，公关纠纷还算不上真正的危机，它只是公关危机的一种信号、暗示或征兆，只要处理及时，做好工作，就不会向公关危机转化和发展，以至造成危机局面。

虽然不是所有的公关纠纷都会转变为重大危机，但它带给饭店的危害却是不可忽视的：轻则降低企业的声誉，影响产品销售，造成形象损失；重则可能危及企业的生存和发展。对于公众来说，内部纠纷不利于团结，会挫伤成员的积极性，降低管理人员的威信，甚至可能导致饭店效益下降，使内部公众蒙受物质与精神两个方面的损失；与外部的纠纷，可能会损害相关公众的物质利益和身心健康。对于社会来说，一起公关纠纷往往会牵涉社会各界，有时会引起地方以至全国或世界的关注，造成广泛的影响，不利于一个国家或地区良好形象的塑造。

2. 重大危机

重大危机，主要是指饭店企业的重大工伤事故、重大生产失误、火灾造成的严重损失、突发性的商业危机、大的劳资纠纷等。它是饭店公关人员面临的必须及时处理的真正危机，如产品或企业的信誉危机等，公关人员必须马上应付处理，最好在平时就有所准备，不至于慌了手脚。

（二）按危机与企业的关联度分为内部公关危机和外部公关危机

1. 内部公关危机

内部公关危机是指发生在饭店内部，责任主要由企业内部人员承担的公关危机。它或者是发生在企业之内，或者是它的发生主要由该企业成员直接造成，责任主要由该饭店的内部成员承担。内部公关危机具有以下特点：

(1)波及的范围不广，主要影响本饭店的利益。

(2)责任的归咎对象是本饭店的部分人，因而相对来说容易处理。

(3)公关危机的主体主要以本饭店的领导和员工为重点。

2. 外部公关危机

外部公关危机是指发生在饭店外部，影响多数公众利益的一种公关危机。本企业只是受害者之一。外部公关危机具有如下特点：

(1)波及的范围相对较广，受害者大多数是具体的社会公众。

(2)责任不在发生危机的某一具体的饭店企业及其成员身上。

(3)不可控因素较多，较难处理，需要危机的有关各方密切配合，共同行动。

从这一角度具体划分公关危机的类型时，内部和外部都是相对的。因为有些公关危机的发生，内部和外部原因都有，所承担的责任大小也相差不多。因而，我们对某一公关危机的划分与处理必须具体问题具体分析，把握分寸、恰当处理。

（三）按危机造成企业损失的表现形态分为有形公关危机和无形公关危机

1. 有形公关危机

有形公关危机给饭店企业带来的损失当然是直接而明显的，凭借肉眼就可观测到，如饭店建筑物倒塌、物品爆炸、交通事故等造成的人员伤亡或财产损失等。近年来，我国发生的多起因个别饭店疏于防范而造成的火灾事故就属于有形公关危机。

有形公关危机主要有以下几方面特点：

(1)危机的产生与造成的损失大多数是同步的。

(2)危机造成的损失明显，易于评估。

(3)危机造成的损失难以挽回，只能采用其他措施补救。

(4)有形危机的发生常常伴随无形危机的出现。

2. 无形公关危机

无形公关危机是指那些带给饭店企业的损失表现得不明显的危机。任何一个给企业的形象带来损害的危机，皆属于无形公关危机。如果不采取紧急有效的措施阻止，已受损害的饭店的形象将使企业在市场上蒙受更大的损失。

无形公关危机具有下列几方面特征：

(1)危机始发阶段，损失不明显，很容易被忽视。

(2)危机发生后，若任其发展，损失将会越来越大。

(3)危机造成的损失是慢性的，可采取相应的措施补救。

(4)处理好这类危机要与新闻媒介多打交道，因而必须注意方式方法。

在现实的社会生活中，有形公关危机与无形公关危机往往是交织在一起的，因此，在处理时必须分类不分家，都要给予重视，不可顾此失彼、有所偏颇。

(四)按危机产生的主客观原因分为人为公关危机和非人为公关危机

1. 人为公关危机

人为公关危机是指由人的某种行为引起的危机。对于一家饭店来说，产品设计欠科学、生产工艺设计不合理、原材料质量不好、配方有问题、有关工作人员离岗或不尽职守、安全保卫不力、财产管理不善、有人故意破坏等造成的危机就属于此类。人为公关危机常常会造成人员伤亡或财产的重大损失。

人为公关危机主要有两大特点：可预见性和可控制性。也就是说，如果饭店平时采取积极有效的措施，有些人为危机是可以避免或减轻损失的，在相当程度上也是可控制的。

2. 非人为公关危机

非人为公关危机主要指不是由人的行为直接造成的某种危机。对于一家饭店来说，引发非人为公关危机的事件主要是自然灾害，如地震、洪涝、台风、冰雹灾害等。

非人为公关危机有如下几方面的特点：

(1)大部分无法预见。

(2)具有不可控性。

(3)造成的损失通常是有形的。

(4)容易得到社会各界和内部公众的同情、理解与支持。

(五)按危机的外显形态分为显性危机和隐性危机

显性危机是指已经发生的危机，或者危机趋势非常明显，爆发只是个时间问题的危机。隐性危机则是指潜伏性危机。与显性危机相比，隐性危机具有更大的危险性。例如20世纪80年代末期，由于我国核桃的质量差、交货不及时，英国商人把原发往欧洲市场的中国核桃转卖给埃及，改从美国进口。这意味着西欧这一传统的中国核桃市场将被美国挤掉。表面上看，英国拒绝中国核桃进入欧洲市场转手处理给埃及，是显性危机。但改用美国核桃长期供应原属中国的传统客户，则是隐性危机，是“核桃事件”的主体性危机。

饭店公关危机除上述分类方法以外，还有一些其他的划分方法与类型，如依据危机的性质将危机分为灾变性危机、商誉危机、经营危机、信贷危机、素质危机、形象危机、环境危机和政策危机等；按照危机的成因将危机划分为组织行为不当引起的危机、突发灾难事件引起的危机、舆论的负面报道引起的危机、竞争对手或个别敌对公众故意破坏引起的危机等。

学会识别饭店公关危机的类型，掌握不同公关危机的特征，将有助于饭店公关人员进一步认识和理解公关危机的含义，理清危机预防与处理的方向与思路，把握好饭店公关危机处理的基本原则。

第二节　饭店公共关系危机的预防

公关危机具有突发性、难以预测性、危害性、普遍性等特点，每个社会组织的危机管理都应该从以处理危机为重点转向以预防危机为重点。从这一点上来说，饭店公关危机管理的重点和实质在于预防。

一、饭店危机预防的必要性

在现代复杂多变的社会大环境里，任何一个社会组织在其发展过程中，随时会遇到突发的、对本组织发展不利的事件，如环境污染、产品（服务）质量投诉、严重的交通事故、组织内部的安全事故、员工罢工、社会舆论的负面报道以及火灾、爆炸等恶性事故等。

俗话说："天有不测风云，人有旦夕祸福。"这类事件一旦发生，对饭店的生存和发展就是一次严峻的考验，如果处理不当，对饭店的打击有可能是致命的。因此，饭店学会预防危机，避免危机出现，才能使企业的声誉不受影响，少受影响。现代饭店非常需要预防危机。预防是解决危机的最好方法，就像人类对待疾病一样，既要治病，更要防病，防治结合，以防为主。

同时，大量事实已经证明，相当多的饭店企业都曾遭遇过危机的困扰，而对危机作了适当预防的企业或组织所遭受的损失相对要小。因而，饭店预防危机是十分必要的。

【案例 9-1】

"重振旅游计划"

印度洋海啸灾难发生后，泰国普吉岛成立危机处理专家组，自 2005 年 2 月开始推出"重振旅游计划"，并推出优惠措施，对在当年 2 月至 4 月的三个月内到泰国旅游的中国游客赠送来自泰国旅游局、地接社和国内组团社的三重附加保险，包括灾后卫生保险、传染病保险及旅行社责任险，以解决游客的后顾之忧。在政府统一领导、多方努力下，泰国旅游业很快恢复正常，普吉岛饭店的订房率又回升到正常水平。

二、制订饭店危机管理计划

古语有云："凡事予则立，不予则废。"这里的"予"同"预"，就是指计划。做任何事情都需要有计划，危机管理也不例外，也需要有计划。

所谓危机管理计划，是指饭店为预防危机发生，或在危机发生时尽可能减少损失而制订的较为全面具体的关于危机预防、处理和控制的书面计划。它是饭店进行危机管理的工作大纲，也是制定危机管理手册和开展危机管理教育的基本依据。

饭店制订危机管理计划的目的可以概括为四个方面，即预防危机发生；抓住公关机遇；有序应对危机；减少危机损失。

（一）饭店危机管理计划的类型

1. 按危机管理计划的内容或工作侧重点分类

依据饭店危机管理计划的内容或工作侧重点，可将危机管理计划分为危机应急计划和危机传播计划。

（1）危机应急计划。它是指饭店在全面分析和预测的基础上，针对出现概率较大的危机事件而制订的有关工作程序、施救办法、应对策略措施等的书面计划。其侧重点在于具体危机出现后如何施救处理。

危机应急计划的有效性取决于对危机预测的准确性。预测危机应由饭店的领导层主持，公关人员参与，对企业某一阶段可能出现的危机进行全面分析、预测，并对危机出现后的具体对策进行详细讨论、确认，然后以书面形式印发执行。

由于危机应急计划的有效性取决于危机预测的准确性，因而危机应急计划有其“先天”的局限性。如果预测准确，饭店危机应急计划就会产生良好的效果。如果预测失当，饭店危机应急计划就是无效的，甚至投入的时间、精力和人财物都是一种浪费。因此，饭店必须认真对待这一工作，听取专家意见，全面、实际地分析，确保预测准确。

（2）危机传播计划。它是指针对饭店出现声誉、形象受挫以及伤亡事故等制订的旨在维护声誉、消除误解、告知大众的书面计划。其侧重点是危机事故发生后的新闻传播、信息控制。

饭店危机传播计划的目的是在距离危机事件发生的最短时间内作出反应，以控制或减少不利于企业的消息、传闻、报道等的流行，争取公众及有关方面的同情、支持，为饭店顺利处理危机提供一个良好轻松的舆论环境。危机传播计划是危机管理的重头戏之一。在国外，危机管理的概念几乎等同于危机传播。许多专家认为，危机管理在相当程度上就是危机传播管理。

无论危机应急计划还是危机传播计划，都是饭店全面危机管理计划的一个组成部分，一般不会单独出现。即使单独出现，其命名仍然是以全面的危机管理计划的形式出现的。

2. 按危机管理计划的计划期分类

按照饭店危机管理计划的计划期进行划分，有短期计划、中期计划和长期计划。

危机管理计划的计划期有两层含义：一是指危机管理计划的时间长短，比如是一年还是三年、五年；二是指危机管理预测分析和相应对策的有效时限。

（1）短期计划。一般来说，涵盖时间较短的饭店危机管理计划称为短期计划。短期计划的重点是仅就近期的危机事件进行预测，并提出相应的对策、措施。比如，突发性事故的预防和施救，多数在短期计划中出现。通常，这类计划的涵盖时间为1年。一旦接近计划涵盖的期限，就需要调整或重新制订。

（2）中期计划。它是指饭店企业根据自己的中期战略而制订的危机管理计划。根据企业的实践，中期计划的涵盖时间通常为1年以上、3年以下，即1～3年的时间。饭店中期计划的侧重点是围绕企业的短期或中期发展战略来预测、预防危机事件。

（3）长期计划。它是指饭店企业依据自己的中长期或长期战略来制订的危机管理计划。长期计划的涵盖时间一般在3年以上、5年以下，即3～5年的时间。饭店长期计划的重点主要是依据企业的长期发展战略来预测、预防危机事件。

（二）饭店危机管理计划的主要内容

一个比较完整的饭店危机管理计划，其具体内容是丰富多彩的，主要内容应包括以下六个方面。

1.预测可能发生的危机

只有在科学预测的基础上才能针对饭店可能出现的危机事件制订出较为可行的预防措施。其预测的科学方法和主要步骤如下所述。

(1)危机预测方法

①直观预测法。它是建立在专家们的知识、经验和综合分析能力基础上的预测。具体可采用专家会议法或德尔菲法。

②探索预测法。它是假定未来仍然按照过去的趋向发展，即对未来的环境作具体规定的一种预测方法。

③规范预测法。它是把未来的状况作为限制条件，并与目前的现实状态进行比较，从而推测未来。

④反馈预测法。它是把探索预测法和规范预测法结合起来，使两者相互补充，让它们处于一个不断反馈的统一体中。

(2)危机预测的步骤

①搜集信息，了解饭店过去和现在服务、经营、管理等方面的信息以及社会环境方面的信息。比如，可以把企业面临的问题制成问卷发给每位高级主管填写，也可以通过行业、市场等进行调查了解。

②分析研究，确定可能发生的危机问题或事件。

③分析可能引起危机问题或事件的原因。

2.建立公关危机管理小组

饭店公关危机管理小组实际就是公关危机管理的组织机构。公关危机事件涉及饭店内外的各个方面，对其进行应对处理，需要有关部门和公众的全面合作与支持。饭店公关危机管理小组的建立，一方面能够集合各专业的长处和技巧，恰当有效地处理问题，协调和解决各部门之间的关系；另一方面可以使危机预防措施得到更好的贯彻执行。

饭店公关危机管理小组要有一定的编制和规模，对其人员组成和分工合作要有一个科学合理的结构，包括职务结构、知识结构和专业结构等，并以正式公文的形式确定及公布，定期调整更新。

饭店公关危机小组的职责任务一般有以下几方面的规定。

(1)选择处理危机事件的办公地点，确定办公场地的大小和要求。

(2)添置必要的硬件设备(包括连通内线和外线的多部电话机、移动电话、复印机、传真机、能够收发电子邮件的计算机、摄像机及其空白影带、录放机及其空白磁带等)，备齐有关资料(包括与饭店的历史、发展、生产等有关的背景资料，各种媒介的通讯录，危机管理小组成员之间的通讯录等)。

(3)编制危机管理手册。编写、印制危机管理手册，并发给危机管理成员保存在便于迅速取阅的地方。

(4)建立危机管理小组成员下班后的联络方式，比如家庭电话、移动电话、传呼、家庭地

址、电子邮件地址等。必要时，还需要准备与他们联系密切的亲属的地址、电话。

(5)预测和评估有可能发生的危机。

(6)准备危机处理的相关资料。撰写具有较大可能发生危机问题的背景资料、分析材料，并把这些资料作多处备份保存。特别是要储存在计算机或内部网络中，以便及时修改和取用。

(7)选定并训练发言人。选定并训练发言人，目的在于统一宣传口径，防止谣言流传。为维护企业的良好形象，理想的发言人应是：此人一出来，记者一看就知道这个人信得过。如果选定的发言人唯唯诺诺、形象不佳，就会失去作用。为防止意外，应同时训练2～3名发言人，而不仅仅是一个人。

(8)培训饭店员工，让他们了解自己在危机事故中的权利和义务。为了让员工对预测的危机、预防计划以及相关情况有足够的了解，可以把相关资料印成小册子发给他们。也可以用示意图的方式说明，或通过会议等形式予以介绍讲解。

(9)组织危机预演，发现问题，修正计划。

(10)随时让危机小组成员了解饭店的动态变化。

3.确定危机发生时共同遵守的准则

计划中一定要确定危机发生时大家应共同遵守的准则。比如，危机发生时，以救人为第一要务；事情未弄清楚之前，不要随便归罪于人，不小题大做；不要作无谓的争论，尽量不要混淆事实真相；在实行沟通计划时不要偏离企业的政策；不要一边向记者发表敏感言论，一边又强调不要记录等等。

4.明确工作步骤和责任要求

要在专家的指导下设定危机预防和危机处理过程的主要工作步骤，先做什么、后做什么，都要符合科学要求。必须设定多种方案。特别是进入危机处理时，各个岗位的工作人员的责任要求要明确具体。比如危机发生后，谁负责危机处理过程的详细记录，怎样记录，有哪些规范要求等。无论是危机管理小组成员，还是各岗位上的工作人员，只要他们参加危机管理与施救工作，都要明确他们的责任和义务。

5.危机对策与预演准备

危机并不经常发生。为了提高急救水平，需要进行演练。为使演练有效，需要就饭店可能遇到的危机提出相应的对策。这些对策是饭店危机管理计划不可缺少的内容。对策与演练准备常常联系在一起，需要通过演练来强化对特定危机处理对策的理解和修正。

6.对计划执行情况的监督与奖惩

为保障危机管理计划的实施，还必须规定对计划执行情况的监督与奖惩。比如，如何监督、检查；评价的标准；检查、评价、监督的主持方法等，都需要在计划中明确写出。否则，可能会出现“计划完美，落实无着”的情况。

除上述主要内容外，依据饭店自身的特定情况，对危机预防、处理、善后工作等与危机有关的工作安排，都可以作为危机管理计划的内容。

三、制定饭店危机管理预警方案

公关危机管理的关键在于预防，预防就要捕捉先机。饭店危机管理预警方案就是危机预防的书面体现。撰写危机管理预警方案，饭店公关人员可以参考以下步骤进行。

（一）搜集危机信息

要从不同的方面搜集显性和隐性的危机信息。通常，饭店可以通过建立舆论监督或反馈系统来捕捉危机信息。

（二）建立专家小组

专家小组和危机管理小组的成员可以是交叉的，也可以不交叉。搜集的相关信息应提交给每个专家成员。

（三）分析危机信息

由专家小组和危机管理小组的成员共同分析危机信息。从本饭店的实际出发，将危机信息进行分类整理，估计危机发生的概率，制订对策。

（四）制定应对策略

要设想最坏的可能，为每种潜在危机制订应对之策。比如，人员怎样召集；何人就何事做什么工作，谁向谁传达什么样的指令；谁负责内部控制，谁负责产品处理，谁负责对外沟通等等。类似这些方面的工作安排必须明确、具体、清晰、可行。

（五）确定内容格式

危机管理预警方案是对危机预防、分析、对策等全面内容的表述。其主要内容就是危机管理计划的具体化。

在有些饭店里，危机管理预警方案、危机管理计划和危机管理手册是统一的。它们内容一致，只是详尽程度不同。无论从哪个角度考虑，其内容是越详细越好。

危机管理预警方案的格式与危机管理计划大致相同。但需要强调的是，饭店的危机管理预警方案需要更加详细。比如，当突发性事件发生时，预警方案中应明确人员的撤离区域、危险区域、波及地区及其召集控制等内容。又如，危机发生之际的反应时间亦应明确规定。国外公关专家指出，现代媒体传播速度迫使公关经理在 60 分钟之内就要掌握全面情况；电台播音员能够在几分钟内播出消息，他们甚至能在几分钟内抵达现场，最初的报道往往定下稍后报道与评论的基调。

（六）检查执行情况

为保证预警方案的执行，防止忽略或忘记，防止粗心大意或有侥幸心理，在饭店预警方案中应明确规定对危机防范情况的定期检查，比如，什么时间检查，哪些人主持检查，检查什么，用什么方式检查等等。对特定领域的检查，应着重考虑其潜在的危险、新近运行情况、对上次检查存在问题的改进和防范等。

【案例 9-2】

面对冰冻雨雪，启动保障预案

2008 年发生冰冻雨雪灾害后，我国旅游业坚持“安全第一”，及时调整旅游活动的导向。全国假日办紧急通知，要求“各地的春节黄金周假日旅游要切实做到两个避免、两个鼓励、两个防止，即避免赴受灾地区旅游、避免途经受灾地区旅游，以减轻抗灾物资运输压力；鼓励就地旅游、鼓励就近旅游，丰富节日旅游产品，满足居民出游愿望；防止思想麻痹、防止引发安全事故，保障节日旅游市场安全有序”。各地旅游部门也及时通过媒体进行宣传，并启动旅游安全保障和救援预案。

四、饭店危机管理方案演习

（一）饭店危机管理方案演习的目的

危机管理小组和消防队的工作相类似，也需要对它的预警方案进行演习。主要目的如下：

1. 建立与强化全员危机意识

通过适当的演习，可以对饭店员工危机意识的建立与强化起到促进作用。

2. 检验应对危机的准备情况，积累危机处理的经验

通过演习，可以检查和检验各部门应对危机来临的准备情况。另外，饭店绝大多数人员都缺乏危机处理的经验，通过培训、模拟演练来积累危机处理的工作经验，是较为可行的方法。

3. 检查企业在真正面临危机时的协调程度

虽然饭店的领导层经常强调全局观念，强调部门之间的协调与合作，但在实际的日常工作中，相互推诿、扯皮的现象依然或多或少、或轻或重地存在。只有通过演习，才能模拟并检查进而改善本饭店在真正面临危机时的协调程度。

4. 完善和修正危机管理方案

任何预警方案都只是一种预先的设想，其是否符合实际有待于实践的检验。预警方案的演习则提供了这种实践的机会，通过演习可以发现预案的缺点和不足，然后对其进行修正与完善。

（二）饭店危机管理方案演习的组织

1. 演习准备

（1）思想准备。演习之前，饭店应将演习的决定告诉员工，让他们深入了解组织实施危机管理的重要意义，了解应付危机来临时的具体步骤、应遵守的原则准则等等。思想认识的深化是演习成功的保证。

（2）组织准备。组织准备包括成立指挥小组和演习评定小组。指挥小组的主要任务是负责演习的组织、指挥与协调。一般来说，危机管理小组可以承担指挥小组的责任。如果要考察危机管理小组的水平，可以适当聘请一些专家参与指挥工作。演习评定小组的任务主要是监督，负责检查演习中各相关部门是否协调、是否达到了演习的预定要求等。

（3）技术准备。又包括以下两个方面：

①设计演习步骤，制定检查的标准和方法。为保证演习的成功与顺利进行，演习指挥机构要设计出整个演习进行的具体步骤，并制定出检查的标准与方法，以避免和减少演习中的混乱和不必要的矛盾。

②设计演习检查表格。编制表格的优势是使工作一目了然，让演习的执行与检查具有可操作性。当进行危机原因分析时，编制表格的方法最为有效。在表格中，可以不断地加入其他企业或组织已经发生的危机及其原因，非常清晰地对照检查自己的情况，使预演、危机原因分析等工作更加完善。

（4）物质准备。演习需要许多设备和物资，因此，准备好这些设备和物资就成为演习前的一项重要准备内容，要做到演习正式开始之前所需的设备和物资都要预先准备到位。

2.执行演练

通常各项准备工作就绪，饭店就可以进行演习了。但是，并不是一定要等各部门完全准备好了再演习，也不是准备好了一定就马上演习。演习的具体时间应由指挥小组确定，并且要严格保密，因为真正的危机来临时间是无法预知的。

执行演练的过程，是把事先设计好的"蓝图"即"规定动作"变为现实的过程。当然，在具体执行过程中，指挥小组可以设计一些"蓝图"上事先没有的意外即"自选动作"，以检查饭店的应变能力。如在新闻发布会上提一些事先没有准备的问题；在救急一件事的同时，安排出现其他的意外，令参与人员防不胜防，检查他们连续救急的能力；在大家都认为演习已经结束之际，马上又有危机来临，投入新一场演练等。

3.总结评估

演习结束后，要乘各部门及员工对演习过程还记忆清楚时，尽快进行总结。下列人员或机构必须进行总结：直接参与危机演习的人员；观察演习的专家；指挥机构；评定小组；饭店的高层领导。

对于演练表现良好的，一定要表扬奖励；对于存在问题的，一定要具体指出存在哪些问题以及解决的措施和方法。切忌泛泛的表扬和笼统的批评，因为它不能解决实际问题，失去了演习的真正意义。

最后要将演习的正式总结通过饭店内部通讯印发，并组织员工学习、讨论。还可以组织员工就演习存在的问题开展讨论活动，做到危机管理预警方案大家参与，集思广益。

4.方案优化

通过全面总结和讨论，对原有方案的不足和不符合实际的地方就比较清楚了，应及时作出修正，并对程序进行优化。修正后形成的新方案要印发执行，同时废止并回收原有方案。

第三节　饭店公共关系危机的处理

一、饭店公共关系危机处理的作用

（一）在公众心目中重塑形象

公关危机的实质是形象危机和声誉危机。对任何一家宾馆、饭店来说，无论由何种因素或事件引发的公关危机，都会不同程度地影响其在公众心目中的美好形象。通过公关实务处理这种形象危机，能使企业已受到的形象损失不再继续，控制事态的进一步发展，使形象损失降低到最低限度，并且还可能塑造比危机前更佳的形象。

【案例 9-3】

迎战暴风雪　金陵情意浓

"看着客人们在自己扫过的路面上安全地行走，车辆在顺利地通行，我们很有成就感，非常开心。"2008 年 1 月 28 日清晨 7 点 30 分，在金陵饭店管家桥车辆通道外，20 余名金陵饭店高中层领导及员工组成的"扫雪特别行动小组"不停地挥舞着铁锹，冒着漫天大雪，不停地清理着路面上的积雪。随着铁锹挥动，抬头扬臂间，大团的积雪飞出，他们的身后出现了一条长长的车道。从1月25日晚开始，“扫雪特别行动小组”的工作就一直没有停止过。

2008年1月25日晚开始，纷纷扬扬的雪花就一直没有停止落下，南京遭遇到10年未遇的罕见强降雪。连续两天的大雪让古城南京变成了洁白的城市。大雪装扮了南京，也给住在金陵饭店的宾客出行带来诸多不便。

面对这场罕见的大雪，饭店快速启动突发事件应急预案，高层领导精心安排各项工作，各部门高效组织沟通，从容面对这场大雪。从1月25日晚上就开始专门安排各部门组织“扫雪特别行动小组”，随时清理车辆通道上的积雪。饭店大厅的多媒体显示屏上不停地播放着近期的天气预报和注意安全的温馨小提示；前厅和机场保持密切联系，随时为客人提供最新的航班和高速路况信息；餐饮部特地在大厅布置了一张精美的茶水台，为客人准备的姜茶和桂圆红枣茶散发着浓浓的香气，随时让客人暖身。工程部安排专人进行管线检修和空调机组的防冻处理，防止低温天气出现的故障；采购部密切关注天气状况和供货渠道，想尽一切办法解决鲜货类产品运输的困难，让供货商提前配货，保证了货源的新鲜程度。

一系列有条不紊的工作，不仅极大地保障了宾客的安全，“金陵”蜜意浓情的服务也让宾客切身体会到独有的温情关爱。IBM公司的浦先生说：“今天一早起来就看到窗外漫天大雪，担心出行问题，没想到大厅外道路清洁，来往车辆井然有序，很多员工忙着扫雪，但服务却一点也没有耽误，金陵的管理很出色。”新加坡客人遇女士赞叹：能看到外面的雪景真的很激动，可惜没有带相机，没想到金陵饭店大堂经理特意邀请我拍照，这张照片不仅留住了身边短暂的雪景，更留下了我在金陵饭店的美好纪念。飞利浦公司的徐小姐感动地说：一杯浓香的姜茶让我忘却了外出的寒冷，感觉像在自己的家里一样温馨。很多客人还纷纷举起相机，用镜头记录下金陵人在风雪中的身影。

（二）降低或挽回饭店的经济损失

给饭店企业带来直接或间接经济损失是公关危机的后果之一。及时并认真地处理公关危机，可以尽可能地降低或挽回经济损失。

（三）协调饭店与公众的关系

饭店良好形象的建立与维护，得益于和有关公众关系的协调与和谐。当面临公关危机时，企业与公众的关系就处于不协调状态。此时，有关公众就会成为消极的行为公众，产生对饭店企业不利的行为。对公关危机进行审慎的处理，目的在于尽力协调饭店与公众的关系，形成企业发展的良好环境。20世纪70年代，爆发了一场持续七年之久的以美国为主要力量的联合抵制雀巢产品的国际运动，使雀巢公司受到4000万美元的直接损失。其原因：一方面是雀巢公司的产品存在一定的质量问题；另一方面是雀巢公司在销售婴儿食品的过程中，没有认真分析和研究不同国家和地区的文化差异、卫生条件等，使婴儿食品在使用中被部分公众“玷污”。风波过后，雀巢公司十分重视协调与各方公众的关系，因而使努力重塑良好形象的雀巢公司与公众的关系逐渐变得融洽起来。

二、饭店公共关系危机处理的原则

（一）及时性原则

处理公关危机的目的，在于尽最大的可能努力控制事态的恶化和蔓延，把因危机事件造成的损失减到最低限度，在最短的时间内重塑或挽回饭店原有的良好形象和声誉。有专家说:“高效率和日夜工作是做到快速反应不可缺少的条件。”为此,危机一旦发生,不仅饭店领导层和公关部成员,而且饭店的所有成员都应立即投入紧张的处理工作。赢得时间就等于赢得形象。

（二）冷静性原则

饭店公关危机发生后,处理人员应冷静、沉稳和镇定,避免头脑发热,盲目冲动,更不要让头绪繁多、关系复杂的事件使自己变得急躁、烦闷、信口开河等。这样,才能在处理危机事件的过程中自如应对,左右逢源。

（三）全面性原则

公关危机事件涉及或影响饭店内部和外部的诸多方面,在处理时应遵循全面考虑的原则。饭店既要考虑内部公众,又要考虑外部公众;既要注意对公众现在的影响,又要注意对公众未来的或潜在的影响。

（四）准确性原则

危机事件发生后,特别是在事件初期,由于种种原因,传播的信息容易失真。为了防止公众的猜测、误解和有关危机事件的谣言传播,饭店选出的发言人不仅要及时传递有关信息,而且要保证信息准确,不隐瞒或省略某些关键细节,即“说真话,立刻说”。

（五）公正性原则

所谓公正性,就是饭店在处理危机事件的过程中,要排除主观的、情感的因素,公平而正确地、坦诚地对待受到危机事件影响或危害的公众。

（六）客观性原则

遵循公正性原则的同时还要讲客观。饭店处理公关危机事件的客观性原则包含了很多方面的内容,如事实的真实性、评估的客观性、传递信息的准确性等。

（七）灵活性原则

由于危机事件随着情况的发展会不断变化,可能原定的预防措施或抢救方案已不完全适应实际情况,因此,为使饭店的形象和声誉不再继续受到损害,处理工作时不能墨守成规,必须视具体情况灵活运作。要随着客观环境的变化而变化,提出有针对性的有效措施和方法。

（八）公众性原则

灵活不等于随意,它要以公众性原则为前提,既要考虑饭店利益,更要考虑公众利益。在公关实务中,往往容易考虑企业利益,忽视公众利益。为此,强调公众性原则,就是要记住把公众利益放在首位。

（九）针对性原则

由于饭店公关危机有不同的类型和特征,有时即使类型和性质相同或相似,所面临的环境也会是不同的,因此,饭店不能照搬照套别人处理危机的现成做法,而要具体问题具体分析,所提出的处理措施和方法要有较强的针对性即可行性,符合危机事件的类型、性质、特征及环境要求。

（十）人道主义原则

在多数情况下,危机会造成一定的生命财产损失。因此,危机处理中首先要考虑人道主义原则。现在国内外舆论界对造成危及人的生命安全的事故或事件尤其重视,甚至加以渲染。在2008年汶川特大地震灾害中,我国政府把抢救生命和安置灾民放在第一位,就是人

道主义原则的高度体现，得到各方面的高度肯定。在这一地震灾害中，四川不少的宾馆、饭店也牺牲自身的经济利益，以救灾大局为重，以保护客人为先，展现了中国星级饭店的职业道德和人道关怀。

（十一）维护形象与声誉原则

维护组织的形象与声誉，是危机管理的出发点和归宿。在危机管理的全过程中，饭店公关人员都要把努力减少对企业信誉带来的损失，争取公众的谅解和信任作为自己义不容辞的责任，当作行动的信条。其实，上述的各项原则其最终目的就是为了维护饭店的形象与声誉。

另外，饭店公关危机处理的总方针是：迅速反应，真实传播，挽回影响，减轻损失，趋利避害，维护声誉。

三、饭店公共关系危机过程

饭店公共关系危机的发生过程，大体上可分为初期、稳定期、抢救期和末期四个阶段，它们既可作为危机发生的周期，又可视为饭店公共关系危机处理的依据。

1. 初期

危机发生初期，饭店和有关公众对消息模糊不清，所得的信息可能前后矛盾。这些前后矛盾的信息容易引起社会公众对组织的误解、偏见，甚至敌视。不过，这时公众还没有介入行动，公关人员也没有介入具体的危机抢救工作。如果饭店能有预先准备好的危机沟通计划，此时正是可以展开实施的时候。

2. 稳定期

在危机稳定期，饭店或公众已比较清楚地了解到底发生了什么事情。有关当事人介入行动，同时安排抢救工作。这时，饭店已开始采取一定行动，公关人员开始分发新闻资料，传递危机有关信息，让公众大体上知道是怎么回事，不至于乱猜疑。许多谣言不攻自破，消息来源正式，公众情绪渐趋稳定。

3. 抢救期

抢救期是危机灾难发展到顶峰的时期，抢救工作进入关键阶段。在此时期，饭店公关机构可以设立信息中心，按时把有关工作的最新消息传递给媒介人士。抢救期短则一两天，长则持续几个星期或更长时间。在发表各种消息时，一定要坚持“讲真话”的原则，以避免新闻媒介和社会公众的猜疑和质询。

4. 末期

危机末期是指抢救工作告一段落、调查工作开始的阶段。这一时期，饭店除着手准备详细的调查报告外，还需要妥善处理危机的后期工作，安顿人心，提出防止危机重演的管理计划。同时，还要提出重返市场，恢复声誉，建立新的良好形象的计划与具体措施。

真实的饭店公共关系危机的发生时不会有划分得这样清楚的四个阶段。有时，阶段与阶段之间无明显的划分标志，各阶段延续时间的长短也不一样，饭店在应对时要关注这一点。

四、饭店公共关系危机处理的程序

社会组织面临的环境和公众不同，因而其可能遭遇的公关危机也就千差万别。虽然都统称为危机，但各种类型的危机事件在规模、性质、表现形式、涉及的公众等方面是不同的。但就饭店危机处理程序来说，它是有共性可言的。确定正确的公共关系危机处理工作程序，对危机事件的有效处理十分必要和重要。如前所述，饭店在危机管理的不同阶段要采取不同的管理措施，许多工作都已超出公关部门甚至饭店的权限，需要领导层的指挥协调，更需要诸多方面的支持配合。

(一)危机之前

1.做好充分准备

世界旅游组织告诫：永远不要低估危机对旅游业的可能危害，它们是极端危险的。把危机影响最小化的最佳途径就是充分做好准备。为此，饭店有关方面应预先制订一套科学的危机管理计划和程序。必要时要对危机管理计划进行预演排练，并不断修正和完善。

2.设立危机基金

设立该基金以便在危机发生时，饭店能够及时运用这笔基金，根据危机情况做出迅速、灵活的反应，而不必经过一个冗长复杂的行动程序。该基金可以用于对企业内外人员的援助，危机过后形象的重塑推广，也可以用于奖励、资助那些在危机中表现突出、为对抗和尽快结束危机作出突出贡献的单位、部门和个人。

3.加强应收账款的管理

危机到来之前，有时会有一定的征兆或预警，如果能预见危机的到来，饭店企业就应即时采取措施，加强应收账款的催收力度，以防危机时企业出现财务周转困难，同时防止危机发生后，对方企业因经营困难而倒闭，造成呆账、死账。

(二)危机期间

1.发布信息

危机发生后，饭店要根据危机涉及的范围、严重程度等(必要时请示旅游主管部门、旅游行业组织、国家及地方政府等)，通过新闻媒体等适时地向社会公众发布信息，使外界和社会公众能够及时了解危机的客观情况，防止谣言的散布，甚至造成社会的不安定。为此，可设立一个信息中心，迅速通过媒体发布危机方面的信息。信息的发布要客观、准确、诚实、透明，既不能夸大事实，也不能为了达到某种目的而隐瞒或扭曲事实真相。

2.制止危机

危机发生后，有关政府部门、行业组织和饭店企业自身要尽快积极采取措施，制止危机，防止危机的扩大，避免造成更大的损害。

3.确保安全

危机期间，有关政府部门可采取强制措施，要求饭店企业确保旅游者的安全。旅游部门应任命专人负责与其他政府部门、专业服务机构、旅游行业和世界旅游组织在安全保障方面的联络。旅游部门要制定旅游行业安全保障措施，并在改进安全保障方面担当积极的角色。必要时应建立能用多种语言提供服务的旅游警察队伍和紧急电话中心。

4.确定对策

为了减少损失，危机发生后，饭店企业要根据危机的大小和严重程度，及时研究对策。这些对策可以包括：

(1)利用危机期间的经营淡季，对员工进行全面培训，以提高员工的素质。很多饭店企业长期超负荷工作，没有时间进行培训，这时应抓紧时间对员工“充电”，针对经营管理和服务中出现的问题，对员工进行培训，以便在危机过后，饭店恢复正常经营后，其服务和管理水平能够上一个台阶，从而赢得更多的顾客，使企业在危机中遭受的损失在危机过后加倍弥补回来。

(2)根据业务量的多少，安排员工补休、轮休。

(3)安排员工放假。当补休结束，轮休到达一定时间以后，危机尚未结束，可将轮休转为放假，放假期间要发放给员工基本的生活费。

(4)采取降薪等措施，减少各种行政开支。特别是各级管理人员要带头降薪，为员工做好表率，以示与员工同舟共济的精神。

(5)裁员。裁员是不得已的选择，但如果危机持续时间较长，或企业已经超编，则必须考虑裁员。

(6)对饭店硬件设施加紧更新改造。很多饭店经过多年的经营，其设施设备已经严重老化，但对其大面积、大范围的更新改造不仅需要大量的资金，而且会影响企业的正常经营，所以只好一拖再拖，其实已经影响了饭店的接待服务质量。此时，正是对饭店进行大规模装修改造的最佳时机，饭店决策者应该抓住这一时机，对饭店进行全面的或部分的装修改造，增强企业发展的后劲。

上述一些措施难免会伤及员工的切身利益，影响员工对饭店的忠诚度，甚至造成很多优秀员工的流失，影响企业日后的发展，这是饭店所不愿看到的。因而，采取相应措施前，饭店必须做好员工的思想工作，得到多数员工的理解，使员工能够认清客观形势，愿意与饭店共渡难关。

5.维系客户

危机期间，尤其要注意以电话、传真、互联网以及各种新闻媒体等方式与客户保持沟通，向他们通报饭店的近期情况，争取客户的理解和支持，保持客户对企业的信心。必要时，给予客户价格等方面的优惠，并感谢客户对饭店的长期支持。

此外，危机期间，饭店企业还可根据自己的实际情况做一些有利于树立企业形象的广告宣传。危机期间，饭店企业的业务虽然难以增长(即使做了广告)，但此时的广告宣传更容易引起公众的注意，也更容易树立企业形象，因而，危机过后，旅游者的旅游需求恢复后，最先想到的便是在危机期间做了宣传的饭店，从而起到事半功倍的效果。

6.提高质量

任何时候，产品质量都是企业的生存之本。2003年"非典"时期，很多宾馆、饭店门可罗雀，餐厅无人问津，但位于广州市吉林大厦的"西安老马家"餐馆却始终顾客盈门，来得稍晚一点，连停车位都找不到，好像外面的"非典"与这里没有关系！究其原因，主要是饭菜质量好，有口皆碑，食客们宁愿冒着"生命危险"来此一饱口福。这与我们一些星级饭店在"非典"时期，其餐厅内只坐着总经理一个"群众演员"作秀"就餐"的现象相比，可谓是天壤之别，这难道不值得我们许多高星级饭店去认真思考吗？

7.扶持措施

危机发生后，饭店企业要通过行业协会，呼吁政府给予企业各种类型的支持，帮助企业渡过难关。此时，饭店行业协会不必羞羞答答、不好意思，而应坚决地站在行业的立场上，客观反映行业的现状，维护行业的利益，与政府进行充分沟通，争取政府的各项政策支持。而各级政府也要充分理解旅游企业的困境，主动给予旅游企业在各种行政费用、税收等方面的优惠政策。

【案例 9-4】

受“非典”影响的旅游业享受优惠政策

2003 年“非典”发生后，中国政府高度重视受“非典”影响的旅游行业。为帮助受“非典”影响的旅游企业尽快渡过难关，国家发展和改革委员会、财政部、中国人民银行、税务总局等有关部委相继出台了一系列扶持措施：

自 2003 年 5 月 1 日至同年 9 月 30 日，对旅游饭店、餐饮、娱乐、旅行社、交通等行业，减免 42 项国家行政性收费和 15 项政府基金，免征营业税、城市维护建设税等税收，并提供贴息贷款等一系列有力的货币财政政策支持。其中，减免旅行社收费 12 项、基金 10 项；饭店收费 12 项，基金 10 项；旅游车船公司收费 8 项、基金 13 项。国家旅游局也已将总额 23 亿元的旅行社质量保证金的 60％退还各大旅行社，以帮助企业渡过难关。

这些政策虽然不能从根本上弥补危机给企业造成的损失，但对于帮助旅游企业度过经营最艰难的时刻起到了重要的作用。

8. 寻找机遇

危机既可能存在着失败的根源，又可能孕育着成功的种子。危机总是与机会相伴，高瞻远瞩的企业决策者还应从危机中寻找新的商机。大规模危机的发生，会引发旅游业的重新洗牌，总的来说，对于资金雄厚的大企业可能比较有利。危机发生后，很多小企业愿意寻找可以依托的大企业作为“靠山”，一些资质不良的企业迫于资金压力急于出售。这样，进行购并的大企业便能比以前寻找到更多的收购对象，而这些企业的营业额大幅下降甚至亏损，也使得其净资产值或评估值减少，此时，便可以较低的收购成本进行购并。“非典”时期，中国旅行社总社、上海国旅及上海春秋旅行社都在积极并购，借机实现其战略扩张。此外，国内著名的金陵饭店集团预见到后“非典”时期单体饭店的市场竞争加剧，饭店业资产有可能向更有经济实力的旅游大企业集聚，决定进一步发挥其在资产并购和输出管理两个方面的优势，全面加速市场开拓步伐和管理技术输出，在专业化、规模化、集约化的经营发展道路上大踏步前进，不但未被危机削弱，反而进一步增强了资本力和竞争力。

（三）危机过后

危机过后，旅游业面临的首要任务是恢复和发展。首先是恢复公众的信心、恢复旅游者的信心。此时，政府应该起主导作用。

1. 宣传旅游地的安全形象

通过报纸、电视等新闻媒体，大肆宣传旅游地的安全形象，尽快恢复国内外旅游者的信心。必要时，可请国家和地方政府领导人出面，亲自对旅游业进行宣传促销。

2. 启动各种旅游促销活动

危机过后，政府有义务加大投入，启动各种旅游促销活动。如前所述，危机过后，恢复旅游业的核心是恢复旅游者对旅游地的信心，而政府及新闻媒体的宣传对于恢复旅游者的信心尤为重要。宣传的重点应是最有活力的市场和离东道国（地）最近的客源市场。特别要注意加强国内市场宣传，国内旅游在危机恢复时期可以弥补国外旅游需求的不足。

根据旅游业的特点和旅游业发展的规律，危机过后，旅游业的恢复是有先后的。一般来说，国内旅游和出境旅游要优先于国际入境游；近距离旅游优先于中、远距离旅游；商务旅游优先于休闲度假和观光旅游；散客和家庭旅游优先于团队旅游；小包价和半包价旅游优先于全包价旅游。另外，在现代社会中，人们在一段时间内不外出旅游，不住饭店可以，但不在外吃饭是不行的。各种类型的商务活动、社交活动使得人们要去饭店、餐馆消费，而且，天天、顿顿窝在家里自己做饭，也是现代人所不适应的。再加上工作紧张，生活节奏比较快，他们隔三岔五总要去餐馆用餐。所以，危机过后，餐饮市场的复苏总是要快于住宿业。因此，旅游业在危机过后的市场营销中，要有计划、有针对性、有重点、有步骤地进行，以期取得事半功倍的营销效果。

3. 邀请媒体记者进行宣传报道

邀请境内、外媒体记者进行宣传报道，是一种很好的旅游宣传方式，宣传效果好，且影响面广。例如，上海市就曾经组织江浙旅游专栏记者来沪采风，向江浙游客推出非典后上海旅游的新形象、新产品，公关效果上佳。

【案例 9-5】

“太湖仍然美丽，旅游更加精彩”

2007 年江苏无锡因太湖的水质问题出现供水困难，无锡市政府和旅游主管部门在第一时间发布正面信息，及时汇总无锡供水及治理太湖的进展情况，通过现代通信手段传递给公众和境内外各地的旅行社，告诉他们可以放心到无锡来旅游。

同时，通过《中国旅游报》、新浪网等主流媒体加强正面报道，努力把前期新闻媒体大量报道造成的负面影响降到最小。特别是供水正常后，《中国旅游报》采访团专程来无锡，刊发了“太湖仍然美丽，旅游更加精彩”的大篇报道，对无锡旅游市场的恢复起了重要作用。

4. 调整企业经营策略

危机过后，饭店企业应重新审视自身的发展战略，考虑开展多元化投资和经营以及企业的股份制改造，避免“把鸡蛋放在一个篮子里”，以提高抵御经营风险的能力。此外，还要考虑调整产品结构和价格策略等，以适应后危机时期的旅游市场变化。例如，“非典”过后，人们就比从前更加关注健康了，因此，无论是旅行社还是宾馆、饭店，都应关注健康产品的设计和生产，如保健旅游、体育旅游、生态旅游、休闲度假以及饭店的健康食品、健康客房、绿色饭店的创建等。

5. 积极做好接待准备

在此阶段，饭店企业要练好内功，做好接待准备。旅游业是个敏感的、脆弱的、易受影响和打击的行业。旅游业的敏感性表现在两个方面：一方面，它是脆弱的、最易受各种事件的影响和打击的行业；另一方面，它也是在事件和危机过后，最容易、也是最先恢复的行业。

毕竟，随着经济社会的发展和人们生活水平的提高、生活方式的改善，旅游业作为未来休闲产业最重要的组成部分，其高速发展、长期向好的发展趋势没有改变，因此，在危机期间，饭店企业必须始终保持冷静客观的心态、坚定的信心、长远的信念，并在危机期间重新审视自己的发展战略，调整产品结构，做好旅游产品的生产和销售准备，迎接即将到来的新一轮发展期。因为，机遇总是属于那些有准备的人。否则，一些饭店企业可能在危机到来时被打个措手不及，而在旅游业迅速恢复时又总是慢半拍，被先知先觉的、充分准备的饭店抢占了客源市场。

实践活动

实训内容：根据以下案例中所发生的事件，请你站在该饭店公关部主任的角度，制定出一份详细且可行的公关危机处理方案。

假设钟山大饭店是一家华东地区四星级饭店，在全国范围内享有一定的声誉，企业知名度日益扩大。本月13日，饭店一客房突然因电视机起火而引发火灾，发现较迟，扑救不及，造成多个楼层财产损失，所幸未造成人员伤害。当地电视和报纸都做了相关报道，网络上也有重大人员伤亡的不实消息。

实训目标：通过对饭店所发生的危机事件的分析，能够综合运用本章所学的饭店公共关系危机处理的原则、程序和方法，完成“饭店公关危机处理方案”的设计。

实训组织：成立实训小组，4～6人为1组。以小组为单位，利用业余时间到图书馆或上网查找自己需要的公关案例资料。可以做一些情况假设，使事件更加具体，同时也使自己的处理方案切实可行。

实训成果：以小组为单位设计制作“饭店公关危机处理方案”及PPT，由小组成员分工合作进行课堂汇报。

评价方案：

1.提交完整的“饭店公关危机处理方案”一份。

2.以PPT形式进行方案汇报。

评价方案评分标准和内容

评价内容		小组自评（30%）	其他小组评分（30%）	教师评分（40%）	综合评分
饭店公共关系危机处理方案（60分）	对此饭店危机事件的分析（10分）				
	此饭店危机事件处理程序的合理性（10分）				
	处理此饭店危机事件的方法（40）				
其他（40分）	PPT制作（10分）				
	材料准备（10分）				
	语言表达（10分）				
	补充汇报（10分）				

本章小结

饭店由于其自身或公众的某种行为也会导致相关环境恶化，有时还会发生事件，这就是饭店公共关系危机。饭店公关危机专指灾难或危机中的饭店公共关系，是饭店公共关系在危机中的开发和应用，是处理灾难或危机过程中的饭店公共关系。当危机或灾难发生时，需要人们从不同的方面予以调查、处理和解决。饭店公共关系只是解决危机问题的一个视角，是危机管理或问题管理的一个重要组成部分。广义的饭店危机管理是指公关人员在危机意识的指导下，根据危机管理计划，对可能发生或已经发生的危机事件进行预测、监督、控制和协调处理的全过程。狭义的危机管理通常与危机处理的概念一致，仅指对已经发生的危机事件的处理过程。对已发生危机事件的处理是其本来应有之意。学会识别饭店公关危机的类型，掌握不同公关危机的特征，将有助于饭店公关人员进一步认识和理解公关危机，理清危机预防与处理的方向与思路，把握好饭店公关危机处理的基本原则。饭店公关危机管理的重点和实质在于预防。就饭店危机处理程序来说，确定正确的公共关系危机处理工作程序，对危机事件的有效处理十分必要和重要。

思考与练习

1. 饭店公关危机的含义是什么？
2. 饭店公关危机处理是一种怎样的过程？
3. 饭店公关危机具有哪些特点？
4. 饭店在处理公关危机时有何原则？
5. 从公关危机存在的状态可将危机分为哪几类？
6. 饭店危机管理方案演习的组织过程包括哪些步骤？

案例分析

《中国饭店行业突发事件应急规范》出台

为了适应北京奥运会和上海世博会及我国饭店业发展的需要，提升我国饭店业应对突发事件的能力，中国旅游饭店业协会发布了《中国饭店行业突发事件应急规范》。

依据《中华人民共和国突发事件应对法》和国家旅游局《旅游突发公共事件应急预案》，制定《中国饭店行业突发事件应急规范》是引导我国饭店行业做好突发事件应急管理，提高突发事件应对能力，完善突发事件处理机制，制定突发事件处理预案，及时化解突发事件危机的有效举措。

中国旅游饭店业协会组织有关专家，历经九个月的时间，在广泛调查研究的基础上，认真总结我国饭店业的成功经验，参考国际饭店业的成功做法，借鉴国内饭店业的成功模式，吸纳了政府主管部门的相关规定，吸收了北京奥运会奥运村的相关要求，形成了应急规范的征求意见稿。征求意见稿征求了应急规范涉及的相关政府主管部门和研究机构及行业协会的意见，先后征求了公安部治安局、公安部四川消防研究所、中国预防医学会、北京第二外国语学院、北京旅游行业协会饭店分会、广东省旅游饭店协会、洲际饭店集团、建国国际饭店管理公司、开元国际饭店管理公司等单位的意见，并专门召开专家论证会进行论证，经过八次修改，形成了应急规范的试用本。

此应急规范体现了四大特点：

一、体现了形势需求的迫切性。饭店是人流、物流、资金流的聚集地，是重要会议和活动的接待地。随着国际、国内形势的发展变化，人为的、自然的突发事件会逐步增加，饭店在正常提供服务的情况下，如何应对突发事件成为我们共同面对的课题。在政府有关部门的指导下，积极采取措施，制定突发事件应急规范成为饭店业的急迫任务。

二、体现了饭店特点的针对性。应急规范根据饭店行业特点及实际情况，有针对性地介绍了常见突发事件的特点和应对要点，指导饭店如何在第一时间、第一现场实施应对措施。如大型活动或会议的疏散，恐吓电话及可疑爆炸物的处置，火灾的处置，公共卫生事件的处置等，饭店应该如何实施应对。

三、体现了业务指导的专业性。饭店业的设施设备类别庞杂，具有很强的专业性，突发事件发生后，如何控制、减轻、消除突发事件引起的社会危害，需要从专业的角度应对。应急规范从专业的角度为饭店应对突发事件提供了依据，有利于饭店结合自身情况制定预案，积极地应对突发事件。

四、体现了人文精神的和谐性。突发事件往往具有社会危害性，对于消费者的生命和财产容易造成损害。而人的生命是最宝贵的，因此，突发事件发生后，饭店在第一时间，首先需要抢救的是饭店客人。将客人放在至高无上的位置，体现了饭店行业的人文精神，体现了企业对人的生命价值的敬仰。

讨论题：

你认为制定这一应急规范有必要吗？有何理由？

参考文献

[1]杜炜.旅游业公共关系理论与实务.北京:旅游教育出版社,2005.
[2]邢夫敏.旅游饭店管理概论.天津:南开大学出版社,2008.
[3]梭伦.宾馆酒店公关秀.北京:中国纺织出版社,2004.
[4]蒋楠.公共关系理论与实务.北京:中国人民大学出版社,2006.
[5]谷慧敏.旅游市场营销.2版.北京:旅游教育出版社,2003.
[6]李兴国.公共关系实用教程.北京:高等教育出版社,2005.
[7]沈永祥,洪霄.公共关系学.北京:化学工业出版社,2007.
[8]王银平,王爱军.现代公共关系.北京:高等教育出版社,2007.
[9]杜炜.饭店优秀公关案例解析.北京:旅游教育出版社,2007.
[10]邹统钎.旅游景区开发与经营经典案例.北京:旅游教育出版社,2003.
[11]马勇,李玺.旅游景区管理.北京:中国旅游出版社,2006.
[12]郑向敏.旅游安全学.北京:中国旅游出版社,2003.
[13]邹统钎.旅游危机管理.北京:北京大学出版社,2005.
[14]谷慧敏.旅游危机管理研究.天津:南开大学出版社,2007.
[15]王乐夫.公共关系学概论.北京:高等教育出版社,1994.
[16]朱超.现代饭店营销管理.上海:上海人民出版社,1992.
[17]王坚.饭店公关与营销.饭店现代化,2004(12).
[18]郑砚农.中国公关业与饭店发展.饭店现代化,2004(12).
[19]王瑜.酒店公共关系.重庆:重庆大学出版社,2008.
[20]梭伦.宾馆公共关系秀.北京:中国纺织出版社,2009.
[21]王培才.公共关系教程.北京:中国科学技术出版社,2008.
[22]方光罗.公共关系概论.北京:中国商业出版社,2003.
[23]杨哲昆.旅游公共关系.大连:东北财经大学出版社,2002.
[24]梭伦.宾馆酒店经营管理.北京:中国纺织出版社,2009.
[25]余春荣.饭店公共关系.北京:高等教育出版社,2003.